◇总主编：饶从满◇

世界公民教育史研究丛书
The History of Citizenship Education around the World

加拿大公民教育史研究

JIANADA GONGMIN JIAOYUSHI YANJIU

范微微 著

GONGMIN
JIAOYUSHI

东北师范大学出版社
长 春

图书在版编目(CIP)数据

加拿大公民教育史研究 / 范微微著. —长春：东北
师范大学出版社，2021.10
　ISBN 978 - 7 - 5681 - 8472 - 4

　Ⅰ. ①加… Ⅱ. ①范… Ⅲ. ①公民教育－教育史－研
究－加拿大 Ⅳ. ①D771.14

中国版本图书馆 CIP 数据核字(2021)第209355号

□责任编辑:黄玉波　　□封面设计:隋福成
□责任校对:王玉辉　　□责任印制:许　冰

东北师范大学出版社出版发行
长春净月经济开发区金宝街 118 号(邮政编码:130117)
电话:0431-84568020
网址:http://www.nenup.com
东北师范大学音像出版社制版
吉林省良原印业有限公司印装
长春市净月小合台工业区(邮政编码:130117)
2022 年 8 月第 1 版　2022 年 8 月第 1 次印刷
幅面尺寸:169 mm×239 mm　印张:14.75　字数:245 千

定价:75.00 元

丛书序言①

　　价值教育自学校教育诞生以来一直是学校教育的重要组成部分。与对价值教育的重要性有着高度共识形成鲜明对比的是，人们对于选择什么样的价值以及以什么样的方式将这些价值传递给下一代却存在较大的分歧。这种分歧不仅表现在不同个体之间、不同国家或地区之间，也表现在一个国家的不同历史时期。这种分歧在很多时候表现在话语体系的不同上。

　　就我国而言，1949 年中华人民共和国成立以来，我国至少出现了三种价值教育话语体系：德育话语体系、公民教育话语体系和思想政治教育话语体系。德育其实原本是道德教育的简称，但是在我国德育话语体系中，德育是一个包含思想教育、政治教育、道德教育乃至心理健康教育等要素的广义概念。在德育话语体系下，偶有关于公民教育的讨论，但是无论在理论层面还是在实践层面，公民教育基本都被视为德育的内容要素。尽管道德教育只是广义德育的一个组成部分，甚至在某些时候只是微不足道的内容（如"文革"时期），但是给德育深深刻上了传统中国道德教育的印记——推崇"圣人"教育，强调高大上的理想人格的培养。在德育话语体系下开展价值教育的研究与实践，需要直面一些理论难题，包括：如何界定"德"这一核心概念？如何根据思想教育、政治教育、道德教育等各自的性质开发、选择和运用恰当的教育方式和方法？在德育话语体系下，教育工作者讨论比较多的话题就是如何提高德育的实效性。德育低效产生的原因固然很多，但是与这一话语体系内在的一些理论难题未得到解决也有很大的关系。

　　很多人在技术和方法层面思考如何提高德育的实效性，但也有一些研究者跳出已有的德育话语体系，转向公民教育话语体系寻求价值教育的出路。构成这一转向的背景包括我国由计划经济向社会主义市场经济转型以及社会主义政治文明建设等，但是构成转向的直接契机是有关国人道德水

---

　　①　本序言的部分思想曾经发表在《中国德育》2020 年第 17 期。

准的反思和讨论：一个有着悠久道德教育传统的国度为什么还存在令人堪忧的道德危机？而那些没有像我们那样对道德表现出那么神圣推崇的国家，其国民为什么会表现出良好的道德意识？许多研究者指出，从扭转社会风气的角度来看，"公民"教育的效果较好于"圣人"教育，其主要原因即在于做一个合格公民容易，而做一个圣人比较难。于是，在世纪之交的一段时间里，公民教育成为热点话题。随着讨论的展开，公民教育不再仅仅被视为德育的内容要素，而是逐渐被看作价值教育的目标。一些研究者倡导中国价值教育由德育体系向公民教育体系转型，不是要在现有的德育体系中增加公民教育的内容，而是强调要将公民教育置于目标和价值取向层面进行思考。

学术界参与公民教育探讨的人群主要来自三个方面：一是政治学研究者；二是教育学研究者；三是思想政治教育研究者。政治学研究者更多地关心公民教育的政治哲学基础；教育学研究者或者进行原理层面的应然探讨，或者进行国外公民教育的引介；思想政治教育研究者则更多地基于实践需要，从思想政治教育的角度去审视公民教育。世纪之交有关公民教育的探讨存在一些问题：一是对公民教育的复杂性和多样性的理解不充分。公民教育源于西方，但是西方的公民教育在不同的国家和地区有不同的表现，在不同的历史时期各异。公民教育的思想基础不仅有自由主义，还有共和主义、社群主义、多元文化主义等。我们有部分研究者往往认为自由主义的公民教育涵盖复杂多样的公民教育理论与实践。对公民教育复杂性和多样性的忽略会导致对公民教育的片面理解甚至误解。二是未能将公民教育这一舶来话语进行必要转换，进而与本土的德育话语体系进行有机嫁接。公民教育话语毕竟是舶来品，与德育话语的生长环境与土壤不同，如何将这一新的话语转换成德育话语体系熏陶下的人们能够理解和接受的话语，是研究者不能回避的课题。当前，我国价值教育话语体系走向思想政治教育话语体系而非公民教育体系，固然有更大的社会政治背景的原因，但是也在一定程度上说明我们的公民教育研究还有很多工作需要去做。

当前的思想政治教育话语体系，虽然从内容要素上讲，与德育话语体系并不存在什么大的差别，但是在目标和价值取向上发生了巨大变化，那就是思想政治教育，特别是思想教育具有了统帅地位。换句话说，思想教育不仅是价值教育的内容要素，还是价值教育的目标，发挥着引领和规制价值教育方向的作用。在此背景下，我们需要思考公民教育的生长空间问题：中国到底需不需要公民教育？如果需要的话，需要什么样的公民教育？如何有效开展符合中国国情和发展需要的公民教育？

我赞同一些研究者的观点，在当前的背景下，我们尤其要坚定对公民教育的信念。公民教育是在现代民族国家中形成并发展起来的。它以培养公民在民主与法治的框架内参与社会政治生活所需的基本素质为主要目标，并以与公民作为法定的权利和义务主体相关的政治、法律、道德等方面的教育为主要内容，是为民族国家这一社会政治共同体培养合格成员的一种教育。公民教育事关国家稳定与社会发展的基础，是现代民族国家得以凝聚、延续、稳定与可持续发展的根本所在。因此，开展适合本国国情的现代公民教育已经成为世界各国的一个根本性选择。尤其是 20 世纪 90 年代以来，随着全球化的持续深入、国际竞争的加剧，公民教育在世界范围内又一次掀起热潮，如何培养负责任的、有效参与的主动公民成为世界范围内的热点议题。

改革开放 40 多年来，中国的现代化建设取得了举世瞩目的成就，社会发生了翻天覆地的变化。伴随中国现代化进程的不断深化，特别是进入新世纪以来，实施公民教育的必要性日益凸显。2010 年颁布的《国家中长期教育改革和发展规划纲要》中也明确提出："加强公民意识教育，树立社会主义民主法治、自由平等、公平正义理念，培养社会主义合格公民。"越来越多的学者和有识之士也呼吁加强公民教育。檀传宝教授就曾从积极与消极两个方面阐释了必须大力开展公民教育的理由。所谓积极的理由，在于"个人生活幸福和法治社会的建设"。从个人生活的视角而言，个人生活幸福"是任何一个社会都应该通过公民教育去完成的历史课题"；从社会发展的视角而言，"法治社会建设的基础在于公民教育的开展"。而所谓消极的理由，是指公民教育是"建立理性和牢固的国家认同、权利认同"的需要。概而言之，"要建设法治中国，要让人民生活幸福，高品质公民教育建构与实践势在必行"；"建立理性和牢靠的国家认同、权利认同，更需要高品质公民教育的建构与实践"。①

本人高度认同檀传宝教授的观点。中国要建设成一个民主、法治的现代化国家，实现中华民族的伟大复兴，对人类世界做出新的贡献，必须要有足够多的现代公民为之奋斗。而民主法治的现代化国家不仅要靠制度建

---

① 檀传宝.总序［M］//刘争先.国民教育与国家建构互动关系研究.杭州：浙江教育出版社，2021：1-4.

设，更要靠公民意识的支撑。公民教育的民主法治取向也是我们的社会主义核心价值的重要内容，公民教育的构成要素也是我们的德育或思想政治教育的重要组成部分。公民教育是我们培养社会主义合格公民的必要措施。

在这样的信念之下，我们的研究者需要将我们作为研究者的信念变成教育决策者和实践者的信念，为此需要在以下两个方面加强研究工作：一是加强对公民教育的比较历史研究，深化对公民教育的复杂性、多样性及其本质的理解，并通过研究成果使教育决策者和实践者认识到：就像市场经济并非只属于资本主义一样，公民教育虽然源于西方，但是并非只属于西方；就像在资本主义世界里不同的国家和不同的历史时期有着不同的市场经济模式一样，公民教育在世界上不同国家、不同历史时期里也有各种不同的模式。对于公民教育的总体认识，对于公民教育内涵的各种分歧与争论，只有对公民教育的实际历史进程和大趋势有较好的把握之后，才可能得到解决。二是在深入理解公民教育的基础上，推进公民教育话语的本土化，将公民教育话语与我们的价值教育传统与现实进行有机嫁接，使其有效解决中国价值教育的问题。上述两项工作中前一项更具有基础性地位。正是基于如上认识，我们策划出版一套《世界公民教育史研究丛书》。

本套丛书计划以美国、英国、法国、德国、加拿大、澳大利亚、俄罗斯、日本、韩国和中国 10 个国家的公民教育发展史为主要研究对象，通过将各国公民教育的发展置于各自国家发展的大背景下进行立体考察，以揭示不同国家公民教育的产生与发展的基本过程，探寻各国公民教育在理念、目标、内容、组织形式及实施策略等方面的成功经验与深刻教训，并分析公民教育与国家发展之间的关系。之所以选取这 10 个国家作为研究对象，主要考虑到这 10 个国家在文化类型和现代化类型方面比较具有代表性，其中既有英美文化和欧陆文化的代表国，又有东亚文化特征的国家；既有先发—内源性现代化国家，又有后发—外源性现代化国家；既有现代化的"先行国"、现代化的"后进国"，又有现代化的"迟到国"。研究这些国家的公民教育发展史有利于揭示公民教育的发展与国家发展及文化取向之间的联系。

公民教育研究在我国开展的时间还不够长，无论是在研究的广度和深度上都是一个有待进一步发展的领域。虽然我们可以在学术期刊上找到一些关于世界主要国家公民教育史的文章，或者在某本著作中能够找到某个

或某些国家公民教育史的章节，但是迄今为止系统深入地考察某个国家公
民教育史的著作还不多见。

　　这套丛书从策划到目前的出版，经历了很长时间。丛书能够出版，有
赖于作者们的辛勤努力，更得益于东北师范大学出版社特别是张恰副社长
的鼎力支持，在此一并致谢！需要说明的是，由于众多原因，本套丛书需
要分批出版。本次率先推出的是英国、法国、澳大利亚和加拿大四个国别
的研究成果。衷心希望本套丛书的出版能够为我国公民教育研究的深入发
展奠定一个坚实的基础。

2021 年 10 月 25 日
于东北师范大学国际与比较教育研究所

目　　录

导　　论

　　当今世界，无论是在国家内部还是不同国家和地区之间，狭隘的民族主义、种族主义的情绪依然高涨，分裂势力仍然活跃，民族暴力冲突事件和恐怖活动时有发生，更似乎有伴随着全球政治、经济等不安定因素不断加剧的趋势。尽管在二战结束以后的几十年中，世界总体趋势是相对稳定和发展的，也进入了人类社会有史以来最为繁荣的时期，包括政治民主化、经济全球化、社会现代化进程印证了各国共同的发展趋向，却也同样导致了深刻的文化多样化危机。从国家外部来讲，全球化似乎正在吞噬着既有文化之间的独立与特色，文化霸权强力介入，主流文化侵蚀其他文化，其他文化或者因此改变，或者封闭抵抗，或者消失殆尽；从国家内部来讲，全球化使世界性人口流动变得日益频繁，移民人口比例的上升以及移民民族成分的差异在一定程度上导致了社会文化构成的多样性。尤其是进入20世纪90年代，随着各国在政治、经济、社会方面变革与发展的不断深入，各种文化的融合、创新以及价值冲突也更加凸显。文化的生产和传播在世界范围内伸展，所及之处无不形成新的文化关系。尽管这并不能消除原有的文化差异和发展不平衡，却也激起了各种文化群体自我保护和抵抗的情绪。文化多样化不仅反映了可能的不平等问题，也迫使许多矛盾进一步尖锐化。移民、难民、少数民族、非法入境者不是被同化就是被边缘化，造成了犯罪率上升、就业机会与福利资源竞争、社会融入、文化认同等一系列问题，形成了威胁国家安全的潜在的不安定因素。加之种族主义、民族主义和排外情绪的助推，导致为了公民身份以及政治、经济地位和权利的斗争更多地出现在公共领域，构成了对于国家权威和认同的挑战。因此，不同文化群体开始借助文化权利在更多方面寻求可能的平等，而现代国家也不得不承认各种文化制度、文化观念的平等关系，以避免冲突和对抗，缓解社会矛盾和危机。重塑国家凝聚力和国家公民成为在新的社会形势下需要各国重新审视和思考的问题。

第一节　加拿大公民教育史研究的意义

民主化进程似乎并没有根本改变由于种族、民族文化之间的差异而引起的不平等。尽管社会文化的多样性发展已经成为各国社会发展的必然，但是承认事实本身与接纳行为之间还需要一个过程，而这个过程似乎也不如我们所期望的那样顺利和自然而然。多元文化主义的理想继而成为主流社会消除偏见、歧视甚至是族群冲突的"救命稻草"。对此，赞扬之声颇多，反对之声亦有。而国家作为政治共同体，也必然要求一种共同的国家意识以维护国家利益。教育，尤其是公民教育，不可避免地还要充当意识形态工具，以促进国家认同和价值观的形成。因此，国家统一或者凝聚的需要与支持文化社群多样性的需要之间产生了一种张力，迫使许多国家必须做出一种积极的姿态。

一、多元文化时代发展的必然要求

国家、公民，一个古老而又历久弥新的话题。从 19 世纪民族主义的兴起到民族国家的相继建立，国家、民族、种族、文化与公民之间便开始发生持续而复杂的关系。而多元文化的社会构成已经成为今天大多数国家的现实。如何维护国家统一、政治稳定、社会民主成为许多国家面临的重要课题。对于任何一个现代国家而言，要想最大限度地实现自身利益，公民的凝聚力和向心力是至关重要的因素。公民教育自然成为塑造和强化这种力量的必要手段。教育则不可避免地担负起重要责任。公民教育更是在传播国家或者民族意识方面扮演重要角色，力图在促进学生形成国家认同和提高民主参与上发挥作用。尽管现代意义的公民教育源自西方，但是随着时间的推移，它已经伴随人类进步的脚步超越了民族国家和地理的范围而变得日益广泛和丰富。公民身份逐渐向多维度扩展，公民教育的意蕴也随之不断深入。公民身份从民族国家之内转而走向区域化，甚至是世界范围的广大维度。而公民观也经由了传统的公民共和主义、自由主义到当代的社群主义观点，再到对于多元文化主义公民观的论争。当然，相较于传统的公民观，多元文化主义的观点是现代国家应对复杂的民族文化关系而做出的一种重新调整，似乎更倾向于阐释现代社会公民生活中关于民族、国家、忠诚、差异与认同等一系列亟待解决的问题。许多国家发现，要在当今多元文化的社会背景下保持社会凝聚力以及一致的意识形态和民族团结变得越来越困难。如果现代民族国家还不能走向终结，那么维持国家的安定、团结和统一将是各国政府始终致力于促进并囿于其中的事情。

　　教育是形成和建造民族国家的一种强有力的手段和力量，更是被看作培养具有国家意识和民族认同感的公民的工具。尽管全球化提升了教育促进国家经济发展的功能，导致其作为社会整合机构的日渐式微，共同的社会纽带也变得愈加松散，但是，教育在形塑现代多元社会的国家公民上的地位是无可取代的，或者也可以说除此之外没有更为有效的方法了。学校课程对于民族语言、民族历史、民族文化的传播以及学校开展的各种爱国仪式无不传达着好公民的价值观念。然而，每个国家都有一个占据多数的主流文化群体，学校教育必然在促进主流群体的语言、文化、价值观、认同感和意识形态上发挥更大的作用，而使少数文化群体受到排挤和边缘化。随着少数文化群体诉求的呼声越来越高，各国重又寄希望于教育的整合作用而更加关注公民教育。公民教育强调对国家的认同与忠诚，强调对共同历史、文化、传统和价值的传承和联结，但是，当西方国家开始不太情愿地承认他们的民众对多样性和文化多元主义的需求不断增长时，他们发现自己已经不能确定他们的民族性是什么、他们的学校应该培养什么样的公民。① 因此，许多国家开始了对于公民教育新的探索。

　　在现代多元文化社会背景下，文化多样性与公民身份复杂性使各国认识到，社会凝聚力以及国家认同的矛盾已经成为无法回避的问题。如何进一步深化民主和加强社会团结，重塑国家公民文化和国家地位，在国家层次，意味着公民需要认同共同的价值观念和形成对于国家的忠诚；在个体层次，意味着无论在何种由不同种族、民族、地域、文化等构成的复杂群体中，都要建立认同和归属情感，具备积极地、有意识地参与民主社会生活的能力和倾向。因此，以承认和包容差异的态度重新审视和评价公民身份逐渐成为自 20 世纪 70 年代以来西方公民教育主要探讨的论题之一。这

───────────────

　　① 安迪·格林. 教育、全球化与民族国家 [M]. 朱旭东，徐卫红，等译. 北京：教育科学出版社，2004：155.

种观念促使公民教育回归公众视线，以培养宽容、理解、尊重与互助合作之公民精神为己任，这样，一个民主的和凝聚的社会才有可能实现。那么，国家以及学校教育如何更加深入地促进民族文化的发展与融合，以及在多元文化社会中应当采取何种形式和措施促进有效的社会凝聚呢？

二、对加拿大进行个案考察的意义

今天，世界各国已经不可回避地必须面对和处理文化差异及与其相关的紧张局势和暴力冲突。各种群体对于权利的诉求本不鲜见，但是的确构成了各国政府想要极力解决而又非常难解的问题。成为一个公民意味着什么，政治和社会承认，抑或经济再分配的要求？从同化、整合再到社会凝聚，公民教育也在探寻平衡这些显然不平等的方式和途径。文化多样性、多元文化公民身份和国家认同，这些涉及政治边界和文化边界的渗透性问题，不断发展变化的公民范畴问题，以及总在各种纠结中挣扎的学校公民教育问题，重又让我们看到了希望与迷茫。正如伊辛所言，世界主义的开放胸襟同强烈的地方意识和传统意识可以和谐共存，前提是要承认差异和另类。① 诚然，多元文化主义可以看作民主进程的又一进步，那么国家认同又该何去何从，多元与统一同时需要，又该如何建构和发展呢？

加拿大是一个典型的多元文化的移民国家。早期英、法殖民者的统治使加拿大民族文化呈现出鲜明的二元性特征。法裔加拿大人又成功地唤醒了土著人的自我意识，加之来自世界各地的移民，促使加拿大冲破了种族主义与欧洲中心主义的禁锢。二战后，加拿大政府注意到人口构成的多样性给社会带来的潜在威胁，开始意识到公民教育的重要性。自 1947 年正式颁布《公民法案》以来，加拿大不断通过制定相关法律政策以及开展各种教育活动来调和多元文化带来的社会矛盾，以维护国家安全和增进国家认同。然而，民族反抗和分裂活动始终没有停止，不同文化身份的公民追求平等权利的呼声此起彼伏。因此，加拿大迫切需要建立一个尊重差异而又具有归属情感的包容社会以促进社会融合。这给公民教育带来了难题。加拿大公民教育既要致力于培养具有国家认同感的加拿大公民，又要尊重公

---

① 恩斯·伊辛，布雷恩·特纳. 公民权研究：导论［M］// 恩斯·伊辛，布雷恩·特纳. 公民权研究手册. 杭州：浙江人民出版社，2007：13.

民的文化身份，即尊重文化的差异性。1988 年，加拿大政府颁布了《加拿大多元文化主义法案》，从而确立了一种独特的、包容的公民身份模式，成为世界上第一个通过立法形式实行多元文化主义政策的国家。这个法案肯定了多元文化主义是加拿大社会的根本特征。它鼓励国家体系维护各种不同群体成员相互尊重、正义、平等的长远价值，旨在"保护加拿大人的多元文化遗产，同时致力于提高所有加拿大人在经济、文化和政治生活中的平等地位"①。然而，多元文化主义也必然能够挑战公民身份作为整体性地位的特性。因此，尽管目前大多数加拿大人都遵守宽容、自制、尊重、忠诚和其他一些诸如此类的价值，这与国家政策和公民教育密切相关，但是，国家政治、政府政策以及公民教育的实施与效果颇受争议，在官方政策和实践之间常常存在着很大的差距。从公民身份的角度看，多元文化主义关系着逐渐渗透到各个文化族群中的一种意识，即成为加拿大人意味着什么。从认同的角度看，多元文化主义关系着小范围文化认同和普遍的加拿大认同的发展。这其中存在着一种张力的平衡，即在多大程度上承认多元，又如何实现统一，多元和统一之间存在着什么样的内在矛盾与外在压力。

文化多样性和公民教育问题作为加拿大教育的一部分一直贯穿于整个加拿大历史的始终。赋予文化多样性和公民教育的意义和价值也随着时间的变化而变化。教育政策和教育计划反映了这些变化。因此，在加拿大的多元文化社会中，多元文化、多元文化主义在一定程度上推动了加拿大公民教育的发展，又为加拿大公民教育带来了难题。那么，公民教育如何应对多元文化、多元文化主义提出的挑战，如何处理多元认同与国家认同之间的矛盾，是否在平衡多元与统一之间发挥了应有的作用，其间有什么经验和教训？回答这一问题有助于我们透视多元文化社会中公民教育的价值、意义及其局限。

首先，多元文化主义是 20 世纪 70 年代加拿大实施的一项国家政策，同时成为加拿大社会特征，以及加拿大人行为处事态度的标志。各种出版物和民意调查显示，加拿大人是普遍支持多元文化社会的，尽管不总是体现在行为中，但至少在原则上是如此。然而，也有许多加拿大人对于多元

---

① Canadian Multiculturalism Act〔R. S. C, 1985, c. 24（4th Supp.）〕, assented to 21st July, 1988). Published by the Minister of Justice at the following address: http://laws—lois. justice. gc. ca, 2011-06-05.

文化主义能带来什么持有不确定的态度。① 多元文化主义对于解决社会文化多样性问题以及消除由此引发的冲突是否是一副良方？是否促进了社会的包容和接纳？多元文化公民身份能否实现真正意义上的尊重与平等？考察加拿大多元文化社会的发展有助于我们进一步认识多元文化主义的价值与局限，理解多元文化主义在推动公民教育发展、协调国家对立与统一之间的矛盾以及平衡国家认同与多元文化认同之间关系方面发挥的作用。

其次，加拿大社会固有的多元文化基调使公民教育不得不面对民族建构的难题。随着多元文化主义政策在加拿大国家和各省以不同形式实施，它深深渗透于社会生活的方方面面。而公民教育也在回应这些变化中不断改革和发展。因为国家仍然寄希望于教育来灌输民主价值观念、塑造良好公民和促进国家认同，因此，加拿大多元文化社会中公民教育的发展演变必然成为一个好的研究案例。它对于同样面临多元文化民族差异和社会整合问题的国家来说，能够提供一个可以借鉴和反思的依据。同时，全球化时代文化多样性需求的迅速增加也迫使人们寻求更加团结和稳定的国内外环境，公民教育或许也应该在寻求共荣与和谐发展的道路上扮演角色。其在实施过程中的经验和教训值得我们认真对待。

最后，公民教育是培养年轻一代扮演公民角色和承担公民责任的重要途径。公民教育的最终目的是塑造能够团结在国家政治领导下的公民。然而，新时代的快速变迁加剧了世界的多样性和不确定性。传统的公民教育无论从内容到形式都无法适应和满足社会发展的新需要。现代国家的民主化进程又进一步推动了社会多样化发展的可能。民主国家必定是多元的，国家认同又要求同一。尤其是当公民中夹杂了复杂的民族成分时，建构国家认同更加成为难题。民族文化冲突在许多国家发生，或由于经济利益分配，或由于主流价值观差异，加拿大却呈现出难得的和谐局面。这与其独特的政治文化密切相关。公民教育也发挥了重要作用。因此，什么样的公民教育是适切的？是有助于平衡多元价值与统一观念的？深入探究多元文化社会中公民教育开展的形式是大有裨益的。

---

① MICHAEL DEWING，MARC LEMAN. Canadian Multiculturalism［J］. Political and Social Affairs Division，2006（10）.

第二节 加拿大公民教育史研究的几个基本问题

多元文化社会是加拿大典型的社会形态，也是世界各国发展的共同趋势。但是，多元文化社会所引发的由于民族多样而产生的认同、归属、平等、正义等一系列问题成为威胁政治稳定和国家安全的一个极为复杂和难解的因素。因此，对于西方主要发达国家，尤其是对于像美国、加拿大这样常常被民族问题困扰的国家，无论是从国家层面，还是在学术领域，都对公民教育给予了极大关注。1971 年，加拿大政府颁布了多元文化主义政策，也使关于加拿大公民教育的研究纷至沓来。因此，在构建本书内容与结构之前，有必要对加拿大公民教育发展的几个基本问题进行认识。

一、加拿大公民教育发展阶段的划分

加拿大公民教育经历了从"被殖民"到"独立"，再到改革和自我发展的成长过程。1867 年加拿大建立自治领以后，作为殖民地和大英帝国的一个成员，早期的加拿大国家认同尤其与"英国意识"相联系。因此，理查德森（George H. Richardson）根据国家认同和学校社会科课程的发展认为，1867—1914 年加拿大笼罩在拜占庭君主式的[①]影响下；而在 1918—1945 年一战后到二战前的时期里，加拿大又被美国的文化同化包围，此间，加拿大民族主义诞生了，但是还没有形成清晰的加拿大认同，与英国认同混杂在一起，关于英国和加拿大的内容在教科书中并存。同时，加拿大政府也迫切希望将移民同化进英裔加拿大人的文化中，从而奉行"白人加拿大"（White Canada）政策[②]，但遭到各种群体的抵制，直到 20 世纪

---

① 这是一个隐喻，尽管当时加拿大已经在名义上摆脱英国殖民统治取得国家地位，获得了独立，但是，无论在法律上还是在意识上，加拿大精英人士都在延续和维护英国传统和英国认同——作者注。

② REVA JOSHEE. Citizenship and multicultural education in Canada：From assimilation to social cohesion ［M］// JAMES A BANKS. Diversity and citizenship education：Global Perspectives. New York：John Wiley & Sons，2004：131.

60 年代仍然如此。加拿大人从来没有经历过翻天覆地的历史时期，因此他们不相信自己负有"白种人的责任"，也不相信其他国家的人民是"缺乏法制的次等民族"。① 二战后，大量移民的涌入使加拿大人口在数量和结构上都出现了显著变化。尽管仍然在国家认同上缺少一种强烈的自我意识，但是已经开始逐渐摆脱了英国内容，并试图为重新定义国家认同而寻找一种新的形式。邱普尔（Harold Troper）认为这种新的形式就是多元文化主义。② 二战是加拿大在文化多样性政策方面的一个转折点。③ 自此，文化多样性事务和公民教育事务主要通过加拿大公民教育委员会、加拿大公民合作顾问委员会、国民事务局三个机构开展。与此同时，加拿大成人教育协会也成为公民教育的重要组织。因此，在二战以后的半个多世纪中，加拿大公民教育获得了重要发展。加西亚（Joseph Garcea）认为这一发展至少经历了三个阶段，每一阶段都以一个公民法案或者至少是法律草案为标志。第一阶段以《1947 年公民法案》的颁布为标志，第二阶段以《1977 年公民法案》的颁布为标志，第三阶段以 1998—2003 年对三部极为相似的公民法案草案的制定和审议以取代现存的公民法案为标志。④ 加拿大萨斯喀彻温省官方的课程内容指导上关于加拿大公民发展史的简短介绍中也认为，1947 年以前不存在加拿大公民，因为与英国保持着的帝国联系，从官方角度加拿大人被视为英国臣民。两次世界大战在加拿大成为一个国家过程中扮演了重要角色。《1947 年公民法案》的颁布是加拿大历史上重要的里程碑，促进了一种独特的加拿大公民身份的形成，以及加拿大作为一个多元文化社会的景象。1977 年加拿大重新修订了《1947 年公民法案》，带来了更加宽泛的公民身份观。⑤ 即使在米契湖和夏洛特城协议失败以后，加拿大政府也始终没有放弃寻求对于公民法律的改革。

1971 年实行的多元文化主义政策改变了加拿大政府政治，进一步扩展

① 沃尔特·怀特，等. 加拿大政府与政治 [M]. 北京：北京大学出版社，2004：27.

② HAROLD TROPER. Nationalism and the History curriculum in Canada [J]. The History Teacher，1978，12（1）：11-27.

③ Past Crossings：US Influences on the Development of Canadian Multicultural Education Policy [M] // REVA JOSHEE，LAURI JOHNSON. Multicultural Education Policies in Canada and the United States. Vancouver：UBC Press，2007：18.

④ JOSEPH GARCEA. The Canadian Citizenship Reform Project：In Search of the Holy Grail?. Presented at the CPSA Congress in Halifax，2003.

⑤ Student Handout ＃1：A Brief History of Canadian Citizenship. http：//www. sasked. gov. sk. ca/docs/midlsoc/gr8/pdf/82handouts. pdf，2011-05-11.

了加拿大公民身份的观念。^① 加拿大的多元文化主义政策可以被分为三个
时期：第一个时期以强调文化保存为标志；第二个时期强调整合。多元文
化主义政策被看作对抗各种形式偏见的一种重要手段，这种偏见严重限制
了加拿大社会中有色民族（visible minorities）成员的完全参与。多元文化
主义政策的核心是成为社会和经济领域中一种积极的整合政策。第三个时
期以共享价值和共享的公民身份观念为标志。如果价值正处在多元文化主
义争论的前端，那是因为社会凝聚正在被侵蚀。这部分是由于加拿大公民
身份已经逐渐被定义为暗含着某种共享的共同价值。但是，除了那些与任
何自由民主制度紧密联系的价值，联邦政府还没有能够精确地定义这些共
同价值应该是什么。^② 另外，从加拿大多元文化主义的实施途径来看，其
变化发展可以喻为：从 20 世纪 70 年代的"文化马赛克"到 80 年代的"公
平竞技场"（level playing field），再到 90 年代和 21 世纪初的"归属"
（belonging），直到现在的"和谐爵士乐"（harmony-jazz）。和谐爵士乐表
达了在加拿大背景下整合的精神实质，即建立在加拿大价值体系基础上的
不同社群间的和谐关系，从而使务实的即兴工作（pragmatic
improvisation）能够促进一种整合与调节的动态关系，以保证加拿大社会
全体成员的充分参与。^③

　　从 20 世纪 70 年代、80 年代到 90 年代初期，加拿大所有的省份和地
区都确定了它们自己的多元文化主义政策和实施途径。多元文化教育也在
这一时期得到了显著发展，成为实施公民教育的又一重要形式。90 年代是
新自由主义的时代，但是自 90 年代初，联邦政府每年为支持多样性而花费
在多元文化主义和其他计划上的费用都在减少。到 90 年代中期，对公民教
育和多元文化教育的关注开始消退，但在 90 年代末有所恢复。^④ 因此，乔

① David E Smith. Indices of Citizenship ［M］// PIERRE BOYER，LINDA CARDINAL，
DAVID HEADON. From Subjects to Citizens：A Hundred Years of Citizenship in
Australia and Canada. Ottawa：University of Ottawa Press，2004：19-28.
② FRANÇOIS HOULE. Canadian Citizenship and Multiculturalism ［D］// PIERRE
BOYER，LINDA CARDINAL，DAVID HEADON. From Subjects to Citizens：A
Hundred Years of Citizenship in Australia and Canada. Ottawa：University of Ottawa，
2004：220.
③ Annual Report on the Operation of the Canadian Multiculturalism Act 2007－2008. 11.
④ REVA JOSHEE. Citizenship and multicultural education in Canada：From assimilation to
social cohesion ［M］// JAMES A BANKS. Diversity and citizenship education：Global
Perspectives. New York：John Wiley & Sons，2004：146.

西（Rava Joshee）从公民身份、多样性和国家认同角度将加拿大公民教育发展分为：1867—1940 年的同化主义时期，在这 70 年中，奥斯本（Kenneth W. Osborne）认为加拿大公民教育的特征是"同化主义的国家建构"和"为民主生活做准备"，① 而同化与多样性之争也已经在学校教育中存在；1940—1963 年为文化多样性和公民教育时期，文化多样性事务成为公民教育机构工作的一部分，移民工作重点也开始指向整合而不是同化；1963 年至 70 年代为关注认同时期；80 年代到 90 年代中期为社会正义和公民权时期；从 90 年代后期至今为社会凝聚时期。②

奥斯本从社会、政治和全球运动方面分析认为，加拿大公民教育可以分为四个历史时期。第一个时期从 1890 年到 20 世纪 20 年代早期，与义务教育同时发生，将同化儿童作为一种民族主义的工具而建构一个民族国家。第二阶段从 20 世纪 20 年代到 20 世纪 50 年代，除了仍然追求民族主义外，还强调为了民主生活做准备。到 30 年代，进步教育的影响开始重新塑造民主和公民教育内容。到二战结束，一种新的国际形势影响了加拿大自身的观点。许多移民离开农业生活进入城市，加速了工业发展和扩大了劳动力市场。城市中恐惧外国人的情绪导致了对于种族主义和民族中心主义观念和可能重新建构公民身份形式的文化相对主义理论的质疑。人们普遍在抵抗和妥协的竞争过程中发展了一种他们自己意识里的作为加拿大人的意识。20 世纪 60 年代到 80 年代是第三阶段，这一时期的公民教育担忧加拿大学生对于他们自己的国家知之甚少。因此，这一时期强调不断增强知识的重要性和对于什么是加拿大人的泛加拿大（pan-Canada）的理解，例如加拿大研究运动（Canadian Studies movement）。这一时期的特点是远离了同化方式的公民教育类型，代之以接受和促进多元文化主义。第四阶段从 90 年代开始，出现了倒退，抛弃了公民的教育目标。学校重新设置了经济任务，比如培养学生的竞争精神和企业家精神，这是在经济全球化时代所必需的。基础知识被重新强调和定义，不仅包括 3R（读写算），还包括计算机、企业家精神、竞争意识、团队合作等等。个体不再被看作公

---

① K OSBORNE. Education is the best national insurance：Citizenship education in Canada schools，Past and Present［J］. Canadian and International Education，1996，25（2）：31-58.

② REVA JOSHEE. Citizenship and Multicultural Education in Canada：From Assimilation to Social Cohesion［M］// JAMES A BANKS. Diversity and Citizenship Education：Global Perspective. New York：John Wiley & Sons，2004：135-150.

民，而是作为消费者。这种繁荣的个人主义不顾集体和社会责任问题，而美国价值和观念开始在加拿大越来越普遍。①

　　基于上述学者的结论，结合本书试图论证的内容，作者拟将加拿大多元文化社会与公民教育发展分为六个阶段：20世纪70年代以前是加拿大多元文化社会的早期发展，从1867年至一战前，加拿大作为自治领处于英国意识统治之下；一战至二战结束，加拿大民族主义诞生，开始了国家重塑的道路；二战后到60年代，加拿大公民诞生，社会多样性的加剧使国家认同问题备受关注；从70年代开始，多元文化主义政策的实施标志着加拿大多元文化社会特征的确立，公民教育改革开始；从80年代到90年代中期，多元文化主义进一步确立和发展，不同民族为了权利的斗争也更加激烈，公民教育体现了更多的多元文化内容；90年代末至现在，加拿大多元文化社会逐渐成熟，社会凝聚开始成为公民教育和多元文化教育新的立足点。

二、加拿大公民身份、公民法律及政策

（一）加拿大公民身份危机

　　加拿大人始终存在着关于成为一个加拿大人意味着什么的认同危机。②利普赛特（Seymour Martin Lipset）指出，在今天现代发达国家中，加拿大是几乎唯独还在继续讨论其自我概念的国家。③ 这也成为公民著作和公民教育中不变的主题。

　　近来一些研究公民问题的加拿大学者，如金里卡（Will Kymlicka）、泰勒（Charles Taylor）等，认为特定群体的加拿大人对于公民身份的理解非常不同。许多加拿大人在理解自己的公民身份时像大多数美国人一样，在与国家关系中将自己看作自主的个体，而其他一些加拿大人，尤其是土著人和法裔魁北克人，将自己看作加拿大公民时他们首先是土著社会或者

---

①　K OSBORNE. Education is the Best National Insurance：Citizenship Education in Canadian School，Past and Present [J]. Canadian and International Education，1996，25（2）：31-58.

②　ALAN SEARS. Social Studies as Citizenship Education in English Canada：A Review of Research [J]. Theory and Research in Social Education，1994（22）：1，7.

③　S M LIPSET. Continental Divide：The Values and Institutions of the Unites States and Canada [M]. New York：Routledge，1991：42.

魁北克社会的集体成员，在此基础上才是国家成员，同时具有对集体和国家的忠诚。[①] 金里卡指出，这是"差异公民身份"。[②] 泰勒也不得不承认，无论存在什么差异，每个人都应该享有一种共同的关于成为加拿大人的认识，但是在加拿大不存在这种情况，因为不同种类的社会形态使归属认识非常不同。[③] 莫顿（Desmond Morton）也写道，加拿大人一直是由于对国家和他们与国家关系的多重理解而具有分离的忠诚的人。[④] 加拿大公民身份与对故国、新的省份或者国家的忠诚共存。而不同群体的人们和地区之间的深刻差异和缺少理解已经成为公民教育领域文献中的一个主要问题。但是，也有学者指出，大多数人在形成自我与加拿大之间的情感联系上几乎没有障碍。[⑤] 因此，加拿大公民身份一直渴望寻找发现或者创造某种国家认同意识。国家认同也成了加拿大问题的精髓，尽管这一争论并不新鲜。

加拿大也是移民社会，但是不能发展出类似美国"公民信仰"的意识形态和神话以及更加一致和统一的国家身份认同。加拿大社会、政治和环境的许多因素形成和塑造了这种独特的背景及公民身份。从历史和国际关系两方面来看，历史学家詹恩（Cornelius Jaenen）认为，加拿大历史发展的某些条件使它唯独适应多元主义。他指出了四个条件：英法双元主义，这是加拿大社会自 18 世纪效忠派移民开始的一个基本特征；更加多样性的大不列颠而不是排外的早期盎格鲁加拿大的英格兰属性；宗教与国家的分离以及相对的宗教自由一直存在于加拿大；教育管理是省而不是联邦政府

---

① ALAN SEARS. Social Studies as Citizenship Education in English Canada: A Review of Research [J]. Theory and Research in Social Education, 1994（22）: 1, 8.

② WILL KYMLICKA. Recent Work in Citizenship Theory [R]. A Report Prepared for Corporate Policy and Research. Ottawa: Multiculturalism and Citizenship Canada, 1992: 40.

③ QUOTED ROBERT FULFORD. A Post-Modern Dominion: The Changing Nature of Canadian Citizenship [M] // WILLIAM KAPLAN. Belonging: the meaning and future of canadian citizenship. Montreal: McGill-Queen's University Press, 1993: 104.

④ DESMOND MORTON. Divided Loyalties? Divided Country? [M] // KAPLAN. Belonging: The Meaning and Future of Canadian Citizenship. Montreal: McGill-Queen's University Press, 1993: 51.

⑤ ROBERT FULFORD. A Post-Modern Dominion: The Changing Nature of Canadian Citizenship [M] // William Kaplan. Belonging: the meaning and future of canadian citizenship. Montreal: McGill-Queen's University Press, 1993: 106.

的责任。① 加拿大没有发展自己普遍性的意识形态，能够团结大多数民族
的事情如共同的历史、英雄和象征经常是分割的。泰勒总结道：在加拿大
即使是历史也是分割开的。② 而从加拿大国家的制度结构特征来看，加拿
大公共生活是精英主义传统的，它继承了英国贵族政治结构的模式。加拿
大人在政治生活中的公民角色观念更加保守和消极。与美国相比，加拿大
人更少个人主义，更少对抗，更服从于权威，更愿意妥协，更少显著的爱
国情感。③ 利普赛特指出，美国是革命的国家，加拿大是反对革命的国
家。④ 加拿大将权威、规则、归属和某种悲观情绪视为惯例。⑤ 如此，尽管
加拿大具有许多民主国家的特征，但它是非常独特的，这些独特性导致了
理解和建立加拿大公民身份的方式也面临着挑战，也决定了公民的形成和
发展。而另一个最近经常提及的加拿大的独特性是一个独特的加拿大定
义，一个不同于美国的定义。

今天加拿大面临的一个重要的公民挑战是建立对所有人权利的尊重，
调解坚持要求特殊权利的群体。⑥ 福勒（R. H. Fowler）明确表达了这种
两难处境：在承认不同观点的加拿大历史和法语的优越性上，法裔加拿大
人对于国家意识的看法与英裔不同。⑦ 同样，土著人也面临着条约权利、
土地要求和自治政府政策的问题。移民也成为主要群体的竞争者，因为他
们破坏了现在的经济这种错误的观点。西尔斯（Alan M. Sears）说：从历

---

① C J JAENEN. Mutilated Multiculturalism ［M］// J D WILSON. Canadian Education in the 1980s. Calgary：Destelig，1981：81.

② C TAYLOR. Reconciling the Solitudes：Essays on Canadian Federalism and Nationalism ［M］. Montreal：McGill-Queens University Press，1993：25.

③ ALAN M SEARS. "In Canada even history divides"：unique features of Canadian citizenship ［J］. International Journal of Social Education，Fall/ Winter 1996-1997，11：53-67.

④ S M LIPSET. Continental Divide：The Values and Institutions of the Unites States and Canada ［M］. New York：Routledge，1991：1.

⑤ P REGENSTREIF. Some Social and Political Obstacles to Canadian National Consciousness ［M］// G MILBURN，J HERBERT. Canadian Consciousness and the Curriculum. Toronto：OISE Press，1974：53-66.

⑥ VICKI A GREEN. The Globalization of Citizenship Education：A Canadian Perspective ［D］. Kalowna：Okanagan University College.

⑦ R H FOWLER. Teaching for Enlightened Citizenship and Social Responsibility：A Canadian Perspective ［D］. A paper presented to the Meeting of the International Assembly，National Council for the Social Studies，November 22，Washington，D. C..

史的角度看，公民身份一再说明权利已经根据需要逐渐扩展至不同群体的人们。① 但是，经济理性主义正在引起更多的人去竞争更多的社会和文化权利、更大的经济参与和民族自决以及更大的平等。② 因此，少数民族文化群体的权利和地位以及民主理论的正义、公民美德、行为和责任成为近20 年来研究的新热点。一些学者如杨（Iris Marion Young）、菲利普斯（Susan D. Phillips）、泰勒等为多元文化群体权利的正义性辩护。他们认为，无视差异的制度旨在在不同民族文化群体中寻求中立，却暗含着主流群体的需要、兴趣与认同，这对少数群体成员制造了负担、障碍、偏见和排斥。采取某种少数民族权利有助于改善这一缺陷，从而促进公平。但是，金里卡指出，根据正义原则，少数民族权利也应该在特定情形下获得保护。如果在多元文化社会中，不仅有反映主流群体文化传统、语言和宗教的声音，更有接近和包容各种民族和宗教群体的声音，这样才是有效的。③ 有学者认为，文化多样性实际上改变了加拿大公民身份，它使加拿大身份认同与英国文化拉开了距离。它使共同的公共文化多样化和有些中立化。④ 总之，从公民身份的角度来看，加拿大追求一种基于责任公民、归属于加拿大社会和国家的意识、认可加拿大文化模式和价值、促进国家团结统一的共享价值的意识形态。⑤ 这些观点在加拿大遗产部、公民与移民部和各种委员会的大量文件中传达出来。

（二）加拿大公民法律及政策的发展

在加拿大作为独立国家的很长一段时间里，加拿大人没有自己的公民

---

① A M SEARS. "Something different to everyone"：Conceptions of Citizenship and Citizenship Education [J]. Canadian and International Education，1996，25（2）：1-16.

② VICKI A GREEN. The Globalization of Citizenship Education：A Canadian Perspective [D]. Kalowna：Okanagan University College.

③ WILL KYMLICKA，WAYNE NORMAN. Citizenship in Culturally Diverse Societies：Issues，Contexts，Concepts [M] // WILL KYMLICKA，WAYNE NORMAN. Citizenship in Diverse Societies. Oxford：Oxford University Press，2000：5-10.

④ FRANÇOIS HOULE. Canadian Citizenship and Multiculturalism [D] // PIERRE BOYER，LINDA CARDINAL，DAVID HEADON. From Subjects to Citizens：A Hundred Years of Citizenship in Australia and Canada. Ottawa：University of Ottawa，2004：226.

⑤ MICHELINE LABELLE，FRANÇOIS ROCHER. Debating Citizenship in Canada：The Collide of Two Nation-Building Projects [D] // PIERRE BOYER，LINDA CARDINAL，DAVID HEADON. From Subjects to Citizens：A Hundred Years of Citizenship in Australia and Canada. Ottawa：University of Ottawa，2004：265.

身份，而是英国的臣民。这种对英国和帝国的依附不只是法律上的，而且是情感上的。因此，西尔斯说，在加拿大早期，爱国仪式和象征不是直接指向新国家的，而是指向成长中的帝国的。① 二战以后，随着大量移民涌入加拿大，公民身份问题开始进入法律发展进程。直到今天，加拿大政府对于公民法律及政策的改革和推动始终没有停止。

1947 年加拿大颁布了第一个《公民法案》，建立了一种广泛而一致的公民制度，赋予归属加拿大的外国人以法律地位、权利和义务。法案确立了一种不同于英国或者联合王国的非同一般的加拿大认同，改变了国家及其人民的法律地位。在这一法案基础上进一步发展而成的 1977 年《公民法案》则在更大程度上适应了加拿大社会变化的需要以及多元文化主义的出现。之后，1982 年加拿大《权利与自由宪章》成为一部承认民族文化和宗教多样性或者说多元主义的重要法律文件。盖格农（France Gagnon）等人指出，尽管《宪章》更多采用的是一种中立的态度，但是它试图寻求建立一种真正的、基于宪法的爱国主义的加拿大国家主义。事实上，《宪章》的一个特征就是被当作发展一种加拿大政治文化甚至是建立一个加拿大民族的工具。同时，包含《权利与自由宪章》的《宪法法案》也体现了如下一些基本特征：作为加拿大土地上第一个人群——土著居民，有权利促进其语言、文化和传统并保证其社会的健全，他们的政府构成了加拿大政治体制三种类型中的一种；魁北克构成了加拿大的一个独特社会，即说法语的大多数、独特的文化和公民法律传统；加拿大人承认种族和民族在社会中的平等，包括许多来自其他地区的、一直致力于贡献和建立一种强大的加拿大的文化和种族多样的公民；等等。② 然而，福尔福德（Robert Fulford）认为，《宪章》似乎表明了每一个公民在与国家关系中都与其他公民一样平等，但事实上不是，也从来都不是这样。③

除了《权利与自由宪章》，民族文化成员身份与国家认同之间的关系

---

①　ALAN M SEARS. "In Canada even history divides": unique features of Canadian citizenship [J]. International Journal of Social Education, Fall/ Winter 1996-1997，11：53-67.

②　FRANCE GAGNON, et al. Conceptual Framework for an Analysis of Citizenship in the Liberal Democracies Volume II [J]. Approaches to Citizenship in Six Liberal Democracies, 1999：88-112.

③　ROBERT FULFORD. A Post-Modern Dominion: The Changing Nature of Canadian Citizenship [M] // WILLIAM KAPLAN. Belonging: the meaning and future of canadian citizenship. Montreal：McGill-Queen's University Press，1993：105.

不仅被系于法律条款，并被加拿大多元文化主义政策强化。① 从 20 世纪 70 年代初加拿大实行多元文化主义政策，到 1988 年联邦政府颁布《多元文化主义法案》，至此，联邦机构执行多元文化主义政策的活动也开始变得逐渐深入和更加复杂。多元文化主义政策更加明确了多元文化主义作为加拿大身份和传统的基本特征；多元文化主义传达了加拿大人所维系、发展和共享的文化传统；多元文化主义寻求促进所有人和共同体在建立国家和排除困难过程中的参与，以表达他们特定身份和他们对其政治共同体的贡献。② 金里卡强调，事实上，多元文化主义政策不仅仅是致力于移民整合的主要政策。③ 西歌德森（Richard Sigurdson）认为，双语框架下的多元文化主义不只是促进了多元主义和宽容，它的次要目标是培养一种新的、包容的加拿大国家身份认同，这一身份认同适合于所有加拿大人，无论其种族文化如何。④ 而《多元文化主义法案》更是建构加拿大社会及其内部关系的指导原则，并为社会多元化发展所需的各种具体政策、项目和方法提供法律基础。⑤ 至此，多元公民身份的地位和情感终于成为加拿大政治生活中被接受的特色，这个因素不可避免地会促进公民教育的形塑。⑥

然而，多元文化主义政策也面临着挑战。一些法裔加拿大人一直反对这种"多元文化主义"政策，因为他们认为这种政策把他们要求成为独立国家的愿望降低至要求保持移民的种族性水平。另外一些人则怀有相反的担忧，他们害怕这种政策的意图是把移民群体当作民族来对待，并因此支持发展与英裔和法裔并列的体制上完整的文化。事实上，这两种担忧都是不成立的。因为"多元文化主义"是一种在英裔文化和法裔文化的国家体

① FRANCE GAGNON，et al. Conceptual Framework for an Analysis of Citizenship in the Liberal Democracies Volume II [J]. Approaches to Citizenship in Six Liberal Democracies，1999：88-112.

② JOSEPH GARCEA. Provincial Multiculturalism Policies in Canada，1974-2004：A Content Analysis [J]. Canadian Ethnic Studies Journal，2006，38（3）：1-20.

③ 金里卡. 多元文化公民权：一种有关少数族群权利的自由主义理论 [M]. 杨立峰，译. 上海：上海译文出版社，2009.

④ RICHARD SIGURDSON. First People，New Peoples，and Citizenship [D]. Paper presented at annual meeting of the Canadian Political Science Association，St. Catharines，Ontario，June 1996. 19.

⑤ Annual Report on the Operation of The Canadian Multiculturalism Act 2007－2008. 11.

⑥ DEREK HEATER. A History of Education for Citizenship [M]. London：Routledge Falmer，2004.

制内支持"多种族性"的政策。① 加拿大多元文化主义政策或者被视为加拿大对世界的巨大贡献，或者是加拿大的一种偏离，破坏了对于一个政治体的归属观念，减少了公民身份的包容性。② 一些学者也担心，多元文化主义政策不能满足社会整合的目的，却潜在地加强了群体的隔离。菲利斯（Cardinal Phyllis）却指出，多元文化主义在西部地区的实施使人们能够把自己看作多元文化社会中的公民。③ 在对加拿大多元文化主义长期研究的过程中，《加拿大地理》杂志提出了一个完全不同的观点。加拿大与其他发展中国家没有不同，除了美国。在大多数国家，存在着"容易接受的多样性"。然而，加拿大逐渐成为一个更加民族多样的社会，这导致加拿大失去了部落特征，造成法裔加拿大人和英裔加拿大人之间依赖民族同质和集体记忆的历史对抗的分离。这些旧有的冲突逐渐被民族多样性侵蚀。作为加拿大人不再意味着是一个独特的民族，许多加拿大人几乎没有关于民族对抗的历史记忆，这些事实可能拯救加拿大国家。加拿大在一个国家中呈现整个世界。④

　　从 20 世纪 80 年代末开始到 90 年代早期，加拿大的多元文化主义政策已经被联邦政府看作妨碍了培养一种新的加拿大政治认同，因为它被视为破坏了平等的公民身份和导致了种族文化多元主义，原因是多元文化主义提倡民族群体之间的差异和自治。这不是多元文化主义政治的目的，相

---

① 金里卡. 多元文化公民权：一种有关少数族群权利的自由主义理论 ［M］. 杨立峰，译. 上海：上海译文出版社，2009：22.

② FRANÇOIS HOULE. Canadian Citizenship and Multiculturalism ［D］// PIERRE BOYER，LINDA CARDINAL，DAVID HEADON. From Subjects to Citizens：A Hundred Years of Citizenship in Australia and Canada. Ottawa：University of Ottawa，2004：217.

③ CARDINAL PHYLLIS. Aboriginal Perspective on Education：A Vision of Culture Context within the Framework of Social Studies：Literature/ Research Review ［J］. The Crown in Right of Alberta，1999：25.

④ FRANÇOIS HOULE. Canadian Citizenship and Multiculturalism ［D］// PIERRE BOYER，LINDA CARDINAL，DAVID HEADON. From Subjects to Citizens：A Hundred Years of Citizenship in Australia and Canada. Ottawa：University of Ottawa，2004：218.

反，整合是它的目的，不是同化或者根本的多元主义。① 因此，政府不再在其管理范围内考虑促进多样性和保持加拿大文化遗产。它的角色是确保所有加拿大人的完全参与和机会平等。但是，事实上，这一时期改革加拿大宪法的不同尝试与加拿大实施多民族公民身份密切相关。② 1987 年米契湖协议承认魁北克作为一个独特社会的地位。1992 年夏洛特城协议也承认魁北克是一个独特社会和土著民的自治权利。1987 年马尔罗尼（Martin Brian Mulroney）政府着手建立新的公民法案《公民 87：为作为加拿大人而自豪》的白皮书，1993 年《加拿大公民：共享责任》的报告，1994 年《加拿大公民：一种归属意识》的报告，最近在 2005 年发布的《更新加拿大公民法律：现在时》的报告，都包括对《公民法案》的改革意见，并对公民教育产生了重要影响。多元文化主义不意味着赞美我们彼此不同并具有差异的事实，而是赞美我们能够彼此适应我们的差异并且和谐地生活在一起的事实。③ 因此，多元文化主义必须致力于促进那些价值和传统。

三、加拿大公民教育的内容与形式

（一）加拿大公民教育目标及政策

在加拿大，公共学校教育一直是塑造公民形成独特归属感或者一种国家公民意识的途径，也是关于宪法和公民问题最难争辩的地方。④ 布鲁诺乔弗雷（Rosa Bruno-Jofré）认为，二战结束以前，英裔加拿大的公共学校目标是创造一个建立在一种共同语言、一种共同文化和一种对大英帝国

---

① FRANÇOIS HOULE. Canadian Citizenship and Multiculturalism ［D］ // PIERRE BOYER，LINDA CARDINAL，DAVID HEADON. From Subjects to Citizens：A Hundred Years of Citizenship in Australia and Canada. Ottawa：University of Ottawa，2004：220.

② LINDA CARDINAL. Citizenship Politics in Canada and the Legacy of Pierre Elliott Trudeau ［M］ // PIERRE BOYER，LINDA CARDINAL，DAVID HEADON. From Subjects to Citizens：A Hundred Years of Citizenship in Australia and Canada. Ottawa：University of Ottawa Press，2004：169.

③ House of Commons. The Ties that Bind：Report of the Standing Committee on Communications and culture ［R］. Ottawa：The Queen's Printer，1992：10.

④ T RIFFEL，B LEVIN，J YOUNG. Diversity in Canadian education ［J］. Journal of Education Policy，1996，11（1）：113-123.

共同认同以及接受英国制度与实践的同质民族。① 尽管早期公共学校教育
目标是同化主义的，但是在统一人民上是非常失败的。梅斯曼（Vandra L.
Masemann）发现，在所有教育辖区，公民是普通公共教育尤其是社会科
课程的一个主要目标。不仅课程模式相似，通过公民教育传达的主要意识
形态也是公民行为和参与的价值。在过去 20 年中，公民教育的关注点从政
府机制转向了更加强调多元文化主义、双语主义、地区协调、人权和全球
意识。② 西尔斯和休斯（A. S. Hughes）最近关于全国课程和政策文件的
研究也发现了这些趋势的持续。③ 康利（M. W. Conley）指出，公共教育
的使命就是最大限度地培养公民。④ 在加拿大，公共学校教育就是塑造公
民具有与其他人不同的情感，⑤ 即是国家公民意识。到 80 和 90 年代，发
展理解民族多样性成为教育尤其是社会科教育的一个重要目标，包括加拿
大法裔少数民族社区的学校。⑥ 然而，奥斯本认为，目前整个加拿大的教
育改革关注于"经济优先而鲜有提及公民"。⑦

　　在政策水平方面，西尔斯和休斯指出，在所有辖区，多元文化主义被
看作一个对于学习加拿大社会重要的组织观念，并且使课程计划具有明确
的基本原理。许多课程计划，尤其是在土著人研究（native studies）中，
包括大量来自不同民族和文化群体视角的内容。同时，一些省已经发展了

①　ROSA BRUNO - JOFRÉ，NATALIA APONIUK. Educating Citizens for a Pluralistic
　　Society [J]. Calgary：Canadian Ethnic Studies，2001：113.
②　V MASEMANN. The Current Status of Teaching About Citizenship in Canadian
　　Elementary and Secondary Schools [M] // KEITH A MCLEOD. Canada and Citizenship
　　Education. Toronto：Canadian Education Association，1989：27-52.
③　ALAN SEARS，A S HUGHES. A Review of Citizenship Education in Canada. A Report
　　Prepared for the Citizenship and Canadian Identities Sector Department of Canadian
　　Heritage，1994.
④　M W CONLEY. Theories and Attitudes Towards Political Education [M] // K A
　　MCLEOD. Canada and Citizenship Education. Toronto：Canadian Education Association，
　　1989：134.
⑤　K A MCLEOD. Exploring Citizenship Education：Education for Citizenship [M] // K A
　　MCLEOD. Canada and Citizenship Education. Toronto：Canadian Education Association，
　　1989：6.
⑥　REVA JOSHEE. Citizenship and multicultural education in Canada：From assimilation to
　　social cohesion [M] // JAMES A BANKS. Diversity and citizenship education：Global
　　Perspectives. New York：John Wiley & Sons，2004：141.
⑦　K OSBORNE. The Emerging Agenda for Canadian High Schools [J]. Journal of
　　Curriculum Studies，1992，24（4）：371-379.

在设计和评价课程及其他方面的学校计划时咨询不同民族和文化群体代表的事务。[1] 乔西也指出，所有省份的教育官员和教育部门都发展了审查课程和学习资源的政策和程序，以保证它们在种族、民族、文化、性别和社会经济方面的自由。[2] 从 1970 年开始，双语主义的教育计划作为联邦政府促进官方少数语言教育和第二语言教学开始在各省施行。加拿大由十个省和三个地区组成，没有国家课程，因为从本质上说教育是省的责任，但是正像西尔斯和休斯指出的，社会教育政策文件中的公民概念在整个加拿大非常相似。[3] 休斯发现了加拿大人的一些普遍的一致性，他们理想中的好公民是具有开放的视野、公民意识、尊重、愿意妥协，宽容、富有同情心、慷慨和忠诚等情感特征的。[4] 这些无私的情感和价值也一贯地出现在各省的教育政策文件中。它们被视为多元文化社会中的一股积极的力量，公民教育也强调实现这种"多元文化理想"。[5]

（二）加拿大学校公民教育课程

加拿大的公民教育元素，传统上包含在学校历史课程中，在一定程度上，也在地理课程中，后来则在社会科课程中。社会科是加拿大公共学校课程中直接开展公民教育的主要形式。其他诸如历史、地理、文学也间接地实现着公民教育的目的。理查德森（George H. Richardson）指出，在建国后直至二战的七十多年里，历史和社会科在内容上都没有本质上的变化。在学校课程内容上，英国历史和文学几乎与加拿大历史和文学无异。而且，由于加拿大没有统一的国家教育体系，各省历史课程内容几乎都是省的历史，而没有关于整个国家的历史。[6] 希特（Derek Heater）也指出，

[1] ALAN SEARS, A S HUGHES. A Review of Citizenship Education in Canada [R]. A Report Prepared for the Citizenship and Canadian Identities Sector Department of Canadian Heritage, 1994.

[2] REVA JOSHEE. Citizenship and multicultural education in Canada: From assimilation to social cohesion [M] // JAMES A BANKS. Diversity and citizenship education: Global Perspectives. New York: John Wiley & Sons, 2004: 145.

[3] A M SEARS, A S HUGHES. Citizenship education and current educational reform [J]. Canadian Journal of Education, 1996, 6 (3): 395-408.

[4] A HUGHES. Understanding citizenship: A Delphi study [J]. Canadian and International Education, 1994, 23: 13-26.

[5] Manitoba Education and Training. Multicultural education: A policy for the 1990s, 1992.

[6] GEORGE H RICHARDSON. The Death of the Good Canadian: Teachers, National Identities, and the Social Studies Curriculum [M]. New York: Peter Lang Publishing, 2002: 51-86.

作为大英帝国的成员之一，而且由英国血统的人构成主流族群，因此在说法语的魁北克地区以外的学校中，在 19 世纪和 20 世纪早期不可避免地会传播一种英国意识。① 20 世纪 50 年代和 60 年代，公民教育课程仍然延续战前英国政治和文化传统下的加拿大国家主义，涉及加拿大的内容相当薄弱，而且在种族、宗教和历史根源等内容上更是存在明显的缺陷。②

　　1968 年霍杰茨（A. B. Hodgetts）《什么文化？什么传统？》研究报告的出版具有里程碑意义，成为加拿大社会科的分水岭。③ 他的研究是广泛而深入的，不仅通过访谈、问卷和课程材料收集数据，而且在全国范围观察了 951 个班级和 247 所学校。直到霍杰茨，关于加拿大公民教育课堂实践的情况几乎鲜有论述。汤姆金斯（G. S. Tomkins）指出，它是"直到 60 年代针对加拿大全国范围内学校实际课堂教学观察最为全面和彻底的研究"。④ 霍杰茨描绘了一幅加拿大公民教育荒凉的景象。通过对加拿大学校历史、社会科和公民科的调查，霍杰茨对加拿大的公民教育进行了批评和指责。他指出，在两种官方语言社群的课程计划中，许多加拿大历史的标准都是过时的和基本无用的。⑤ 不仅历史教学中忽视了学者研究的新的历史内容，而且几乎没有联系历史与现在，同时缺少关于冲突事件的内容。⑥ 霍杰茨写道："学校中两大语言社群的加拿大研究课程在鼓励相互理解彼此各自的态度、愿望和兴趣上没有什么作为。"而且，最令人气愤的是对法裔和英裔学生所讲述的内容完全不同，从而使他们不能相互理解。⑦ 但是最近，彼弛莫尔（Kathy Bichmore）对安大略、曼尼托巴、新斯科舍三个省的社会科课程的调查研究显示，加拿大身份认同在这三个地区的课程

① DEREK HEATER. A History of Education for Citizenship [M]. London: Routledge Falmer, 2004: 206.

② GEORGE H RICHARDSON. The Death of the Good Canadian: Teachers, National Identities, and the Social Studies Curriculum [M]. New York: Peter Lang Publishing, 2002: 51-86.

③ ALAN SEARS. Social Studies as Citizenship Education in English Canada: A Review of Research [J]. Theory and Research in Social Education, 1994 (22): 1, 9.

④ G S TOMKINS. The Scandal in Canadian Studies. ERIC Document ED044335, 1969: 23.

⑤ HODGETTS. What Culture? What Heritage? A Study of Civic Education in Canada [R]. Toronto: The Ontario Institute for Studies in Education, 1968: 19.

⑥ HODGETTS. What Culture? What Heritage? A Study of Civic Education in Canada [R]. Toronto: The Ontario Institute for Studies in Education, 1968: 24.

⑦ HODGETTS. What Culture? What Heritage? A Study of Civic Education in Canada [R]. Toronto: The Ontario Institute for Studies in Education, 1968: 35.

中都以积极的状态呈现：各省对于课程的管理并不阻止这些课程加强运用非常相似和统一的方式实现国家认同。有时历史的社会冲突事件和不公正与现时加拿大平等、权利和参与的价值共同呈现。①

自从霍杰茨展开研究以来，学生在公民领域的知识和态度取得了进步。1971 年，加拿大宣布实行多元文化主义政策，促进了多元文化和人权教育成为修订后教学大纲的组成部分。这两个事件导致了加拿大公民教育的调整。② 最重要的发展是在课程内容上逐渐减少了与英国的联系，一定程度上反映了加拿大的现实。1971 年阿尔伯塔省的研究计划中出现了尽管说法语的加拿大人的民族主义引起了加拿大的"民族不团结"，但是他们对官方双语主义的独特现实做出了积极贡献的内容。③ 但是，公民教育在各种不同群体中被赋予了不同的解释，并且在学校课程中以各种形式呈现。法裔加拿大人，尤其是魁北克人，在魁北克社会科课程中发展了其独特的民族主义观念和公民身份。④ 因此，西尔斯指出，加拿大的社会科教师被一种两难的处境困扰：一方面，他们尊重和促进文化多样性；另一方面，他们又支持一种国家公民教育。一个明显的现象就是社会科课程和教学在加拿大必须考虑强烈的地域角度和认知。因为加拿大学生对于其所生活的地域、地区、社会阶级或者语言社区比对于整个国家的认同更强烈。⑤

当社会科课程作为公民教育的显性课程普遍开展时，也有大量的对于能够发挥公民教育作用的其他学科领域的逐渐认识。同时，不只是学校中的课程能够发挥公民教育的作用，学校中还存在着许多所谓的"隐性课程"，比如学校环境，同学之间的相互交往，教师和社团以及学校传达的价值、态度和行为。维尔纳（Walter Werner）等人揭示了社会科中隐性课

---

① KATHY BICKMORE. Democratic Social Cohesion（Assimilation）？ Representations of Social Conflict in Canadian Public School Curriculum［J］. Canadian Journal of Education，2006，29（2）：359-386.

② DEREK HEATER. A History of Education for Citizenship［M］. London：Routledge Falmer，2004：207.

③ GEORGE H RICHARDSON. The Death of the Good Canadian：Teachers，National Identities，and the Social Studies Curriculum［M］. New York：Peter Lang Publishing，2002：51-86.

④ TAYLOR. Multiculturalism and "The Politics of Recognition". Princeton：Princeton University Press，1992.

⑤ ALAN SEARS. Social Studies as Citizenship Education in English Canada：A Review of Research［J］. Theory and Research in Social Education，1994（22）：1，10.

程关于对待民族群体的问题。他们总结道：在大多数课程计划中，根本的价值体系是主流的白人文化。主流的英裔和法裔文化观点占据了大多数课程，并用来解释其他文化。① 青木（T. Aoki）也指出：一些社会科计划没有明确说明关于多元文化主义的基本原理，也没有在暗含基本原理的内容和目标中展示出许多证据。在这样的情况下，多元文化主义的观念就不能成为认识加拿大社会的一个重要的组织观念了。② 因此，奥斯本认为，利用学校来教授公民身份可以被最好地理解为实践中文化和意识形态霸权的例子。在任何社会，主流群体提出一种世界观，就被作为代表现实和现实事务的方式更大程度地被接受了。③

20 世纪 80 年代和 90 年代，多元文化主义开始在课程中扮演重要角色。④ 同时，联邦政府对多元文化教育的积极支持计划使多元文化教育得到了显著发展。多元文化教育包括语言教育、反种族主义教育、多元文化课程以及渗透在历史、地理、社会科等课程中的多元文化内容等等。但是，康明斯（Jim Cummins）和丹尼斯（Marcel Danesi）指出，学校中多元文化课程计划大多以节庆的方式关注饮食、服饰和音乐，而不是更加本质上的文化间的事务。⑤ 戴（G. J. S. Dei）也认为，从黑人有利的观点看，加拿大多元文化教育通过建构知识和权利保持和巩固了不平等地位。多元文化教育还没有审问白人特权。⑥

（三）加拿大公民教育的效果与评价

1996 年，弗雷泽（Simon Fraser）大学对 135 000 名不列颠哥伦比亚

---

① W WERNER, B CONNORS, T AOKI. Whose Culture? Whose Heritage? Ethnicity Within Canadian Social Studies Curricula [M]. Vancouver: Centre for the Study of Curriculum and Instruction, 1977: 17-55.

② W WERNER, B CONNORS, T AOKI. Whose Culture? Whose Heritage? Ethnicity Within Canadian Social Studies Curricula [M]. Vancouver: Centre for the Study of Curriculum and Instruction, 1977: 46.

③ K OSBORNE. Education is the Best National Insurance: Citizenship Education in Canadian School, Past and Present [J]. Canadian and International Education, 1996, 25 (2): 31-58.

④ GEORGE H RICHARDSON. The Death of the Good Canadian: Teachers, National Identities, and the Social Studies Curriculum [M]. New York: Peter Lang Publishing, 2002: 51-86.

⑤ J CUMMINS, M DANESI. Heritage Languages: The Development of Canada's Linguistic Resources [M]. Toronto: Our School/ Our Selves, 1990.

⑥ G J S DEI. Anti-Racism Education: Theory and Practice [M]. Halifax: Fernwood Publishing, 1996: 21-29.

4、7、10年级的法裔和英裔学生展开了调查，从学生的包容或者对于他人的欣赏和参与公民活动的意愿评价哥伦比亚社会科课程的结果。① 总体来讲，这些学生显示出了对于多元文化主义的非常积极的态度。彼弛莫尔认为，在社会科尤其是公民科课程中，有关政府、国家认同、社会多样性、不公正和社会冲突的问题为教师和学生实践建设性地面对民主冲突提供了机会。课堂相比于成人政治世界总是相对安全的环境，它的指导和反馈有助于促进有效的学习。②

　　事实上，一些证据表明课堂实践不能与公民教育政策保持一致。一项关于加拿大政治教育的研究指出，在过去的十多年中，在大多数高中政治科学课程中，被称之为"传统公民"的教学方法强调机械地学习政治制度，避免讨论问题。在曼尼托巴，进一步调查发现，没有学生参与这个课程，作为选修课没有学校提供这个课程。③ 关于社会科课程研究的文献证实了政策与实践之间的脱节。汤姆金斯指出："加拿大课堂的形式主义和对传统内容的机械学习削弱了问题中心的、批判思维的公民教育方法。"④从官方课程建议来看，加拿大公民教育观念是具有前瞻性考量的，但是从实际公民教育课堂实践中看，是相对滞后的。⑤ 这种政策与实践的脱节不只局限在社会科课程中。证据表明，尽管由政策水平决定进行教育改革，但是教育观念的传达还是普遍地由课堂占据主导。在这种教育方式中，教师角色是主动的、主导的和强大的，而学生角色是次要的、顺从的和弱小

---

① CARL BOGNAR，WANDA CASSIDY，PAT CLARKE. Social Studies in British Columbia：Results of the 1996 Social Studies Assessment ［M］. Victoria：Ministry of Education，1998.

② KATHY BICKMORE. Democratic Social Cohesion（Assimilation）？ Representations of Social Conflict in Canadian Public School Curriculum ［J］. Canadian Journal of Education，2006，29（2）：374.

③ M CONLEY，K OSBORNE. Political Education in Canadian Schools：An Assessment of Social Studies and Political Sciences Courses and Pedagogy ［J］. International Journal of Political Education，1983（6）：65-85.

④ G S TOMKINS. The Social Studies in Canada ［M］// J PARSONS，et al. A Canadian，Social Studies. Edmonton：University of Alberta Press，1983：12-30.

⑤ ALAN SEARS，A S HUGHES. A Review of Citizenship Education in Canada ［R］. A Report Prepared for the Citizenship and Canadian Identities Sector Department of Canadian Heritage，1994：55-56.

的。① 这与官方政策中要求的相去甚远。西尔斯和休斯认为，当今天官方规定加拿大课程时，大量的关注指向公民和公民教育更加平民主义的观念，但是这并不意味着在实际课堂实践中体现了这一点。政策文件的分析不能决定课程计划实际指导课堂实践的程度。②

20 世纪末，一项针对公民教育而进行的最精心设计、最具权威性的研究得出如下结论：在官方政策和实际实践之间经常存在很大差距……自霍杰茨报告发表之后，尽管课程强调多元主义理想、批判性探究、对当代问题的讨论、让学生参与社区活动，但是课堂实践似乎并没有多大变化。③西尔斯也认为，一些文献说明了政策与实践之间的这种割裂。加拿大公民教育领域的研究也不是相当充分。如果加拿大为了公民的教育是社会科的关键而且需要发展的话，还需要开展更多的研究。④

第三节　本书的内容与结构

一、本书的研究方法

本书立足于文献研究，力图通过对相关文献的搜集、鉴别、梳理和分析，还原加拿大不同历史时期公民教育的状况。首先，在共时态上，加拿大公民教育不可能抛开特定历史背景下政治、经济、社会和文化等各种环境因素的影响，因此，利用因素分析法把握事物因果联系、给予客观评价将是分析加拿大公民教育实然状态的重要方法。在历时态上，公民教育的

---

① K OSBORNE. Teaching for Democratic Citizenship [M]. Toronto：Our Schools/ Our Selves，1991：27.

② ALAN SEARS，A S HUGHES. A Review of Citizenship Education in Canada [R]. A Report Prepared for the Citizenship and Canadian Identities Sector Department of Canadian Heritage，1994：44-45.

③ DEREK HEATER. A History of Education for Citizenship [M]. London：Routledge Falmer，2004：209.

④ ALAN M SEARS. What research tells us about citizenship education in English Canada [J]. Canadian Social Studies，Spring 1996，30：121-127.

发展变化是一个连续的历史过程，尽管我们进行了人为的分期，但是每一个阶段新变化的产生都不是突兀的，而是在已往过程基础上的继承和发展。无论是公民教育政策法律，还是公民教育理论，再到公民教育课程，都是一个渐进的过程。因此，考察一个真实的加拿大公民教育不仅需要回到特定时空下的加拿大，还要回望整个加拿大历史的全过程。所以，作为一种具体的研究方法需要运用历史法，作为一种科学的研究态度需要运用历史观。

其次，加拿大的政治体制兼有美国联邦制和英国议会制的特点。因此，无论在历史上还是在现今，加拿大各省和地区都有相对独立的司法和管理权限。而且，不同民族往往愿意与各自族群成员聚居在一定地区，从而使加拿大各民族的地理分布呈现出一定的特征，比如法裔加拿大人大多聚居于魁北克地区，土著民族要分布在加拿大西部和北极地区。不同民族与地理区域的结合使加拿大不同地区的公民教育呈现出多样性特征。所以，运用个案法有助于展现加拿大公民教育的全貌，也有助于阐释不同文化族群在文化认同与国家认同之间的冲突与协调，揭示公民教育在多大程度上推动了国家建构，从而揭示加拿大公民教育的特征与效果。

最后，运用比较研究的方法及方法论进行分析研究。要想揭示加拿大公民教育发展的特征与效果就既需要共时态的比较分析，也需要历时态的比较分析，从普遍性与特殊性的发展特征中得出结论，从而建立起对加拿大公民教育及其对国家建构作用的深刻认识。在研究过程中，由于始终都存在着研究主体与研究对象之间的文化差异，所以要建立一种跨文化的视野，不仅要清晰地认识研究对象的文化背景和文化意义，还要建立起自身的文化立足点，以便能够理性地认识加拿大公民教育的意义和发展道路。当前，人类面临着共同的文化多样性与公民教育的难题，也在广泛地寻求适合的发展道路。我们既要摒弃非优即劣的评判思维，还要建立广泛的国际理解，才能实现在尊重文化多样性基础上的世界和谐。

二、本书的基本内容与结构

本研究试图提供一个对加拿大公民教育的综合概观，探讨加拿大多元文化社会不断发展过程中，公民教育是如何应对、发展和变化的，通过认识和呈现加拿大公民教育的发展与困境，进一步深入思考多元文化社会中公民教育可能的模式和效果。书中以加拿大多元文化社会为背景，以多元文化主义、国家认同与公民教育的关系为分析框架，研究加拿大公民教育的发展，力图呈现不同历史时期加拿大公民教育对多元文化与国家认同要求的回应，并希望通过分析评价公民教育发展演进的过程及其实施效果回答多元文化社会中公民教育应有的价值与作用。加拿大典型的多元文化社会特征，以及它始终存在着的英法二元文化，加之美国对它的深刻影响使加拿大公民教育面临更加错综复杂的国内外环境。加拿大人至今还在追问什么是加拿大人，什么是加拿大认同。这种典型的碎片式的社会构成与相对和谐稳定的社会环境之间的反差值得我们关注。

　　本书共分七章。第一章导论部分主要阐述了加拿大公民教育史研究的意义，以及在这个问题的研究过程中首先要认识的几个基本问题，包括：（1）加拿大公民教育发展阶段的划分；（2）加拿大公民身份、公民法律及政策；（3）加拿大公民教育的内容与形式，以便为后续论述厘清思路。第二章主要建立一个公民教育与多元文化主义关系的分析框架，也是论述全书内容的一个分析视角，从多元文化主义、公民教育和国家建构三者的相互关系中勾勒加拿大公民教育发展的轨迹。其中还会涉及一些相关概念的解释。这是贯穿全书的主要线索。从第三章开始，直到第六章，是对加拿大公民教育发展分阶段的纵向的历史考察，阐述加拿大自建立自治领后直到现今公民教育的发生、发展及演变。第三章主要回顾 20 世纪 70 年代加拿大社会特征没有正式确立以前公民教育发展经历的几个阶段，呈现加拿大人从英国臣民到加拿大公民、从英国认同到自我认同的觉醒，从英美课程内容到公民教育改革历经的变化。第四章进入对公民教育重点展开的章节。70 年代是加拿大历史上重要的时期，多元文化社会特征的确立和公民教育改革的展开使加拿大开始了自我发展的新阶段。公民教育逐渐摆脱英美因素的影响，开始塑造体现加拿大特点的内容和形式，各种教育计划做出全面调整。第五章介绍 80 年代到 90 年代中期，多元文化主义得到了进一步发展，也经历了一段衰落。公民教育在发展经济的目标中反复前行。第六章介绍 90 年代末以来进入社会凝聚的新时期。国家认同被重新塑造，多元文化主义开始重新受到关注，公民教育也以更多形式和内容积极开展。第七章是对全书观点进行总结，力图从纵向与横向的比较分析中揭示多元文化社会背景下加拿大公民教育发展的经验与特征。

第一章　公民教育与多元文化主义关系的分析视角

文化、教育本就是复杂的社会现象，且以人作为其属性表现的载体，更加彰显了错综的关系，再冠以国家之名，夹杂政治之意，则愈发难以明辨其表里。公民教育关涉政治、经济、社会、文化、教育等诸多学科领域，且又深受各种因素之影响，想要呈现全貌已不可能，因此尝试从某一角度抑或关系出发，管窥纷繁万象之一隅，力求剥离表象而透彻其实质，以呈现事实原本之一斑，共享点滴认识与反思。分析框架正是立论剖析之基本理论与分析视角，在此逐一展开。

第一节　公民教育与多元文化主义的内涵

全球化让人们感受到了文化趋同的压力，文化差异冲突又日益凸显，新的包容形式和新的入侵形式也正在出现。事实上，文化多样性与现代国家的理论和实践息息相关。文化多元共存的持续发展对国家治理方式、公民归属情感以及政治认同等问题提出了根本性的挑战。文化认同、价值认同甚至是国家认同、公民身份认同越来越有超越本土化的趋势。而现代国家的一个始终追求的核心目标仍然是创造一种共同文化，保持政治共同体的团结和凝聚，维护国家的稳定和统一，寻求以国家为单位的利益最大化。文化多样性意味着在公共领域中承认不同文化群体的多样化权利。因此，除了公民权利、政治权利、社会权利之外，我们可以开始谈及文化权利了。

一、公民教育的内涵

公民是西方近代最有活力的社会角色。20 世纪 90 年代之后，公民问题迅速成为西方学术界关注的焦点。随着世代变迁和新的社会问题的不断出现，公民身份已经扩展出新的概念，比如文化公民身份、生态公民身份、环境公民身份、全球公民身份等等。公民身份概念和实践涵盖了许多不曾有过的理念、态度和活动。自此，公民不仅在法律面前享有更加广泛、平等的权利，还要自觉承担起更加复杂、多样的义务。具有完全公民身份的人口比例得到了大幅提升。成员身份和归属问题也被提升到一个新的高度。但是，现代公民身份理论必须回应当代多元文化社会的现实。然而，希特指出，在当代世界，依然存在着公民身份地位以现代典型的方式被弱化的趋势，对兼收并蓄的归化政策的抵制实际上是希望国家能够保持其民族和文化的同质性。由此形成的结果可能是，成千上万个潜在公民被拒绝在他们所选择的国家的公民大门之外。[1] 纵观整个人类历史，始终存在着一种挥之难去的企图，那就是形成一套"尽管所有公民都是平等的，但有些公民比其他公民更加平等"的策略，以确保政治公民身份的精英主义品质。[2]

（一）何谓公民身份

1. 谁是公民？——公民与民族关系的缘起

"公民"源自古代希腊、罗马的城邦政治，意为"属于城邦的人"。雅典出现了公民国家的最初形式，国家是城邦成员之间的联合。这种公民国家以政治地域为纽带，这一原则在之后的罗马帝国时代得到全面发展。地域原则在罗马发生了一场法律和社会学意义上的革命，使国家以及后来帝国的基础从血缘原则转向地域原则。[3] 现代国家的一些重要原则正是源于希腊城邦和罗马共和国。在希腊短暂的历史里，以及在罗马共和国时期，公民身份与血缘、宗族的关系相对松散。这一时期民族是指还没有组织为政治结合体的族群和部落，是具有相同血缘的族群共同体，它在地域上通

---

① 德里克·希特. 何谓公民身份 [M]. 长春：吉林出版集团有限责任公司，2007：87.
② 德里克·希特. 何谓公民身份 [M]. 长春：吉林出版集团有限责任公司，2007：88.
③ 菲利克斯·格罗斯. 公民与国家：民族、部族和族属身份 [M]. 王建娥，魏强，译. 北京：新华出版社，2003：42.

过栖居和相邻而居整合，在文化上通过语言、习俗传统的共同性整合，但还没有在政治上通过一种国家组织的形式而整合。① 尽管早期城邦国家中以血缘为纽带和以地域为纽带的公民联结都曾经出现过，但是从 18 世纪中期以来，与法国大革命相伴相生的民族概念发生了重大转变，尤其是西哀士，他赋予民族以清晰的政治含义，与公民身份融合为一体，成为公民整体的代表以及国家主权象征的来源。

到 19 世纪，公民身份与民族似乎已经成为同义词。这样，民族认同之于公民的政治认同具有构成性意义，与公民身份之间的关系也可以是互为表里。希特就说，在过去的两个世纪里，公民身份与民族一直是一对政治双胞胎。它们彼此结合在一起，并从这种共生关系中相互吸取力量。② 然而，无论是政治意义上的民族还是文化意义上的民族，都不是同质性的，而是一个由不同的甚至彼此对立的集团构成的松散的联合体。公民身份成为各个种族、民族、文化和政治集团联系在一起的纽带。一些社会学家和历史学家在两类现代国家之间做出了区分：一类是公民国家（civic nations），公民身份是建立在某些特定的政治原则和程序之上；另一类是族群国家（ethnic nations），强调世袭的民族、种族和宗教身份。

公民国家源于罗马共和国的优良传统。它把个人的族属、文化、宗教、信仰和他的政治身份以及国家成员身份区别开来。这样，作为一种政治纽带的公民身份成为一种与公民个人政治权利相联系的概念和制度。从这个意义上讲，公民身份同样也是一种绵延政治文化的制度。③ 国家需要发展或培育一种自己的文化，特别是政治文化，尽管其中也必然混杂着原先的本土文化以及许多移民和少数民族文化的成分。美国创造出了在种族、民族联系之外更加广泛的联系。作为政治共同体的国家与民族分离的结果是，许多人同时需要面对种族文化和更广泛的政治及地域文化。因此，承认双重或多重认同、调和政治认同与民族认同的问题使社会凝聚力面临着不同程度的挑战。社会凝聚力既可以建立在部族血缘关系的基础上，也可以建立在国家领土统一和国家认同的基础上，或者建立在意识形

---

① 尤根·哈贝马斯. 公民身份与民族认同 [M] // 斯廷博根. 公民身份的条件. 长春：吉林出版集团有限责任公司，2007：28.
② 德里克·希特. 何谓公民身份 [M]. 长春：吉林出版集团有限责任公司，2007：98-101.
③ 菲利克斯·格罗斯. 公民与国家：民族、部族和族属身份 [M]. 王建娥，魏强，译. 北京：新华出版社，2003：183.

态和宗教信仰的基础上。它是联结公民的共同情感纽带。然而，公民民族的认同并不在于文化的共同性，而在于公民积极地运用民主参与权利和交往权利的实践。[1] 在本质上，公民国家是多元主义的。它广泛地属于全体公民，包括各个种族、民族、文化集团以及个人。这些集团和个人在法律上享有自己的权利和责任。而族群国家往往把宗教、族属和政治制度混同为一个单一原则和属性，具有高度的排他性。

现代民族国家这一术语正是在 19 世纪主权国家或公民国家的古典意义上使用的。这些国家是观念性的，是由意识形态纽带联系起来的，其内部包含多个民族。正如安德森所言，民族是一种想象的政治共同体，它是被想象为本质上有限的，同时享有主权的共同体。[2] 当民族与国家相关联时，则表现出了更加强烈的政治性格。因此，今天在英文中，country 可以表示国家，含有较强的地域性；state 也可以表示国家，含有较强的政权性；nation 也可以表示国家，则比较强调民族意涵的独立政权。民族被更多地运用于国家层面，可以指称国家，还可以理解为"国家民族"或"政治民族"，一种被国家意识重新塑造而成的共同体，基于一种政治联合，包含着许多来自不同文化背景、种族以及宗教信仰的群体。这些与文化相一致的群体可以被看作文化社会学意义上的民族，即文化民族，表示为 ethnicity, ethnic, ethnic group。它们构成了一个国家中的多数群体（majority）或者少数群体（minority）。尽管作为一个政治共同体，国家民族有时与文化民族重合，但是今天看来，这种情形已经相当少见。多民族社会、多民族国家已经成为当今世界的主流。

因此，现代国家界定公民身份的方法有两种：血统主义与属地主义。血统主义意味着公民身份是以继承的方式取得的：个体一出生便从父母那里获得了公民身份。属地主义意味着公民身份是经由国家领土而获得的：个体一出生即获得了出生地的公民身份。[3] 然而实际情况远比这种划分复杂得多。随着文化多元和世界公民身份变得日益显著，公民与民族之间的关系重又变得松散。文化公民身份概念逐渐为人们所重视，使传统意义的公民身份受到冲击。一些少数族群认为他们在更大的国家范围内构成了独

① 尤根·哈贝马斯. 公民身份与民族认同［M］// 斯廷博根. 公民身份的条件. 长春：吉林出版集团有限责任公司，2007：30.
② 安德森. 想象的共同体：民族主义的起源与散步［M］. 上海：上海人民出版社，2003：5.
③ 德里克·希特. 何谓公民身份［M］. 长春：吉林出版集团有限责任公司，2007：82.

特的民族性。他们的奋斗目标是获得以自己民族语言和民族文化为背景的一系列被区别对待的权利,包括某种形式的领土自治、在自治领土内以自己的语言作为官方语言、按照自己的语言建立完整的公共机构的权利。这些诉求必然挑战了作为独立统一的国家的本质要求,使现代国家不得不面临分裂与统一、冲突与稳定的困扰。

2. 公民是谁?——现代国家公民内涵的多维分析

公民身份是一个常说常新的论题。现代公民身份概念已经在古代公民身份基础上不断拓展,以解释和应对现代社会复杂的社会现实。尤其当新的民族力量以文化面貌呈现时,当各种弱势群体以人权话语诉求时,当国家面对社会动荡而寄望于凝聚力量时,有关公民身份的新的争论又拉开了序幕。

公民身份关涉两个基本关系:一是公民与国家或政治共同体的关系;二是在国家或共同体范围内公民与公民之间的关系。其中第一个关系最为根本,是现代公民身份的基本前提。雅诺斯基(Thomas Janoski)认为,公民身份是个人在民族国家中在特定的平等水平上具有一定普遍性权利和义务的被动和主动的成员身份。① 而特纳认为,公民身份可以定义为各种实践的集合,包括司法的、政治的、经济的和文化的,通过这些实践,人们获得了成为社会成员的能力,并相应形塑了资源在个人与社会群体之间的流动。② 贝拉米(Richard Bellamy)也认为,传统上公民身份是指在一个特定政治共同体中一系列有关公共权利和义务的政治实践。扩展其含义至在重要的政治任务中人与人的关系上,公民形成和维持了共同体的集体生活。这些任务最重要的就是参与民主过程。③ 史密斯则给出了更为全面的定义,他认为,首先,公民身份最原初的意义,无论是在古代,还是在现代共和民主体制下,所谓公民即是指一个具有参与人民的自我治理过程的政治权利的人。其次,在现代世界中,公民身份被看作一种更纯粹的法律地位。"公民"是指那些在法律上被承认为某个特定的、具有正式独立

---

① THOMAS JANOSKI. Citizenship and civil society: a framework of rights and obligations in liberal, traditional, and social democratic regimes [M]. Cambridge: Cambridge University Press, 1998: 8-11.

② 布赖恩·特纳. 公民身份理论的当代问题 [M] // 布赖恩·特纳. 公民身份与社会理论. 长春: 吉林出版集团有限责任公司, 2007: 2.

③ RICHARD BELLAMY. Citizenship: A Very Short Introduction [M]. Oxford: Oxford University Press, 2008: 3.

主权的政治共同体之成员的人们，可以理解为与拥有某个特定现代国家的"国籍"是等同的。再次，公民意指那些归属于几乎是任何人类结合体，不论是政治共同体，还是其他群体的人们。最后，公民身份意指某个群体中的成员资格，而且以此意指某种适当行为的标准。①

　　总之，关于现代公民身份的观念已不仅仅局限于某一国家政权之下的法律地位，而是在一系列政治和社会斗争中提出对于承认和再分配、对于扩展公民身份内涵的要求。② 公民身份是一个国家的成员资格，它被法律规定，需要普遍遵守。现在这种资格被不断扩大和开放。人们已不再仅仅关注作为法定权利的公民身份，而是认为公民身份必须被理解为一种社会过程，通过这个过程，个体和社会群体介入了提出权利要求、扩展权利或丧失权利的现实过程。一个自主的公民都会希望成为一个共同体的主动的、复杂的参与者。

　　第一，法律——政治维度。

　　事实上，现代公民身份总是系统地将某些特定的群体归为陌生人和外人。在一个特定的民族国家中，公民、陌生人、外人及其相应的权利和义务组合结构取决于该民族国家历史发展的轨道。③ 从国际上看，公民仅仅只是那些忠于某个特定的主权政府，同时从这个主权政府获得保护的人们。因此，法律定义将公民身份与国籍联系在一起，规定了谁被包括在政治共同体之内，谁又被排除在其外。这就意味着，从法律角度来讲每个国家都有权利规定谁能够成为其公民，谁又不能够成为其公民。现代国家对于归化为公民的要求逐渐开放，导致公民的构成也相对复杂。那些在文化、宗教信仰方面相对保守的国家更加追求同质化，而那些较为自由、开放的国家则更易于接受文化多元的现实。当然，无论怎样，追求普遍认同、共同价值、归属、忠诚是国家寄予公民身份的强烈愿望。因此，公民身份不论种族、民族、性别、文化、阶级、生活方式等差异促使所有人拥有一种共同的国家认同和政治信念，也显示了一种整合的力量。

　　一个人的国籍是主权国家和公民之间持续性的法律关系。这种关系涉

① 罗格斯 M 史密斯. 现代公民权 [M] // 恩靳·伊辛，布雷恩·特纳. 公民权研究手册. 王小章，译. 杭州：浙江人民出版社，2007：142-155.
② 恩靳·伊辛，布雷恩·特纳. 公民权研究：导论 [M] // 恩靳·伊辛，布雷恩·特纳. 公民权研究手册. 王小章，译. 杭州：浙江人民出版社，2007：2.
③ 恩靳·伊辛，布雷恩·特纳. 公民权研究：导论 [M] // 恩靳·伊辛，布雷恩·特纳. 公民权研究手册. 王小章，译. 杭州：浙江人民出版社，2007：5.

及双方的权利和义务。无论对于国家还是公民，权利和义务同等重要。这些权利和义务在形式上规定了个人在国家内部所处的法律地位。[①] 从根本上讲，所有的公民权利都是法律上的和政治性的，因为公民权利或是由政府决策机构制定颁布的，或是由法律裁决强制执行的。公民身份的社会学领域往往局限于对公民权利的三个方面进行探讨。马歇尔把这划分为公民权利、政治权利和社会权利。文化权利是近来备受关注的新热点。一旦这些权利中任何一种受到了削弱或侵犯，人们就将被边缘化并且无法参与社会生活。越来越多的土著人、少数民族群体、文化少数群体感到被边缘化。这不仅是因为他们社会经济地位的差异，还因为他们社会文化身份的差异，一些群体拒绝把他们整合到共同的民族文化之中。

随着公民参与社会事务的活动日益深入，公民身份具有更广泛的含义。在过去的几十年中，许多国家都纷纷出现了对于包容和归属的一系列新要求，即权利和承认的语言。而对于承认的吁求、权利的表达也总是诉诸公民身份的理念。事实上，要求明确地表达各种不同群体的权利一直是西方政治史中一个一再重复出现的主题。因此，现代公民身份观念不仅仅是强调公民与国家的联系，而是转向更为宽泛的、更具社会学意义界定的、与作为一个整体的社会之间的关系。[②]

第二，情感——心理维度。

公民身份不仅表明了个体与国家在形式上建立起来的一种纽带，也暗含着在情感与心理上产生的一种归属与认同。因为一个国家不仅仅是一个政治实体，也是某种能产生意义的东西，即一种文化呈现系统。人们不仅仅是一个国家的合法公民，他们在国家文化中呈现出来，因而参与进了国家理念中。国家是一个符号共同体，这就是它所激发的个体认同感和忠诚感的来源。[③] 然而，公民身份并非一种单一的情感和地位。由于现代国家的多元文化特征，公民的政治身份和文化身份可以区别开来，因此，公民的归属情感与认同也可以在多个层面存在。公民身份一方面具有对自身种族或民族群体的归属与认同，一方面又具有对所在政治群体包括国家和地

---

① 布赖恩·特纳. 文化公民身份的理论概要 [M] // 尼克·史蒂文森. 文化与公民身份. 长春：吉林出版集团有限责任公司，2007：15.

② 巴特·范·斯廷博根. 导论：公民身份的状况 [M] // 巴特·范·斯廷博根公民身份的条件. 长春：吉林出版集团有限责任公司，2007：2.

③ 约翰·索洛莫斯. 种族、多元文化主义与差异 [M] // 尼克·史蒂文森. 文化与公民身份. 长春：吉林出版集团有限责任公司，2007：302.

区的归属与认同。这种归属与认同可以是双重的，甚至是多重的。因而公民身份和权利的多元性提供了一种多元性的政治文化，从而推动了一种新的政治形式。

国家需要民族认同为自己提供合法性基础，而民族认同又要通过国家来完成，因此，作为共同权利的公民身份与民族整合观念具有深刻的联系。国家是塑造公民文化、价值、态度以及行为的一个强大而有力的政治工具。国家对于归属与认同的需要来自国家需要有某种形式的统一来获得稳定。不论在和平时期还是在战争阶段，国家都需要公民的忠诚。而多民族国家则需要一种超越种族的忠诚。这种忠诚能够使各个不同种族、民族和文化背景的集团结合为一个整体，一个得到所有居民或绝大多数居民认同和热爱的政体。只有这样，才能保证一个国家的繁荣和发展。公民身份就是这种共同认同的体现。

一种国家文化是一种话语——一种建构意义的方式，它影响并组织了我们的行动和我们自我的概念。国家文化通过生产我们能够认同的"国家"的意义来建构个体认同。这些意义包含在与国家相关的故事中，包含在把国家的过去与现在相连的记忆中，包含在所建构起来的国家形象中。①爱国主义作为一种与国家相连的情感和意识是对民族一般文化的眷恋。它是一种自然情感，是个人对其故土、传统、文化、历史、朋友以及亲属的眷恋，往往也包含着对于国家和民族的自豪感和责任感。最重要的是，爱国主义的本质是自发地表现出来的，是自愿地对其他人、对作为个人认同基础的民族文化遗产承担责任。因此，民族情感和认同是非常具有活力的，在危急关头能够被政治诉求激活，使民族团结得更加紧密。

第三，道德——行为维度。

公民身份暗含着一种道德原则，它把公民个体转化为道德个体，即在所有这些有关群体中，怎样才算是"好"成员。法律地位、共同体成员身份、认同、爱国主义情感和民族主义情结，这些关系的集合形成了特定的道德行为、社会实践和文化信仰的范围。这些东西称为公民美德，因为它们明确了构成"好公民"的道德内容。要想成为一个"好公民"的先决条件是拥有公民德行，公民德行即是一种公共意识或公共精神，它是一种每个公民都需要具备的潜在能力，这种潜力使公民愿意服从于公共善，并支

---

① 约翰·索洛莫斯. 种族、多元文化主义与差异［M］// 尼克·史蒂文森. 文化与公民身份. 长春：吉林出版集团有限责任公司，2007：303.

持维护社群的自由，因此，个人的自由才可以得到保障。① 在一个自由多
元社会，国家对于确保好公民的发展总是饶有兴趣。

　　然而，践行公民身份比拥有公民身份本身更具有意义。通过积极主动
地参与社会政治、经济和文化过程，公民会自然地产生对于国家以及社群
的认同和归属感，从而进一步形塑和维护公共善的观念。这也是对民主社
会公民的基本要求。

　　第四，核心价值——平等。

　　公民身份本质上存在于平等的原则中，其权利和义务在一定限度内保
持平衡。国家有责任去保护公民的自由和权利。所有人生来都是平等的并
且保持着道德上的平等性。这一伦理原则不仅促使公民身份的发展提出了
法律面前人人平等，而且超越了私有财产制度，使公民身份普及化。这就
意味着公民的普遍参与将代替少数人专政，尽管这种代替似乎并没有发生
在原来一直与经济核心分离的各个群体中。因此，尽管公民身份权利是普
遍的，但是公民身份的原则从来没有推广到一切社会制度中去，特别是经
济体系及与之相关的社会阶级在性质上仍然是排他性的，并且其特征是高
度的不平等和权力的集中化。正是在这种基础上，资本主义的阶级体系才
能与民主制公民身份体系形成对照。② 公民身份的不断扩大试图减少社会
不平等，但事实上，最通常的情形是相对于社会精英而言，对处于从属地
位者的权利只是有所增加。③ 20 世纪公民身份的发展已经改变了社会不平
等的模式，但也引起了新的不平等。

　　然而，在大多数现代社会中，公民法基本上是朝着更具"自由主义"
"共和主义"和"公民"意味的方向变化的，在实现完整的公民权方面，
那些明显的种族的、民族的、性别的、宗教的障碍减少了。④ 平等原则已
经或多或少地被制度化了，并且深入人心。只有当少数民族和文化团体的
成员在社会、法律和政治体系中能够感受到一种基本公正的条件，他们才
会感到自己是真正的公民。

---

① 彭如婉. 公民共和主义的公民教育观 [M] // 张秀雄. 公民教育的理论与实施. 台北：师
　大书苑有限公司，1998：107-120.
② 巴巴利特. 公民资格 [M]. 台北：桂冠，1991：61-64.
③ 德里克·希特. 何谓公民身份 [M]. 长春：吉林出版集团有限责任公司，2007：84-90.
④ 罗格斯 M 史密斯. 现代公民权 [M] // 恩靳·伊辛，布雷恩·特纳. 公民权研究手册. 王
　小章，译. 杭州：浙江人民出版社，2007：142-155.

公民身份的这四个维度在全球化背景下的复杂关系中动态地联结着。公民身份标志着公民普遍追求的生活方式，其目标与社会的民主观念息息相关。它包含着基本的社会价值、政府对个体公民决策的有限性以及私人利益群体和结社的权利。它包括言论自由、法律面前平等以及获取信息的权利。它包括投票权和政治参与以及在社会背景下个体之间的相互关系。在日益加剧的文化多样性的社会中，由于更大程度上对其他文化开放，文化公民身份对于一种共同的文化遗产的意识包含着对于少数群体集体权利承认的要求。文化状态关系是基于人权的，这就意味着人类存在着某种观念、尊严、法律平等的驻扎功能，反对任何形式针对特殊群体和分类的成员身份的歧视。[1]

（二）何谓公民教育

公民教育是运用一定的方式、途径或手段使人成为公民的过程。好公民是教育的结果。公民角色或多或少是可以学习的。因此，现代民主社会希望依靠教育来保证每一代人获得成为好公民的习惯和美德。所有的学生都来自一个享有某种普遍价值的背景。国家决定了主流的教育方式和内容。几个世纪以来，学校教育的主要功能仍然是服务于国家的需求，通过公民教育来塑造民族团结的凝聚力和植入好公民的品行。一个国家范围内的公民教育总是与特定的政体和官方意识形态紧密相连。民主政体要求有积极参与政治的公民，公民应该遵守基本的自由、平等、正义等价值原则。专制政体则倡导以遵守、服从、权威等价值教化民众。而且，公民教育总是致力于培养公民对于自己国家历史文化的认同，使公民熟悉本国的政治制度和法律，鼓励维护国家的利益和价值，积极参与政府规定的事务、遵守法律、履行义务等等。[2] 除了公民教育是培养个体作为积极的负责任的公民参与民主生活外，关于构建一种恰当的公民身份模式以及有效的公民教育途径的信念发生了重要变化。

传统的公民教育局限于学习和理解国家的法律和政治制度。然而，公民教育不仅仅为了了解政治生活中的机构和程序的基本事实，还涉及获得一系列与民主公民身份的传统密切相连的性情、美德和忠诚。孩子们不只是在公民课上学得这些美德和忠诚。更确切地说，他们在教育体系中被反

---

[1] YVONNE HÉBERT，ALAN SEARS. Citizenship Education ［R］. Canadian Education Association，1999.

[2] 江宜桦. 公民理念与公民教育 ［M］ //许纪霖. 公共性与公民观. 南京：江苏人民出版社，2006：318-322.

复灌输这些东西。对公民进行教育的目的会影响到教什么样的课程、怎么教这些课程以及在什么样的课堂上教这些课程。在这种意义上，公民教育不是学校全部课程的一个孤立的组成部分，而是那些影响学校全部课程设置的统领全局的目标或原则中的一个。① 同时，公民教育不只是公民课程，学校公民教育只是公民教育过程的一部分，学生身处的社会环境，包括社区的、团体的、家庭的等等，以及在与扮演不同社会角色的人的交往过程中，也在有意或者无意地形成着公民的素质和意识，为学生提供参与公民实践的经验。当然，国家有意识地传播和动员是一种有效的途径。除了正规的学校教育，充分利用更广泛的公共信息，例如通过媒体、法律、非正规教育等等也能实现有效的公民教育。公民身份不只是法律地位或者政治认同，也包含一系列的价值和责任。

在多民族国家中，公民教育一般有双重功能。它在每个组成的民族群体内部培养一种以共同语言和历史为特点的民族认同，并且谋求培养一种能把国家中的各个民族群体结合在一起的超民族认同。但是，实际上学校在如何培养这种认同这样一个问题上也无计可施。② 多元文化社会使一些问题复杂化，培养持有充分一致的政治认同的公民变得更加紧迫。在新的国际环境下，超越国家范围的身份认同开始逐渐成为公民教育的一项新内容。学校成为促进社会凝聚以及从事文化之间、宗教之间或者种族之间群体事物的一种重要的渠道。教育体系是一个公共机构，因此能够通过群体的影响创造开放的和参与的过程。如果教育政策对社会凝聚事物不敏感，并且不能体现重要利益相关者的看法和角度，那么它可能造成分裂和疏离，导致不公正和暴力。因此，班克斯（James Banks）认为，公民教育应该帮助学生获得在他们的国家以及在一个多样的世界中所需的知识、态度和技能，这个社会正在经历着快速的全球化，并且民族、文化、语言和宗教群体都要求承认和包容。③ 多元文化教育、全球公民教育以及世界教育这些额外的维度扩大了教学内容的总量，也引起了有关多元认同和忠诚教育的争论。

---

① 威尔·金里卡. 少数的权利：民族主义、多元文化主义和公民 [M]. 上海：世纪出版集团，2005：323.

② 威尔·金里卡. 少数的权利：民族主义、多元文化主义和公民 [M]. 上海：世纪出版集团，2005：348.

③ JAMES A BANKS. Teaching for Social Justice, Diversity, and Citizenship in a Global World [J]. The Educational Forum, 2004 (68)：292.

二、多元文化主义的内涵

　　文化多样性不是现代社会才有的现象。它在过去已经存在，而且始终是人类历史的一部分。今天，文化多样性已经成为人类社会的一项基本特征，成为全人类的共同遗产，也成为世界各国、各民族持续发展的一股重要力量。然而，文化冲突已经成为当今世界政治暴力最为常见的根源，而且这些冲突似乎没有表现出缓和的迹象。多元文化主义承认文化的多元性，承认文化之间的平等和相互影响，是一种在多元社会中寻求对人的普遍人权的尊重和保护的努力，从而打破西方文明在思维方式和话语权上的垄断地位。经济全球化使各国、各民族之间的交往更为频繁和密切，无论是在国家内部还是在世界范围内，都需要建立一种相互承认和尊重的政治和文化体系。作为多元文化主义，其最终目的不是追求"文化平等"，而是"社会平等"。而生活在同一国土范围内的人民，也要从他们作为公民的权利中，分离出一些对于本国的忠诚和依恋来建构他们自己的文化同一性，因为人们只有通过各种同一性表明两个人之间或者两个群体之间的关系，从而能够动员和集结更为广泛的力量，推动现实的社会改革和发展。

（一）各种有关多元文化主义的表述

　　多元文化主义出现于 20 世纪 20 年代，滥觞于 20 世纪五六十年代。从 20 世纪 70 年代开始，多元文化主义开始登上西方政治舞台，更多地出现在国家话语中。加拿大、瑞典、澳大利亚从国家层面上推行多元文化主义政策。随着现代国家中主流群体和少数民族群体矛盾的日益加剧，多元文化主义逐渐成为政治和学术领域关心的重大议题，并且成为学术界和大众作品中流行和频繁使用的语汇。多元文化主义的含义也随之扩大，成为一种广泛的意识形态和价值观念，以及一种更为深刻的政治诉求。因此，在现实中，少数民族群体与主流社会在诸如语言权利、区域自治、政治代表、教育课程、土地归属、移民政策等方面产生利益冲突时，便借助多元文化主义寻求更多的权利。他们试图通过建立新的话语体系来实现其在保持各自文化认同和民族身份的同时，享有充分的公平与平等。而国家体系也试图通过多元文化主义采取一种对于这些问题在道德上可辩护且在政治上可执行的解决办法，以避免多样性可能引发的一系列重大而潜在的政治威胁。如今，许多国家面临这些诉求的挑战时，都坚持体现"多元文化主义"的精神。亨廷顿指出，在后冷战的世界中，人民之间最重要的区别不是意识形态的、政治的或经济的，而是文化的区别。[①] 这也被视为自冷战结束以后一种新的世界秩序理论。

多元文化主义是有些模糊的术语，可以视为新论又近乎为滥调。就其广泛性而言，它已经渗透到社会生活的各个层面，人们在各种不同的语义维度和环境中使用，成为备受人们追捧而又最难调和的理想。国内外研究者有关它的表述有：

多元文化主义（Multiculturalism）是一种关于民主文化多元论的自由主义哲学。它基于这样一种认识，认为所有的文化团体都应该是共存的。种族歧视应该被肯定的种族差异的形象和关于其他文化的知识取代。[②]

文化多元主义（Cultural Pluralism）又称"多元文化主义""多元文化论""多元文化政策"，有时也称"民族多元主义"，是针对同化主义和融合论而在美国等国出现的一种民族和解理论，主要指各民族间互谅互让，理解并相互尊重对方的意愿、风俗习惯及价值观念。哲学家 H. 卡伦 1915 年在《民主与坩埚》一文中首次提出"文化多元主义"理论，把社会比喻为一个交响乐团，主张美国应该成为镶嵌着各种民族体的马赛克，"一个多民族组成的民族"，每个民族都保持其独特的品质，同时都为整体做出贡献。[③]

多元文化主义承认并尊重不同文化的特色，积极鼓励保存不同文化的风俗习惯和价值观，使其成为社会的基础，同时承认一些共同的价值观（如多元文化主义的信仰）是使社会具有凝聚力的基础。多元文化主义也确认平等对待各少数民族集团的权利并鼓励各民族间的相互尊重。澳大利亚较早致力于民族同化和后来的种族融合的政策，在 20 世纪 70 年代末正式实施多元文化政策。[④]

多元文化主义是 20 世纪 60 年代开始流行的术语，主要回应加拿大皇家双语和双元文化委员会提出的"双元文化主义"。它在一定程度上取代

---

① 亨廷顿. 文明的冲突与世界秩序的重建 [M]. 周琪，等译. 北京：新华出版社，1998：6.

② 王治河. 后现代主义辞典 [Z]. 北京：中央编译出版社，2005：141.

③ 汝信主编，中国社会科学院文献情报中心合编. 社会科学新辞典 [Z]. 重庆：重庆出版社，1988：916-917.

④ 王国富，王秀玲. 澳大利亚教育词典 [Z]. 武汉：武汉大学出版社，2002.

了"文化多元主义"。这一术语至少有三个含义：指一个具有异质民族或文化特征的社会；指一种提倡在民族或文化群体中相互平等和相互尊重的观念；指联邦政府1971年颁布以及各省相继出台的政府政策。加拿大成为世界上第一个官方实施多元文化主义法律框架的国家。①

在某种程度上，多元文化主义是一种力图消解民族主义造成的危害的现代政治思想。多元文化主义是指与在数量上较大的文化群体构成的政治团体共存，同时希望并且在原则上能够获得独特身份。它是一种正当的、确保在当代西方社会环境中培养和鼓励一种繁荣的、文化的、物质的、文化群体的、尊重他们身份的政治态度的规则。②

多元文化主义使我们去关注世界上具有不同倾向的现存的更为深刻的哲学和政治含义，以及那些差异性如何竞相在国家和全球范围内得到认同的方式，它们有时彼此是和睦相处的，有时则激烈冲突。③

多元文化主义是关于为回应文化和宗教多样性而产生的一种政治哲学思想。仅有的对于群体差异的宽容是达不到以平等公民对待少数民族群体成员的；承认和积极地适应群体差异是通过"群体差异权利"实现的，这一术语是由金里卡首先提出的。④

现代社会具有深刻的多样性和文化多元性。多元文化主义暗含着积极评价和固有的平均主义倾向。多元文化主义认为，没有任何一种文化比其他文化更优秀，也不存在一种可以凌驾于其他文化之上的超然准则。多元文化主义的核心是承认文化多样性，承认文化之间的平等和相互影响。多元文化主义关注少数民族和弱势群体。它认为一个国家的历史和传统是多民族的不同经历相互渗透的结果。而多元文化主义作为一种公共政策在一些国家的实施，其最终目的是追求一种完全意义上的在政治、经济和社会方面的平等。因此，多元文化主义的复杂性使对其的评判和争论也愈加纷繁。总之，多元文化主义具有四个基本含义：一种政治哲学思想；一种承认少数民族或文化群体平等权利、相互理解、尊重、宽容的观念、意识和态度；一个多民族国家具有的基本社会特征；许多国家政府和地区表明及

---

① Multiculturalism. http：//www. thecanadianencyclopedia. com/index. cfm？PgNm = TCE&Params=A1ARTA0005511，2011-08-31.

② JOSEPH RAZ. Multiculturalism [J]. Ratio Juris. 1998，11（3）：193-205.

③ 沃特森. 多元文化主义 [M]. 叶兴艺，译. 长春：吉林人民出版社，2005：114.

④ Multiculturalism. http：//plato. stanford. edu/entries/multiculturalism/，2011-08-31.

实施的有关多元文化的政策。

（二）多元文化主义的公民观

一个国家中的多元文化主义问题会对公民身份产生衍生性影响，因为归属感，因为传统、语言或者是宗教的原因，那些少数族群不同于多数族群。当这些情感被充分而又牢固地植入人们心中时，它们必然能够挑战公民身份作为整体性地位的特性。因此，公民身份必须被看作一个多元而非单一的概念和身份。在这种情况下，公民教育也就变得更加复杂了。[①] 也有一些学者对多元文化主义持审慎态度，他们对多元文化主义理论与公民教育进行了批判与反思。乔帕克就指出，在理论上，多元文化公民身份是一种包容种族、民族和其他少数者群体的机制，而在实践中，多元文化公民身份事实上一直是一些移民社会在不存在独立的创始神话的情况下进行民族缔造的一种变异。[②]

1. 少数族群权利

少数族群包括土著人、移民群体、少数民族群体、种族群体以及民族宗教派系。他们是由于征服的结果，或者是由于强制或自愿迁徙的结果，或者是由于地理合并和政治联合的结果而最终形成的多民族。一些国家同时存在着这三种类型。由于大多数民族国家实际上都是多种族或者多民族国家，这一状况不可避免地对公民身份的性质造成了影响。

多元文化主义认为，自由主义关于公民身份的普遍主义观点迫使族群身份处于从属地位，从而导致了与民族群体多样性以及其他身份认同之间的矛盾。现代自由民主制度承诺对于个体公民自由与平等的保护。所有人都是平等的公民，具有平等的道德价值和尊严，因而应该得到政府的平等对待，并且享有某些基本权利。公民身份的普遍性意味着，无论社会或者群体差异如何，无论在财富、地位和权力上的不平等如何，公民地位胜过任何特殊性和差异。[③] 这种平等理念已经广泛地实践于各个领域。因此，自由主义认为，公民身份应以"无差异"的普遍原则对待每一位公民。然而，多元文化主义者认为，当无差异制度声称在不同民族文化群体中保持

---

① DEREK HEATER. A History of Education for Citizenship ［M］. London：Routledge Falmer，2004：194.

② 克里斯蒂安·乔帕克. 多文化公民权 ［M］//恩斯·伊辛，布雷恩·特纳. 公民权研究手册. 王小章，译. 杭州：浙江人民出版社，2007：335.

③ I M YOUNG. Polity and group difference：A critique of the ideal of universal citizenship ［J］. Ethics，1989，99（2）：50-274.

中立时，它们事实上已经倾向于多数族群的需要、兴趣和认同，这就造成了一系列对于少数族群成员的负担、障碍和排斥。从现实政治的角度来看，这种形式的平等不仅没有削弱族群差异，反而使原本就处于弱势的少数族群的处境更为艰难。因此，批判自由主义的普遍公民观、倡导族群差异的合法性成为多元文化主义的核心议题。多元文化主义倡导"差异公民身份"，既承认公民身份中的公共价值取向，又拥有族群身份的"差异性"，强调个人在具有公民身份和权利的同时，也具有族群的身份和权利。金里卡认为，普遍公民身份和多元文化公民身份的关系并不是批判和取代的关系，而仅仅是补充的关系。① 盖尔斯敦也认为，多元主义并没有废除公民一致性，相反，它提供了对自由主义政治中一致性的主张和多样性的要求之间关系的独特理解。②

自由主义认为，不是通过赋予特定群体成员以特殊权利，以此直接地保护易受伤害的群体，而是通过保证所有个体的基本公民与政治权利，而不考虑其群体成员身份，以此间接地保护文化少数族群。这些基本人权一经赋予个体，就会在共同体中与其他权利一起得到象征性的践行，并为群体生活提供保护。许多自由主义者拥护这种从特定群体的少数族群权利向普遍人权的转向。自由主义传统曾经对于少数族群权利有着合理的看法，只是在近晚些的 20 世纪后半时期，自由主义者保持着对于少数民族群体地位问题的沉默，规避着复杂的民族关系。自由主义者认为，个体权利优先于共同体；个体有权自由地选择一种善的观念；共同体通过法律、制度、政策保证个体的自由与权利不受侵害。个体自由选择那些自认为是有价值的事情而修正或拒绝那些自认为是不利的事情。自由主义以个人主义为基础，害怕共同体强制个人承担更多的责任而限制个人自由。但是，如果认为自由主义者总是反对在政治上承认并支持种族性和民族性则是错误的。③因为少数族群权利是自由主义理论和实践的一个重要部分，而多样性也是自由主义实践的必然结果。尽管有些种族性和民族性群体是完全反对自由主义的，并且寻求压制他们成员的自由，在这种情况下，同意少数族群的

① 威尔·金里卡. 少数的权利：民族主义、多元文化主义和公民 [M]. 上海：上海译文出版社，2005.
② 盖尔斯敦. 自由多元主义 [M]. 南京：江苏人民出版社，2005：12.
③ 威尔·金里卡. 多元文化公民权：一种有关少数族群权利的自由主义理论 [M]. 杨立峰，译. 上海：上海译文出版社，2009：62.

要求或许会导致对大多数人基本自由的侵犯。但是在另外一些情况下，尊重少数族群权利能够扩大个体自由，因为自由与文化紧密相关，并且依赖于文化。① 在许多论争中，少数群体的权利常常被看作"特殊的"形式，而事实上，许多权利的诉求是合法而正当的。西方民主国家也具有这样的明显倾向，就是更多地接受这些权利诉求。少数族裔、移民以及土著民的权利要求得到越来越多的认可。如果说国家民族建构政策有助于少数族群权利的合法化，那么贯彻少数族群权利是否也有助于国家民族建构的合法化？这些问题留待后续章节中讨论。

然而，社群主义者认为，自由主义者把自己的理论奠基于关于个人权利和个人自由的观念之上，而忽略了个人自由与福祉只有在共同体中才可能得以实现。一旦我们承认人对于社会的依赖，我们就有义务把社会的共同利益置于与个人的自由权利同等重要的地位。② 人是存在于社会角色和社会关系之中的。社群主义者期望由共享的善的观念界定群体。他们寻求一种促进共同善的政治，而群体共享一种善的观念。成员与群体价值是一种"构成性"的联系，他们所继承的生活方式就界定了什么是他们的利益。因此，为了促进共享的价值而限制个体权利不会造成伤害。社群主义者认为群体常规不是个人选择的产物，个人是社会常规的产物。健康的共同体要在个人选择和保护集体生活方式之间保持一种平衡，并且要限制前者对后者的侵蚀程度。社群主义针对自由主义的批评对当代英美政治哲学产生了戏剧性的影响。在 20 世纪 70 年代，政治哲学的中心概念是正义和权利，因为自由主义者试图确立一种有别于功利主义而又融贯一致的理论。到了 20 世纪 80 年代，关键词变成了共同体和成员资格，因为社群主义者试图证明，自由主义的个人主义为何不能解释或维系共同情感、共同身份以及任何可行的政治共同体都需要的边界。③ 因此，社群主义者视多元文化主义为保护共同体并使之不受个人自主侵蚀影响的恰当方式。

尽管采取某种少数族群权利以帮助改善少数族群在无差异制度下遭受的劣势是必要的，这样有助于促进社会公平，但是，多元文化主义者也指出，少数族群权利不是由不公平的特权或者不公平的歧视形式构成的，而

① 威尔·金里卡. 多元文化公民权：一种有关少数族群权利的自由主义理论 [M]. 杨立峰，译. 上海：上海译文出版社，2009：95.
② 威尔·金里卡. 当代政治哲学 [M]. 上海：上海三联书店，2004：385.
③ 威尔·金里卡. 当代政治哲学 [M]. 上海：上海三联书店，2004：511.

是对于不公平劣势的补偿，正义是始终坚持也必然要求的原则。因此，族群身份并不必然威胁公民身份，但是如果过度强调族群身份，也不排除部分族群放弃主流社会的公民身份，从主流社会生活中分离出去走向边缘状态的可能。金里卡指出，以前人们之所以对少数权利充满戒心，是因为人们认为过分强调以族群身份为基础的少数权利相对于公民大众而言是不公平的，但现实政治已经证明，包容文化差异、推行差异原则，不仅没有带来不公平，反而带来了少数族群原有不利处境的改善和公平与正义的提升。① 杨认为，群体差异不包括在公民身份的普遍观念中。差异公民身份的观念有助于帮助边缘化群体在多元文化民主国家中获得公民平等和承认。② 因为在一个阶层社会，公民身份的普遍观念导致一些群体成为二等公民，群体权利不被承认。当普遍公民身份由掌握权力的群体决定、定义和执行时，以及当边缘群体的利益得不到表达或者包含在普遍公民议题中，掌握权力的群体将决定公共利益，并将自己的利益等同于公共利益。

多元文化公民身份是许多研究者为少数族群权利论辩时喜欢采纳的又一术语。它不仅突出强调了公民的文化身份，也更加体现了多元文化主义对各种文化群体的包容性。无论是多数群体还是少数群体，他们都应该归之于自由主义的自由平等原则，而且能够为把特殊权利赋予少数群体提供辩护。这可以称之为"自由主义的文化主义"立场。③ 但是，多元文化主义也带来了理论与实践上的困难。在理论上，多元文化主义承认在较大社会中存在着各种群体，但在观念上拒绝群体之内的多样性或差异性。④ 这就存在着一个悖论性的议题。自由主义的文化主义拒斥以保护全体文化和群体传统的纯洁性或正统性的名义正当地限制群体成员的基本公民权利和政治权利。而自由主义的多元文化主义却支持群体享有针对更大社会的各种权利，旨在降低社会中绝大多数人通过经济或政治权利对群体进行伤害的可能性。在实践中，多元文化主义坚持文化之间是对话而不是分裂，是国家法律框架内和跨国法律框架内的文化融合，而不是认为每一种文化都必须有其身份，必须得到严格的尊重和定位。面临这种困境，少数群体不

① 威尔·金里卡. 少数的权利：民族主义、多元文化主义和公民 [M]. 邓红风，译. 上海：上海译文出版社，2005：29-40.
② I M YOUNG. Polity and group difference: A critique of the ideal of universal citizenship [J]. Ethics, 1989, 99 (2)：250-274.
③ 威尔·金里卡. 当代政治哲学 [M]. 上海：上海三联书店，2004：607.
④ 威尔·金里卡. 当代政治哲学 [M]. 上海：上海三联书店，2004：659.

愿意再继续保持沉默，而是开始要求被接纳、被承认，要求具有一种能够包容差异的公民资格。金里卡认为，不能把少数族群权利包含在人权的范畴之内。这样做的结果是使文化少数群体易于遭受多数人的严重不公正的伤害，并且更容易加剧种族与文化冲突，因此，需要以一种少数族群权利理论来补充传统的人权原则。①

对于多元文化主义与少数民族权利问题的哲学争论直到 20 世纪 80 年代才受到广泛关注。今天多元文化问题已经成为政治哲学理论的前沿。多元文化主义的政治含义部分取决于那些诉求文化多元主义的人们是否接受自由主义的前提。我们的目的具有多样性和可修正性。如果他们接受这个前提，我们就有可能看到多元文化主义的自由主义形式。它旨在挑战地位的不平等同时保护个人的自由。如果他们不接受这个前提，我们就有可能看到文化多元主义的保守主义形式。至少是在地方层面或少数群体范围内，它旨在用社群主义共同利益的政治去取代自由主义的原则。在这个意义上，多元文化主义与它欲以回应的民族主义一样，具有同样的政治含混性。总之，文化多样性联结了个人、民族、社会与国家，他们分享彼此的历史、现在和未来。所有参与群体在这种共享中既是贡献者也是受益者，而共享的成果即是所有各方持续发展的强大基础。多元文化主义是一个不断流动的、统一的对话领域，需要不同身份的每一种表述都参与其中。

2. 文化认同

作为全球化、非殖民化和多元文化主义的产物，文化认同的问题和可能性已经成为当代社会的主要问题，② 从而使公民身份实践在公共价值和道德规范内对公民权利不断提出质疑。现代公民身份的文化属性使个人认同和文化权利的矛盾愈加凸显，加速了全球范围内关于公民权利乃至基本人权制度的变革与发展。每个人都是多元文化的个体，每个群体都是独特文化的载体。现代文化公民身份挑战了传统的、同质的、一元的民族文化观念。多元公民身份已经迅速成为一种现实，但是无论对于国家还是个人，也呈现出一种复杂而艰难的局面。多元公民身份代表了多元理解、多元认同、多元忠诚、多元权利和多元责任的要求。公民被希望忠诚于自己

---

① 威尔·金里卡. 多元文化公民权：一种有关少数族群权利的自由主义理论 [M]. 杨立峰，译. 上海：上海译文出版社，2009：6.
② 布赖恩·特纳. 文化公民身份的理论概要 [M] // 尼克·史蒂文森. 文化与公民身份. 长春：吉林出版集团有限责任公司，2007：17.

的国家，忠诚于自己所在的州或者地区，忠诚于自己的城市，忠诚于自己身处其中的公民社会。如果个人被要求认同如此众多的统一体，而且这些统一体都承载着公民的忠诚时，情况就不再那么清楚明了了。①

事实上，多元文化主义是全球化不可避免的一个后果。② 它已经成为不同国家之间、国家内部、各种团体和组织用以理解和组织文化多样性的一种思维方式、管理方式和意识形态。但是，多元并不代表对于共同价值的抛弃。每一个多元文化社会都面临着这样的文化挑战：一方面既要调和、承认、保护和尊重文化差异，另一方面又要肯定和宣扬因为这些文化差异互动而形成的普遍价值观。在迎接这些挑战过程中，了解社会凝聚力可以整合文化元素的多样性，在此基础上不同特性之间的紧张对立才会转变为一种动力，推动民族团结的复兴。③ 因此，在多元文化社会背景下，有些人会固守某一种特定身份，有些人则会过着双重生活，还有一些人则会为自己打造多重身份。多元文化主义在此承担着以下一些功能：其一是身份以及由此带来的自尊；归属感，即对一个社会、一种宗教或者一个国家是其二；乡土情结，或者说是对某个地方的认同，是其三；而其四是历史感，源自过去，可以追寻血缘和家族的传统。④

人们不仅需要在形式上有所归属，而且必须在情感上有所归属。认同观念在现代政治中越来越扮演着重要角色。认同，表示一个人对于他是谁，以及他作为人的本质特征的理解。多元文化主义的认同目标在更大程度上既不是建构个人的文化认同，也不是建构国家认同，而是建构基于文化共同体的所谓的族群认同。这种基于差异而产生的族群认同与国家认同之间有着极为微妙的关系。多元文化主义试图在两者之间寻求一个完美的契合点，以维护多元社会中族群差异与少数权利存在的合法性根基。⑤ 杨也指出，国家认同与族群认同并非对立的、排斥的，而是两者兼容的。⑥

---

① 德里克·希特. 何谓公民身份 [M]. 长春：吉林出版集团有限责任公司，2007：152-157.
② 布莱恩·特纳. 后现代文化/现代公民 [M] // 巴特·范·斯廷博根公民身份的条件. 长春：吉林出版集团有限责任公司，2007：182.
③ UNESCO World Report：Investing in Cultural Diversity and Intercultural Dialogue [R]. Paris：UNESCO Publishing，2009：43.
④ 沃特森. 多元文化主义 [M]. 长春：吉林人民出版社，2006：118.
⑤ 威尔·金里卡. 少数的权利：民族主义、多元文化主义和公民 [M]. 邓红风，译. 上海：上海译文出版社，2005：29-40.
⑥ I M YOUNG. Polity and group difference：A critique of the ideal of universal citizenship [J]. Ethics，1989，99 (2)：250-274.

多元文化主义认为，族群认同属于文化范畴，国家认同属于政治范畴，二者复杂的关系时常体现在权利斗争中，也共同影响着权利斗争的结果。当族群认同与国家认同相契合时，社会秩序才能稳定，国家才能健康地发展；当族群认同与国家认同相背离时，不安定因素就会滋生，进而影响社会有序地发展。可见，文化和群体认同在多元文化民主社会中非常重要。

尽管多元文化主义强调族群的文化认同，但是说到底也必然与个人认同密切相关。文化的流动不可避免地加剧了个人脱离某一文化群体而依附于其他文化群体的可能，也使族群遭受着来自内部的不确定性和压力。对于同一个人，某种显著而强烈的文化认同会随着处境、时间和地点、历史时期、社会诉求、期待的结果、个人需要以及未知的其他各种因素而变化，即每个人在不同的时间、不同的环境和不同的角色中归属于不同的文化，也在同一时间归属于不同的文化。① 这也构成了现代人新的心理困境。然而，无论群体与个体，现代人们的身份认同和忠诚都有超越狭隘的民族主义藩篱的趋势而变得更加开放、包容与多元。文化间的对话是促进这种文化理解的重要途径。

3. 承认的政治

承认是多元文化主义政治的中心议题。现代政治建立在个人本位的普遍承认的原则基础上，这是远远不够的，尤其是对于那些在历史上遭受歧视和压迫的群体。因此，多元文化主义极力倡导"承认"的政治，承认少数族群的文化价值与主流文化价值存在的差异，承认被边缘化的群体包括种族、宗教、文化群体的合法权利要求，理解作为文化多样性的事实。由此可见，多元文化主义的"承认"具有双重含义：既承认族群差异，又承认差异平等。它承认不同文化的平等价值，并且给予所有社会文化群体以平等的政治和文化地位。

多元文化主义已经成为几乎所有现代自由民主社会共识的观念。现代身份政治围绕群体身份认同问题也逐渐给予了更大的空间。实际上，承认与认同之间存在着某种联系。处于边缘地位的文化生活方式和文化传统都要求其合法地位和生存条件得到承认和保障。如果得不到他人的承认，或者只是得到他人扭曲的承认，就会对自我认同产生影响。或者自我压抑，消极封闭，最终导致更加不平等的地位；或者自我抛弃，寻找其他文化依

---

① BERNICE LOTT. Multiculturalism and Diversity：A Social Psychological Perspective [M]. New York：John Wiley & Sons，2010：1-9.

托，最终导致自我文化的消失殆尽。因此，在多元文化社会中，不同文化成员之间应该相互承认，每个人都是围绕各自善的观念整合起来的共同体的成员，公民人人平等不应是单一的评判标准。泰勒认为，平等的承认表示两种截然不同的形式。一种是普遍主义政治。这种政治强调所有公民享有平等的尊严，其内容是权利和公民身份的平等化。另一种是从现代认同观念发展中产生的差异政治。差异政治认为应当承认每一个人都有独特的认同。这种独特认同与其他人相区别。差异政治也有普遍主义的基础，二者有重合的部分。差异政治谴责任何形式的歧视，拒不接受二等公民的地位，这就把普遍平等的原则引进尊严政治中来。[①] 但是，现代社会的集体认同感很弱。许多人都宣扬自己的多元主义，认为实际上他们没有身份认同。然而事实上，国家认同仍然存在于所有当代自由民主国家里。因此，多元文化主义既在差异和共同规范准则之间寻求平衡，又在不同群体和更大的联合体之间寻求平衡。无论在何种水平上，多元文化主义都需要承认并尊重差异，遵守一套为人们普遍接受、共同实行的规则，保证规则和适当程序的合法性。群体或社会的所有成员有权在公共秩序许可的范围内坚持自己选择的价值观和行为规范，追求自己喜爱的生活方式。

　　今天，在多元文化社会中，各种生活方式的平等共存意味着每个公民及其子女都享有同样的机会在其传统文化世界中健康地成长；意味着每个公民都享有同样的机会深入了解该文化以及其他任何一种文化，以便确定是坚持还是超越它们；也意味着每个公民都可以毫无顾忌地置其命令于不顾，或者通过自我批判宣布与它脱离关系，以便今天彻底告别传统，乃至告别支离破碎的认同而奋发生活。[②] 民主开创了平等承认的政治。平等的承认在民主社会也是不可或缺的。平等的承认不仅是唯一适合于健康的民主社会的模式，而且可以避免由于拒绝给予承认而造成的伤害。[③] 由此，多元文化主义似乎可以为我们思考族群与国家关系提供一个不错的思路。

(三) 多元文化主义的公民教育观

　　多元文化主义理论从 20 世纪 80 年代开始在教育领域盛行。多元文化

---

① 查尔斯·泰勒. 承认的政治 [M] // 旺晖，陈燕谷. 文化与公共性. 北京：生活·读书·新知三联书店，1998：301.

② 尤根·哈贝马斯. 民主法治国家的承认斗争 [M] // 旺晖，陈燕谷. 文化与公共性. 北京：生活·读书·新知三联书店，1998：359.

③ 查尔斯·泰勒. 承认的政治 [M] // 旺晖，陈燕谷. 文化与公共性. 北京：生活·读书·新知三联书店，1998：300.

主义教育理念认为，传统教育对非主流文化的排斥必须得到修正，学校必须帮助学生消除对其他文化的误解和歧视以及对文化冲突的恐惧，学会了解、尊重和欣赏其他文化，学习伴随着差异和多样性积极地生活。现代公民和公民教育观念面临着来自历史、政治、社会和文化等方面发展的挑战。世界范围的移民、全球化和民族主义的坚韧激发了关于公民和公民教育的争论和新思想。一种有效的和变革的公民教育能够帮助学生获得在其文化社群、国家、地区以及全球社会有效发挥作用必需的知识、技能和价值。这样的一种教育也能够帮助学生获得世界主义的观念和价值，这是平等和社会正义所需要的。因此，多元文化主义教育理论与公民理论的主要目的是相连的。它们都试图回应认同意识与国家、地区、民族和宗教认同的竞争形式。

教育体系是回应多元文化主义、民族和文化遗产以及多样性的一个重要部分，促使许多国家审视文化传统和价值。而且，教育还在促进一种更广泛的公民观念中扮演重要角色，这种公民观念能够加强归属于一个共同社会和文化共同体的意义和体验。班克斯指出，多元文化主义"是一场旨在在深度不安定和极端民族化的国家和世界里使所有学生成为有知识的、富有同情心的和积极的公民的活动"①。多元文化主义在学校教育中体现在课程上，包括多元文化课程的设置和多元文化内容的灌输。多元文化教育包含在社会和民族研究的一些次级分类中，诸如民族和文化课程，女性研究和其他课程。多元文化教育也在历史领域中的通史和特殊群体历史中体现。文化间理解被看作新兴公民教育概念的一个核心要素。它包含着反种族主义和多元文化教育的实践。但是，来自不同背景的教育研究者和实践者有一点共识，即是需要反思针对种族、文化和民族多样性问题的教育方式。② 当前公民教育形式的关键挑战包括需要发展一种理论改变和挑战传统的公民观念，需要反思有关代表、认同、差异和文化理解问题的基本假设，需要反思教育理论的发展。公民教育概念需要明确地回应文化多样性

---

① JAMES A BANKS. Multicultural Education：Historical Development，Dimensions，and Practice [J]. Review of Research in Education，1993（19）：22-28.

② ALI RATTANSI. Changing the subject? Racism，culture and education [M] // JAMES DONALD，ALI RATTANSI. "Race"，culture，and difference. Buckingham：The Open University，1992：11-48.

问题，呈现种族主义和社会排外问题，促进开放和包容的认同形式。^① 然而，学校总是假设同化进主流文化是公民身份和国家归属感的要求，学生应该放弃对于其他社群、文化和国家的认同。教育对这些问题的回应至今没有对主流教育实践产生重要影响。

语言影响我们对事物的体验，营造知识与文化的氛围，形成我们与人群打交道的方式，构筑价值体系与社会编码，还帮助个人与集体找到归属感。语言不单是交流工具，也是文化表达形式的结构，是特性、价值观与世界观的载体。因此，很多国家都在学校中推行多语言教学。少数族群不仅可以通过语言课程掌握主流文化的语言，还可以同时维护自身的语言权利。通过鼓励学习语言以及保护濒危语言等方式，少数族群的权利能够得到保护，文化多样性也能够得到长期的可持续性发展。这些教育都旨在将增强社会凝聚力作为公共教育投资的优先考虑。在多元文化社会中，实施多元文化教育的同时也要实施跨文化教育。艺术与人文教育、多媒体教学、博物馆及旅行等活动都有助于培养公民的一些关键能力，用于克服片面观念，适应不同文化并存的社会环境，解决文化间对话等难题。宽容需要不断实践才能真正成为一项能力。宽容必须在教室中和广义的学校环境中培养，也必须通过父母和当地社区群体的参与培养。只有直面文化差异，才能与不同文化和谐相处。

公民教育被视为当代社会在面对社会和政治挑战时具有巨大潜力的一种教育工作。对于少数群体文化的积极经历，或者至少能够了解其他文化，都有助于保持客观，避免偏见。托里斯（C. A. Torres）指出，公民、民主和多元文化主义问题是世界范围内关于教育改革的核心议题，影响着在处理当代教育挑战时的大多数决定。^② 对于公民教育的重新兴趣代表着对于深刻社会和政治变化的回应。从世界范围看，不同国家在公民教育问题上面临着共同的挑战：（1）国内和跨国人口流动的加剧；（2）对于土著人和少数群体权利的逐渐承认；（3）政治结构的瓦解和新政治结构的诞

---

① ANN MCCOLLUM. Endpiece：Citizenship Education and the Challenges of Cultural Diversity ［M］ // DAVID SCOTT，HELEN LAWSON. Citizenship education and the curriculum. Ablex Publishing，2002：168.

② CARLOS ALBERTO TORRES. Democracy，Education，and Multiculturalism：Dilemmas of Citizenship in a Global World ［J］. Compartive Education Review，1998，42（4）：421-447.

生；（4）女性社会角色的改变；（5）全球经济的影响和工作方式的改变；
（6）信息和通信技术革命的影响；（7）全球人口的增长；（8）新的共同体
形式的产生。① 文化地位变革了，人们的态度和观念也应发生变化，并以
许多新的方式影响它的过程。

　　今天世界的多样性以及边缘群体、民族和种族群体对于文化承认和权
利的诉求更加强烈。学校需要实施多元文化公民教育，以使学生保持对他
们的文化社群、跨国共同体以及对获得公民身份的国家的权利和需要的承
认。同时，公民教育也应该帮助学生发展一种对于全球社会的认同与依
恋，以及一种与全世界人们联结的纽带。公民教育应该使学生认识到他们
与世界其他地区的人们紧密联系的命运。学校应该帮助学生理解文化、国
家、地区和全球身份是如何相互联系、交错和演进的。② 这些身份以动态
的方式相互作用。学生应该被鼓励去批判地审视他们的身份和承担的义
务，以及理解它们相互作用和建构的复杂方式。③ 当人们更加愿意接受和
承认文化和道德多样性时，文化多样性的合法性以及它与社会平等的关系
就会更加明朗了。

第二节　多元文化主义与国家建构的关系

　　文化是一种历史的积淀。当文化不可避免地与一个民族或者一个国家
联系在一起的时候，人们心中强烈的文化认同和归属情感便油然而生。但
是，当一个民族或者国家构成了一个多元文化社会时，这种认同和归属就
显得有些复杂，或者趋向于同一，或者趋向于多元，这是现代国家的困
惑。然而，多元文化社会的普遍存在却是不争的事实。多元文化社会是指
一个国家、一个民族、一个地区甚至是一个有界限的地理范围，诸如一个

---

① D KERR. Citizenship Education：An International Comparison［M］. International Review
　of Curriculum and Assessment Frameworks. London：QCA，1999.

② JAMES A BANKS. Diversity and citizenship education：Global perspectives［M］. San
　Francisco：Jossey-Bass，2004.

③ JAMES A BANKS. Diversity，group identity，and citizenship education［J］. Educational
　Researcher，2008，37（3）：129-139.

城镇或者学校，由属于不同文化的人们构成，^① 形成了几种相对独特的文化群体。这些人们来自世界各地，或者他们是新近的迁移者，或者他们的祖先早在几个世代以前就来到了这里。不同国籍、不同肤色、不同宗教信仰的人们或者混杂着生活在一起，或者相对聚居，这在今天看来是相当普遍的。在全球化、移民和城市化进程的不断推动下，这一现实更加鲜明地呈现出来。他们之间的和平使他们能够和谐地工作和生活在一起，从而增加彼此之间在文化、传统、风俗、生活方式等方面的理解，这是相互接纳和包容的前提。但是，他们之间的冲突也在世界范围内不同程度地蔓延，成为潜在或者实在的社会危机。因此，事情并不简单。每一种文化都有区别于其他文化的独特性和价值，值得尊重。而现代社会面临的巨大挑战就是随着时间的推移，不同文化之间的实在界限变得越来越模糊，令人担忧。生活在 21 世纪的今天，人们面临着同质化的巨大压力和多样化的双重挑战。在国家范围内，大规模的新移民改变了国家和城市的人口构成，一些不同民族、种族、宗教信仰的人们构成了人口中的少数群体。如何使所有的人和睦地生活在同一个国家、同一个城市，甚至是同一条街道中，如何让所有的人对于这个国家怀有认同与归属，这是一个既古老又现代的问题。今天看来，尽管这种认同和归属可以远远超越国家的界限，但是，它还没有至少目前也不可能摆脱其最为重要的国家维度。

一、多元文化主义与民族国家建构

全球化时代的民族国家已然不同于传统意义上的民族国家，是一种以新的形式存在的民族国家。因为几乎所有国家都没有放弃基于国家层次的对于更大政治、文化共同体的建构，即对国家民族的建构，进而将民族意识上升为国家意识，将民族主义上升为国家主义，使政治共同体包含不同的文化共同体。正如霍布斯鲍姆指出，并不是民族创造了国家和民族主义，而是国家和民族主义创造了民族。民族的建立与当代基于特定领域而创生的主权国家息息相关。国家时而利用文化传统作为凝聚民族的手段，

---

① C W WATSON . Multiculturalism［M］. Buckingham：Open University Press，2000：1-17.

时而因为成立新民族的需要而将文化传统加以革新，甚至造成传统文化的失调。[1] 总之，全球文化多元化和政治多元化使民族国家的概念和形式得到重新定义和巩固。这意味着民族主义的理想已经遍及全球的每一个地区，深深地扎根于每个大洲。[2] 可见，在我们这个时代，民族共同体仍然是较受欢迎的认同和归属对象。和历史上任何一个时期一样，民族主义都有一种强大的吸引力，特别是当它延伸到爱国主义这个更广阔的情感领域时。[3]

(一) 民族与民族主义

"文化"是意蕴丰富而又极为复杂的语汇，至今人们对其含义都莫衷一是。人是文化的载体；文化是人的创造物，又在创造着人本身。广义上文化可以泛指涵盖一切物质文化、制度文化和精神文化的人类文明，是人类各种活动及其成果的总和；狭义上似乎任何一个具有特定身份的群体的价值取向、意识形态、传统习惯、制度或者行为规范都可以称为文化，也使文化不免有泛滥之嫌。文化通过民族得以传承和彰显，民族通过文化得以存续和发展，二者相互依托使文化具有民族性，民族具有文化性，不同的文化传统使各个民族之间相互区别。因此，民族也是一种文化现象。民族文化具有凝聚群体成员而区别于其他民族的社会功能。每一个民族对于民族文化的强烈关怀都体现着对于民族命运的关切，包含着对于政治、经济、社会权利和地位的要求，以及对于民族文化生存和延续的使命，对于自由、发展和繁荣的期望。民族文化中一些特有的文化元素常常被赋予某种象征意义，上升为政治符号，当民族冲突发生时，常常作为价值标准成为民族或国家忠诚的凝聚力量。

民族有客观的一面，诸如共同的语言、文字、历史、风俗、传统等，也有主观的一面，即成员之间形成的民族意识和认同，表现为一种忠诚。任何一个民族在经过历史变革的过程后都会发展形成自身独特的性格，从而形成对这一群体的认同和归属情感。这种认同和情感经过世代相继逐渐成为民族历史传统中稳定的因素，普遍地存在于每一个人的心中。许多相对独立的群体由于共同的价值和政治传统而结合，进而由对地区的忠诚发

---

① 霍布斯鲍姆. 民族与民族主义 [M]. 上海：上海人民出版社，2000：10.
② 史密斯. 全球化时代的民族与民族主义 [M]. 北京：中央编译出版社，2002：124.
③ 菲利克斯·格罗斯. 公民与国家：民族、部族和族属身份 [M]. 王建娥，魏强，译. 北京：新华出版社，2003：196.

展成为更多群体对于国家的政治忠诚，经济活动和社会人口流动加速了这一过程。国家是各个民族在政治上统一而形成的更大的共同体，从而产生新的认同与归属情感。因此，认同和归属情感可以分为许多种类，如建立于血缘关系或主观认定的族裔身份基础上的对于特定族群产生的族群认同，建立于共同的历史传统、习俗规范以及宗教信仰之上的文化认同，建立于一定政治、经济、社会制度基础上对于国家政权产生的政治认同或国家认同。传统的民族国家把政治认同与种族起源和民族身份联系在一起。现代多民族国家则使政治认同与民族认同之间既相互联系又相互区别。少数民族的意志和情感被允许表达。

民族主义创造了单一民族共同体的观念，这个观念把疆域之内的所有阶级都包括了进来。而在西方民主国家内，民族主义的神话渐渐趋近于它的实现，这归功于选举权的普及和大众文化的提高，因为它们使几乎所有公民都能以方言去参与对共同的民族文化和政治机构的塑造和运作——而无论公民之间的不平等还有多大差距。因此，国家边界不仅确定了司法管辖范围，还界定了一国"人民"或一个"民族"，而正是他们构成了一个政治共同体，也正是他们在共享一种共同的民族语言、文化以及民族身份。

民族主义是一种政治原则，一种情绪，一种广泛的社会和政治运动，[①]以及一种意识形态。[②] 它推动了民族的形成与发展，包含着民族的认同与归属情感，承载着民族历史中共同的神话、记忆与信念，促进了民族的语言和象征。它以一定的民族情感为前提，把群体中主动的、有组织的部分与被动的、分散的、通常占据更大人口比例的部分连接起来。作为一种社会政治运动，民族主义更加强调文化的建构和表现。其中，独特的语言概念构成了民族主义的核心原则和独特意识形态的本质内容。[③] 民族主义的意识形态对于许多渴望获得主权与独立的民族来说是至关重要的。它常常对处于不公平境遇中的民族群体所遭受的社会剥削和压迫做出回应，通过宣扬民族权利来对抗强权。因此，民族主义常常担当一种解放的力量，通

---

① 厄内斯特·盖尔纳. 民族与民族主义 [M]. 韩红，译. 北京：中央编译出版社，2002：1.
② 安东尼·史密斯. 民族主义：理论，意识形态，历史 [M]. 上海：上海世纪出版集团，2006：3.
③ 安东尼·史密斯. 民族主义：理论，意识形态，历史 [M]. 上海：上海世纪出版集团，2006：8.

过斗争实现更大范围的平等。但是，民族主义的意义不仅仅局限于政治方面，还有更为重要的文化方面。亨廷顿指出，在新的世界里，最普遍的、重要的和危险的冲突不是在社会阶级之间、富人和穷人之间，或者其他以经济来划分的集团之间，而是属于不同文化实体的人民之间。部落战争和种族冲突将发生在文明之内。[①] 文化既是分裂的力量，又是统一的力量。文化的共性和差异影响了国家的利益、对抗和联合。因此，从政治民族主义走向更加深广的文化民族主义是必然出现的事情。世界上没有一块地方能够避免民族主义的热望。它是一种回应人类某些最深层次的对于安全、公正和认同的迫切要求的意识形态和运动。这些迫切要求是一种普遍需要。[②]

（二）包容与排斥

国家边界很少与人们的民族身份正好一致，许多国家包含着这样的人群。现代多民族国家的公民普遍面临着多元文化的社会现实，生活在不同文化的碰撞、交融和冲突中。公民一方面作为文化民族是族群的一员，另一方面作为国家民族是更广泛的政治和地域共同体的一员。前者代表了国家内部不同族群之间的关系，后者代表了不同政治体即国家之间的关系。民族国家对内表现为对其所属成员的普遍承认和治理，对外表现为民族自决，维护主权独立和领土完整，反对外力干涉，以及平等地参与国际事务。民族对内的同一性和对外的独立性构成了民族主义的根基。民族主义是建立在民族意识基础上的。民族意识指个人对自己归属于某个民族共同体的意识，从而产生对于民族文化的认同感和自豪感，以及对于民族群体的忠诚，这一忠诚和理想超越了其他忠诚，使之能够服务于民族的发展和需要，保持民族统一，反对或避免民族分裂。但是，民族国家作为民族主义的载体，它一方面允许较大的或较小的群体进入政治竞技场，承认普遍的公民身份和公民权利的平等，充分尊重民族文化遗产和权利；另一方面，它却以血缘、文化或是民族起源为由，排斥其他不同的民族。地缘纽带是包容性的，而文化纽带是排他性的，这常常导致痛苦的和持续的族群冲突，这些冲突已经成为现代民族国家的不安定因素。

全球化加剧了民族国家中民族的多样性，主要是移民。他们感到自己

① 亨廷顿. 文明的冲突与世界秩序的重建 [M]. 周琪，等译. 北京：新华出版社，1998：7.
② 安东尼·史密斯. 民族主义：理论，意识形态，历史 [M]. 上海：上海世纪出版集团，2006：3.

不是主流民族共同体中的一部分。他们缺乏与新国家在历史、文化、信仰甚至是族裔特征上的联系，因而强化了民族主义者或者种族主义者固有的排外情绪，导致了与主流民族的紧张关系。加之民族国家内部既有的少数民族群体，他们总是在权利和资源分配上处于弱势，促使他们为了争取更多的权利而诉诸文化民族主义，从而加剧了这种紧张关系。现代民族国家的公共领域并不是一个多元文化共存的场所。少数民族通常在私人领域，在与家庭、亲戚、邻里类似的公共环境里，才可以自由地表达他们的文化身份。而在公共领域，主流民族文化仍然占据支配地位，少数民族的活动受到遮掩。民族多样性给现代民族国家带来两方面的困扰：一是一旦使文化少数民族在公共领域内得到承认，赋予他们更大的权利，他们就会成为国家公共资源潜在的索取者，包括工作、住房、贷款、税收津贴、教育补助、政治代表权等等，这在本质上是经济的；二是有关民族意识和民族性。政治上承认文化多样性将会潜在地威胁民族的完整性。正像前面所述，民族国家以多民族、多文化的新形式出现，新形式的政治共同体不可避免地会降低民族国家作为政治效忠中心的地位。对于民族国家来说，国家民族主义往往能够衍生出爱国主义，一方面促使国民争取和保护国家的尊严和主权，一方面增进国民的归属情感。文化民族主义则成为国家意识形成的威胁。尤其是传媒在世界范围内的传播和渗透，以及移民和少数民族群体使现代民族国家的合法性和内聚性产生了深刻的危机。民族认同的纯洁性和同质性正在解体。[①]

尽管移民政策在不同程度上体现了血缘纽带的关系，但是移民潮的确激发了民族建构的难题。每个国家都通过制定入籍法来控制建立在公民权利基础上的共同体的进一步膨胀。而且，共同体合法坚持的认同在移民潮的冲击下也绝不会一成不变。因为不应当总是要求移民放弃其自身的传统，新的生活方式或许也拓宽了公民解释其共同制宪原则的视界。于是，紧接着就会出现这样一种运行机制，即随着国民结构的变化，整个民族在伦理—政治方面的自我理解所涉及的语境也发生了改变。[②] 国民的政治一体化确保了他们对于共同政治文化能够忠诚不渝。而共同的政治文化依靠的是对立宪原则的解释。但是，每一个民族国家对于立宪原则的解释都是

---

① 史密斯. 全球化时代的民族与民族主义［M］. 北京：中央编译出版社，2002：113.

② 尤根·哈贝马斯. 民主法治国家的承认斗争［M］//旺晖，陈燕谷. 文化与公共性. 北京：生活·读书·新知三联书店，1998：366.

从自身的历史经验语境出发的，因此，在伦理上不可能保持不偏不倚。①

　　同样，通过同化、排斥和削弱少数群体，或者通过把代价和负担强加给已经处于劣势的群体来追求这些目标就是不正当的。除非受到了少数群体权利的补充和限制，否则国家的民族建构就有可能是压迫性的和不正义的。另一方面，只要少数群体的这些权利受到了保护，国家的民族建构就具有一系列正当而重要的功能。少数民族群体为了减少社会带来的更大经济压力和政治决定对其可能造成的更大威胁，确保社会不会剥夺他们更多的生存条件，他们往往诉诸自治权、文化权和代表权等等。当他们遭受排斥、边缘化或者同化命运时，在面对国家的民族建构情况下，可以采取四种策略：全体向外移民；接受与主流文化的整合；寻求旨在维系自己的社会文化的自治权利或权力；接受永久性的边缘化。每一种选择要想获得成功，都离不开国家在一定程度上的包容。这些包容方式表现为：多元文化主义政策、自治和语言权利、条约权利与土地要求、法定的豁免权。不同形式的少数群体权利反映着不同的策略。② 自由主义国家并未摒弃促进成员共同利益的目标，而是更加平等地包容和平衡了不同的个人价值。这也是"自由主义的民族主义"策略的一部分。通过国家的努力来促进某一特定的语言或民族身份，这种做法似乎更接近于社群主义的共同利益的政治，而不是更接近于自由主义的国家中立的政治。整合意味着全体人民被一种一致的规范看待。

（三）同　化

　　文化多样性和社会平等之间不确定和复杂的关系反映在国家认同危机上。因此，民族国家试图通过诉诸民族意识和民族理想来强化社会团结。民族国家相信，基于民族性去促进相互信任和社会团结是最好的方式，而通过限制个人形成和修正他们关于善的观念更能保证国家的同一性，防止分裂。分离主义倾向常常导致一种强烈而主观的族群认同，从而削弱了对整个民族共同体和国家的更高的认同。同化主义者要求，移民或者少数民族群体应该放弃他们的文化遗产而采取新国家或者主流群体的文化和生活方式，才能成为国家社群的完全参与者，从而获得在国家公民文化中的包容和有效参与。群体权利对于个人权利是不利的。而多元文化主义认为，

---

① 尤根·哈贝马斯. 民主法治国家的承认斗争 [M] //旺晖，陈燕谷. 文化与公共性. 北京：生活·读书·新知三联书店，1998：361.
② 威尔·金里卡. 当代政治哲学 [M]. 上海：上海三联书店，2004：624.

这些群体应该保持他们的文化遗产并建立他们自己独特的文化社群。公民身份意味着一种参与和整合。每个国家都试图让自己的公民相信，他们构成了一个"民族"，他们隶属于一个单一的政治共同体并且彼此之间拥有特殊的义务。由于生活在一个国家之中的人既是公民同胞又是民族同胞，因此就有一种团结的自然纽带，也有一种实现自治的自然愿望。① 民族共同体的政治成员身份往往通过文化成员身份得到界定。这种文化成员身份主要表现为拥有一种支配性语言。语言的政治与民族国家的公民身份政治相携发展。②

　　移民同化理论在 20 世纪上半叶获得发展。这一框架基于涂尔干的功能主义理论，认为社会的所有部分是一个同步的组织机构。因此，一些支持文化同化论者认为，种族是维持社会秩序的一个重要因素。这样，移民就要放弃他们自己的文化而成为主流文化的一部分，采取主流社会的价值观念，这种价值包含着凝聚和社会和谐。事实上，移民的成功取决于他们对更大共同体的接受与适应，取决于对新国家基本文化的理解与认同。移民通常都期望自己能够尽快地融入更大的社会文化中，以便争取更多的生存机会。而且，诞生的第二代、第三代移民往往比第一代移民更可能成为与移民国家相似的成员，因为他们与主流文化有着高度的契合。他们对于多数群体的民族建构的反应不同于少数民族，没有抵制，没有拒绝，因此基本不对国家的团结稳定形成任何威胁。然而，一些批评者也认为，不接受群体差异有可能带来新移民增长的心理压力，可能增加他们与主流群体之间的冲突危机。③ 由于移民在新经济中是合法劳动者，他们向致力于全民民主和法制建设的所在社会提出了各种各样的挑战。全球化促使把移民当作绝对"非公民"看待越来越困难。移民人口的文化特权与劳动力流动、经济变革以及市场变化密切相关，而这些都能产生新的愿望和不确定因素。所以，移民也在要求一条更具宽容性或更具"文化多元"的整合途径。较大社会的制度应该得到调整以便更好地承认和包容这些种族身份，包括宗教节日、穿着、饮食等等。

---

① 威尔·金里卡. 当代政治哲学 [M]. 上海：上海三联书店，2004：480.

② 布赖恩·特纳. 文化公民身份的理论概要 [M] // 尼克·史蒂文森. 文化与公民身份. 长春：吉林出版集团有限责任公司，2007：17.

③ S CARPENTER, M ZARATA, A GARZA. Cultural pluralism and prejudice reduction [J]. Cultural Diversity and Ethnic Minority Psychology, 2007, 13 (2)：83-93.

　　少数民族文化也应该受到保护，文化差异应该受到尊重。少数民族群体在没有进入更大的政治共同体之前已经在原有的社会环境下形成了一套完整的历史发展轨迹和社会运作模式。他们与土著人通常都抵制国家的民族建构，并且在为保持和维系属于自己的、用自己语言来运作的自治机构而斗争，以便能够在自己的文化中生活和工作。他们要求维持或恢复属于自己的学校、法庭、媒体、政治机构等等。因此，他们常常要求某种形式的自治。在极端情况下，这也会导致直接的分裂要求。而且，为了避免与现代世界接触而保持自己的传统生活方式，他们要求获得针对一系列法律的豁免权。这些都使他们缺乏对国家的忠诚。近百年来，由于对少数民族群体和土著人的歧视、压迫，甚至是驱逐、杀戮，他们的生存环境遭到了严重侵害，一些民族文化也几近灭绝。同化带来的文化多样性生态环境的消失导致了更加广泛的不平等。因此，今天的少数民族群体开始运用法律武器捍卫自己的权利，为了生存而斗争。

　　同化被视为团结社会使之更容易达成文化理想的整合模式，那些不遵守这一规则的人则被视为对社会的威胁。同化在民族、种族关系中占据主导地位。然而，同化也有其积极的一面。事实上，少数民族群体在拒绝同化时也放弃了直接参与社会而去边缘化的机会。因为如果所有的公共机构都以相异的语言进行运转的话，少数群体就有被边缘化的危险。因此，在种族关系中，同化也被视为一种合理的扩展。从当前政治的角度看，保守主义明确地提倡同化，他们相信现代社会的集体认同非常薄弱，急需修复。自由主义则认为，从多元主义出发给予文化差异表达的空间是能够接受的。大多数人都相信，同化是理性社会的必然要求。而且，同化在少数民族中受到欢迎。因为这一政治理想和抱负已经被经济和社会需要埋没了。少数民族群体变得更加弱势。民主法治国家也可以要求同化，从而保护其公民生活方式的完整性。同化分为强制同化和自愿同化。同化过程可以同时在自我认同和文化适应两个层面上进行。民族主义是现代文化整合的一种独特现象，是一种集体意识的形式。①

　　20世纪后半叶，高水平的移民和继而引发的种族差异导致了一种新的整合模式——多元文化主义。这一模式使不同群体成员在公领域和私领域中相互作用的一些方面合法化。多样性的一些方面被包含在这个模式中：

---

① 尤根·哈贝马斯. 公民身份与民族认同 [M] // 斯廷博根. 公民身份的条件. 长春：吉林出版集团有限责任公司，2007：28.

在私领域，尤其围绕诸如语言、宗教、家庭生活和接纳等问题；在公领域，对种族的消极歧视和其他理由不应该被包容。^① 在多元文化主义框架下，新移民有权实践思想、信仰、言论、结社和集会的自由。它提供了一种法律框架，个人权利受到保护并在多元社会中得到承认、支持和促进。总之，多元文化政策的主要目标为：（1）促进移民参与主流社会；（2）提高他们的社会和经济地位；（3）建立平等权利；（4）防止和消除歧视。^②

二、多元文化主义与民主国家建构

自由主义民主在政治哲学中占据核心地位。信奉这一价值的哲学家们总在为其寻求最好的哲学捍卫。"权利""自由""最大多数人的最大利益""平等机会"，这些不仅在理论层面而且在实践层面上左右着当代西方政坛。然而，全球化使各种少数民族群体、文化弱势群体边缘化的问题已经不可回避，也使当代政治哲学陷入了一种困境。历史上，自由主义的民主国家试图压制少数群体的民族主义，而这种压制常常是粗暴的。实施这些措施的依据为：把自己视为独特"民族"的少数群体是不会保持忠诚的。因此，他们是潜在的分裂主义者。也有人声称，少数群体，特别是土著人，是落后的和不文明的。因此，把他们合并进更文明和更进步的民族也正好吻合他们的利益。然而，近来一些拒斥自由主义民主观念的学者为我们提供了一些不同的概念和原则，成为自由主义民主话语的补充和替代，如女性主义、社群主义、多元文化主义，构成了对主流的自由主义民主理论的批判和挑战。

多元文化主义有时被自由主义用来反对守旧和狭隘的民族文化观，有时又被保守主义用来捍卫守旧和狭隘的少数群体的文化观。^③ 作为对民族建构的回应，多元文化主义既可以采纳自由主义的形式，也可以采纳保守主义的形式。事实上，这两种动力很可能是联系在一起的。对自由主义形

① R GRILLO. An excess of alterity, debating difference in a multicultural society [J]. Ethnic and Racial Studies, 2007, 30 (6): 979-998.

② VAN DE VIJVER, BREUGELMANS, SCHALK — SOEKAR. Multiculturalism: Construct alidity and stability [J]. International Journal of Intercultural Relations, 2007 (32): 93-104.

③ 威尔·金里卡. 当代政治哲学 [M]. 上海：上海三联书店，2004：660.

式的民族建构的回应，会产生自由主义形式的多元文化主义；对保守主义形式的民族建构的回应，会产生保守主义形式的多元文化主义。只有在与民族建构的政治关系中，才能理解多元文化主义的政治。① 当然，民族建构的过程不可避免地会有利于主流文化群体中的成员。这意味着，当少数文化群体成员面临选择时有被边缘化的危险。现代自由主义民主国家的文化注定是多元的，这是对公民权利和自由保护的必然结果。然而，政府总是刻意创造一种文化来塑造一种新的民族身份以促进公民整合。这种共同的文化自然会受到一些群体的抵制。因此，或许政府可以运用政策来鼓励和维系两种或两种以上的文化。事实上，所有的自由主义民主国家都在试图扩展单一的社会文化。

（一）民主与民主化

现代西方民族国家大多也是民主国家。作为民主国家，民主是什么，正如达尔指出，民主至少存在五项标准：有效的参与、投票的平等、充分的知情、对议程的最终控制、成年人的公民资格。② 这些标准包含了公民权利的内容。权利是民主政治制度不可缺少的组成部分。公民是民主政治中与众不同的要素。世界上大多数国家都宣称自己是自由民主国家。而现代西方工业国家的公民也都普遍相信其政府是民主的，几乎所有公民都是民主主义者。③ 当然，一种民主的文化必定要强调个人自由的价值，也必定会承认更为广泛的权利和自由。这与自由主义的某些特征相契合。自由主义是西方政治哲学中的主要价值观念。它强调个人主义、平等主义、普遍主义和社会向善论。④ 因此，在自由民主国家中，公共利益或共同利益与个人权利分配密切相关。然而，现代国家对根据种族、民族、性别、文化等描述人与人之间的差异与分歧变得越来越敏感，构成了对共同价值和利益的挑战。事实上，自由主义的公民观念似乎不愿意与"文化"有太多牵扯。但是不可否认，文化与政治、经济有着更加深层的内在联系。而凡是关涉人的问题，又都不能忽视文化因素。法律框架、政策制定和政府管理已经延伸到了文化领域。

---

① 威尔·金里卡. 当代政治哲学 [M]. 上海：上海三联书店，2004：661.
② 达尔. 论民主 [M]. 北京：商务印书馆，1999：52.
③ 莱斯利·雅各布. 民主视野：当代政治哲学导论 [M]. 北京：中国广播影视出版社，1999：20.
④ 格雷. 自由主义 [M]. 长春：吉林人民出版社，2005：2.

一个民主的决策程序应该平等地考虑那些不对任何一个公民的平等价值构成威胁的不同公民的利益。民主权利的功能就是确保民主决策中每个人的利益都得到平等的考虑。① 民主权利包括选举权，参与决策、管理和监督的权利，言论自由权以及结社、集会的权利等等。在民主国家，一个势在必行的要求就是提高公民的能力，以使他们更加积极地、有智慧地参与政治生活。这也是民族建构的一个过程。因此，国家通过教育、媒体、官方语言、国籍政策、国家假日和象征国家的标志等手段促进共同语言和共同成员感，提供享有社会制度的平等机会，从而在全社会扩展一种文化，形塑一种共同的民族身份。公民身份一方面可以实现社会团结，一方面又可以通过引起对权利的期望而制造政治冲突。因为它通过形成一种普遍的成员身份而超越了阶级和性别的划分，但是它也维持了无法充分满足的再分配期望。② 因此，现代民主制的健康和稳定不仅依赖于基本制度的正义，而且依赖于民主制度下公民的素质和态度。③ 而且，一个国家的生命力不仅取决于公民对于权利的意识，也取决于公民关于责任、义务的意识。所以，多民族民主国家的运作和成功与构成国家根本的大多数人的态度和政策以及少数民族和移民人口与国家发生联系的方式密切相关。

事实上，民族身份在现代西方民主国家的典型功能是建立一种较弱和较宽泛的感觉，人们隶属于某个代代相传的社会，享有共同的疆域并拥有共同的过去和未来。④ 他们不必共享某一种宗教或某一种善的观念，但他们仍然彼此承认和认同对方是一国的成员。二战以后，西方民主国家有一种普遍的趋势，就是对民族身份进行相当程度的"弱化"，以便强调民族团结又不至于要求文化融合。⑤ 多元文化国家中一种全面的正义理论就是，既包含赋予每个个体而不考虑其群体成员身份的普遍性权利，又包含特定群体有差别的权利或少数族群文化的"特殊地位"。包容种族与民族差别有助于抵消边缘群体的异化，在一定程度上消除族裔的不满，形成一套为所有族裔共享的价值观以及政治记忆。这有助于在民主国家内保证团结和

---

① 莱斯利·雅各布. 民主视野：当代政治哲学导论 [M]. 北京：中国广播影视出版社，1999：103.

② 布赖恩·特纳. 公民身份理论的当代问题 [M] // 布赖恩·特纳. 公民身份与社会理论. 长春：吉林出版集团有限责任公司，2007：10.

③ 威尔·金里卡. 当代政治哲学 [M]. 上海：上海三联书店，2004：512.

④ 威尔·金里卡. 当代政治哲学 [M]. 上海：上海三联书店，2004：485.

⑤ 威尔·金里卡. 当代政治哲学 [M]. 上海：上海三联书店，2004：487.

政治合法性。

（二）自由与正义

自由和平等是自由民主制度的基本原则。公民身份是现代民主国家的一项基本制度。它不分种族、民族、文化、宗教信仰，承认所有成员都具有平等的权利，共同承担社会责任和义务，并且应该充分尊重少数民族的文化和权利。但是，全球化增加了"不完全公民"的数量和种类。这些全世界流动的公民组成散居各地的公众区域，对多个国家产生眷恋和忠诚，他们对"国家民族意识"形成一种反复循环的外部威胁，加剧了移民与公民之间的紧张关系，使国家的身份政治趋于恶化。一些移民、少数民族群体、土著人把他们的文化权利、经济权利、社会权利等作为人权问题提出来，使文化差异问题变成了是否公正分配的问题。尽管在民主政治制度下，民族文化群体也具有基本的人权，他们在不与其他公民基本权利发生冲突的前提下可以保持自己的传统方式，但是，少数民族群体的弱势社会地位使他们在竞争平等机会时显得更加不平等。自由主义的平等观要求把公民纳入国家的普遍主义模式，反对用集体权利名义提出的、限制个人权利的任何建议。它认为法律面前人人平等，处于少数地位的民族认同和文化纽带不能影响作为公民的个人权利，国家应该对个人的权利不加任何区别地给予平等的保护。而赞同少数民族群体文化的集体权利在实践中也是危险的，这容易导致以维护集体权利的名义去实施民族歧视和民族分离。同时，为了维护少数民族的集体权利而牺牲个人权利也被自由主义者认为是不正义的。因此，对文化成员身份的保护与对个人权利和普遍价值的追求成为自由民主社会中难解的冲突。

然而在现实中，个体既是民主国家的公民，又是某个特定族群的成员。为了缓解两种身份之间的张力，政府须在基于自由主义的立场上保障每个公民的平等权利，同时要承认和包容少数族群的身份和利益。因为少数民族群体无时无刻不在主流社会文化的包围之下经受着"同质化"的冲击。因此，国家不能凭借保护个人权利之名而否定群体的权利，只有平等地承认政治才能使少数民族群体的特殊性和价值得以体现。尽管如此，自由主义也是承认社会多元的。因为人人都具有自主性，都会形成与他人不同的价值、信念和行为，当这些人聚集在一起时必然呈现出多元的风貌。自由主义认为，只要一个人的自由不妨碍其他人所享有的自由，其言行就是正当的，应该得到尊重。社会对于不同于主流社会价值的观念应该予以宽容，不能以多数的压力去禁止它。公民只要遵守法律、履行义务，国家就应该保障其权利。普遍人权恰恰源自各种不同的文化背景。因此，自由民主社会必然是价值多元的。

民主主义的政治文化是多元主义观念赖以产生和发展的前提。多元主义意味着在政治、社会、经济等方面观念和目标选择上的自由；意味着在生活方式和价值观念选择上的自由；意味着尊重种族、民族、宗教差异，以及所有人的平等机会和权利；意味着在文化选择上及民族认同上的自由。在某种意义上，多元主义是民主的扩大，但并不一定强求一致。尽管民主国家中的多元主义是一个复杂而难以把握的社会和政治制度，但它是一个文明的多元文化社会的有效形式。因此，在自由民主国家里，个人有选择或放弃族属认同的自由和权利，也有采取或拒绝同化政策的自由和权利。多元主义是建立一种植根于公民身份基础上的多民族自由民主国家的途径之一。在多元主义模式下，不同政治、种族、民族、文化、宗教集团在国家范围内享有充分和平等的权利来发展自己的文化、信仰和宗教，使用自己的母语。国家以公民权利为基础，承认所有国家成员平等的权利。多元主义不同于所谓的包容性国家，它比仅仅容许少数民族存在的包容性国家的意义更广阔。

（三）公共文化

民族问题在许多自由民主国家的复兴引起了自由公民与共享价值之间暗含的联系。这些价值集中在允许所有公民的完全参与上。自 19 世纪以来，民族同质成为很长一段时期内理解一个政治共同体的一部分。没有任何智力和道德一致的一群个体将不能构成一个能够治理自己的社会，也不能通过理性的深思进行决定。即使这被今天的多民族国家质疑，但是在多元文化国家中，尽管不同群体在权利要求上各有不同，国家发展仍然需要建立和培育一种能为大多数人所接受的共同的核心价值，即独特的政治文化，这样才能使多元文化社会有效地运行。这种国家文化从建立国家的建国者们和构成国家的本土文化中生长出来，其中也混杂着许多移民和少数民族文化的成分。一种统一、相互尊重的共同价值在多元文化的民主国家中是必需的。

爱国主义当然也受到了人们的广泛拥护，但它不一定是部族性质的。爱国主义作为一种对自己社会拥有责任的情感和意识，与公民民主国家有着内在的联系。公民国家的根本制度是公民权制度和国家疆域的统一。公民国家与法治、个人权利、人身自由、公民的政治权利相联系。公民国家承认多民族国家中的双重身份、族体身份和公民身份。族体身份取决于共同的语言、传统和文化，而公民身份是对国家、对统一国土的认同。国家创造出适合各个民族、各种文化背景功能的个人共同生存发展的政治空间——多元主义民主制的公民国家。这种政体首先是不分民族、宗教与种族背景的全体公民的联合。它承认不同民族或文化的权利，并且将公民的权利延伸到所有不同民族与文化背景的个人和团体。

一个政治体应该使人们具有超越多样性的情感和共享的目标与价值。而对于政治体的归属情感依赖于共享的正义观念。因此，对于一个自由的民族主义者来说，国家认同与政治自治之间存在着积极的联系。共享的国家认同能够确保一种共同的忠诚，从而促使所有公民为了共同的公共目标而合作。团结在一群具有一种共享的身份认同感的个体中更加容易，这在使他们决定共同的命运上扮演一种重要角色。国家认同是一种共享的公共文化，不仅包括自由原则，而且包括社会规范和价值。这种共同的认同对于确保公民平等和减少疏离感发挥作用。自由民族主义者认为，公民必须附属于他们的政治体，而不是仅仅附属于共同的普遍价值，如自由、正义和民主。[①] 然而，政治认同必须具有一种文化意义。理想地为了促进政治参与和团结的共同认同被视为一种包容的认同，即一种由承认文化多元主义改变而来的认同。与罗尔斯的自由主义相反，对于文化认同，公共空间不被视为中立。因此，如果国家想要保护源于文化多元主义影响的国家认同，少数群体成员除了被同化或者被边缘化将别无选择。

一个运转良好的国家需要统一、尊重与合作，拥有共同的价值和准则。自由主义民主的基本价值——自由、平等、宽容、守法等也是一种文化，而且普遍深入人心，只不过这是一种"制度文化"，而不是"族群文化"，所以自由主义也不能说不需要文化认同。[②] 尽管国家的种族意识和认同仍然占据着现代国家的重要地位，但是无论种族、民族、性别、宗教等差异，每个公民都应该积极地参与国家的政治、经济、文化等公共事务，

---

① FRANÇOIS HOULE. Canadian Citizenship and Multiculturalism [D] // PIERRE BOYER, LINDA CARDINAL, DAVID HEADON. From Subjects to Citizens: A Hundred Years of Citizenship in Australia and Canada. Ottawa: University of Ottawa, 2004: 219.

② 江宜桦. 自由主义、民族主义与国家认同 [M]. 台北: 扬智文化事业股份有限公司, 1998: 108.

这样有助于充分理解文化多样性，有助于保障人权，增强社会凝聚力，促进民主管理，从而完善和巩固公民文化。同时，在多元文化社会中，巩固和发展公民社会也是实施民主的一条有效途径。以自愿联合方式行动的不同团体坚持自己的文化传统、价值目标、宗教信仰、语言等，体现了一个广阔而安全的、独立于国家干预之外的私人领域，一个公民社会的领域。多样性在微妙的公民社会机构中广泛存在。一些群体比另一些群体更加具有公民性，更易于参与社会生活，更相信彼此。

　　然而，如果团结和归属存在于一个自由民主国家，就总是要与主流群体相关联。尽管这样的情形本身并没有什么错误，但是这种文化作为共同文化呈现时，就会对在定义公共和私人领域边界问题上扮演重要角色的共同的公共文化的定义发挥作用。因此，多元文化社会中的正义要求一些形式的承认，并且在主流领域和公共文化之间保持一定的距离。但是，我们不能假称国家和公共领域应该对公共文化保持中立。① 总之，承认文化多样性有助于增强社会凝聚力，为更新民主施政方式提供灵感。

三、多元文化社会中民族国家建构与民主国家建构的关系

　　多元文化社会正面临着如何建设民族国家与民主国家的问题。这一民族国家应当是一个认识并包容公民的多元性，乐于采纳一套最重要的、为所有公民广泛认可的共享价值、理想和目标的国家。只有一个团结在诸如人权、公正、平等等民主价值旗帜之下的民族国家才能真正确保文化、种族、语言和宗教团体的自由，确保人民的自由、平等与和平。② 这一民主国家应当凝结于一种公共的文化、道德、价值观念之上，所有公民都对国家怀有强烈的认同与归属情感。它摒弃了传统民族国家同宗、同源、同种

---

① FRANÇOIS HOULE. Canadian Citizenship and Multiculturalism［D］∥ PIERRE BOYER，LINDA CARDINAL，DAVID HEADON. From Subjects to Citizens：A Hundred Years of Citizenship in Australia and Canada. Ottawa：University of Ottawa，2004：220.

② 奥雅·奥斯勒，侯·斯塔克. 民主公民的教育：1995—2005 年公民教育的研究、政策与实践述评［J］. 中国德育，2006，1（12）：26-37.

的国家民族的理想，以公民与民主理想为共同价值，创造一种由公民民族组成的政治共同体。当然，现代民族同时既是公民的，也是族裔的。在民族国家层面上，个人是一个具有公民权利和义务的公民，而在族裔共同体或者民族层面上，个人是建立在其历史、传统和文化基础上的有着纽带关系及亲和性的成员。民族表现了族裔和公民两种要素之间有时不和谐却是必要的共生关系。当这种共生关系趋于完美时，当族裔与公民两种身份之间不存在缝隙时，文化与公民身份就会彼此相互加强，国家的作用得到充分实现。反之，如果其中一方占据了优势，国家的凝聚或公民的权利就会被相对削弱，就有可能导致公民身份与族裔的冲突。① 总之，一个国家中多民族状态与民主之间的冲突主要表现为：在制度上，少数民族权利保障与民主制度的"多数原则"之间的冲突；在文化认同上，民族文化差异与民主的共同价值之间的冲突；在国家层面上，政治一体与文化多元之间的冲突。

（一）永远的"大多数"

多元文化主义已经成为20世纪民族问题中颇受争议的理论根据。它对于民族建构是一种威胁抑或是一种贡献也不得而知。但至少可以看到的是，更多的民族群体想要冲破主流价值的羁绊，伸张更多的权利和自由。尽管二战之后世界秩序并不平静，但是各国都在巩固和发展过程中更加关切维持政治稳定和促进经济发展以及推进民主化进程。外部世界的相对安定使各个民族群体开始关注内部的自我要求和发展。因此，自由、权利、平等、发展、民族团结与多元文化之间的张力和潜在危机将多元文化主义推上了公共政治舞台。在充斥着个体价值与普遍价值的多元文化社会中，自由民主国家不得不考虑异质性带来的挑战。多元文化主义促使人们从集体的维度去思考正义、平等和自由。而这一讨论也延伸到认同、种族、宗教、民族主义等问题的正当性上。

多元文化主义是进步力量所要诉求的内容。这些进步力量支持自由主义的价值，并且愿意挑战一些社会常规，这些常规常常阻止少数群体成员充分享有自由主义的权利和公平的资源份额。20世纪以来，自由主义民主国家对少数群体的民族主义所持的态度已经逐渐改观。越来越多的人认识

---

① 史密斯. 全球化时代的民族与民族主义 [M]. 北京：中央编译出版社，2002：119.

到，对少数群体的民族主义的压迫，无论从经验的后果还是从规范性的理由来考虑，都是错误的。当国家攻击少数群体独特的民族性时，通常是增加了而不是减少了不忠诚的分裂主义运动的威胁。因此，要保证少数民族的忠诚，最好的方式就是接受而不是攻击。随着选举权的普及和大众文化水平的提高，几乎所有公民都能够参与政治共同体的政治机构的塑造和运作，而无论公民之间的不平等还有多大差距。

任何人都可以成为公民。这是现代民主公民身份理论中的矛盾症结所在。公民身份的自由主义观点认为，公民的本质完全是形式上的，因而对任何人都是开放的。民族主义观点认为，在这个或那个国土内的人民确实有一些特殊之处。因而，现代民族公民身份两难境地的核心，即它既是开放的，又是封闭的。一旦文化少数民族寻求在公众区域占有一席之地，这种两难状况就处于显著地位。而且，公民民族主义总是认为"高等文化"和"大民族"必然比"低等文化"和"小民族"更有价值，要求个体放弃族裔共同体和族裔特性，这种对占统治地位的"公民主体"之外的文化和民族进行的排斥和打压成为现代民族国家内部危机的原因。公民民族主义既要求更加自觉地努力接受这种公民理想，同时坚持用统治族裔或者核心族裔的文化和传统巩固加强民族国家，使大多数成员感到他们归属于此。因此，他们在社会文化生活中被赋予了广泛的权利，并被鼓励保存文化遗产。但是，作为一个整体的民族认同还是通过民族国家及其法律、公共文化和由它创建的神话表达出来。在全球化时代，意识到对不同地理区域的认同有共存的趋势是很有意义的。国家似乎是个人忠诚的焦点，这并不意味着地区范围扩大了就会有消极的情绪。对国家的依恋常常与周边地区的积极态度相伴随，也许还可以推断出对国际合作持有积极的态度。所以，现代公民身份本质上是政治性的，因为它要求承认。自由民主国家的民族建构应该努力促进分配正义和慎议民主的目标。

自由民主国家总是力图对其疆域内的永久居民塑造一种共同的民族身份，同时致力于发展共同的民族语言和民族文化。然而，为了保证少数民族不处于弱势地位，也允许运用某种方式与其他社会群体公平竞争。① 但

---

① JESSICA BERNS, CLEMENTINE CLARK, ISABELLA JEAN, et al. Education Policy in Muti-Ethnic Societies: A Review of National Policies that Promote Coexistence and Social Inclusion [J]. Coexistence International: 4.

是，大多数人的民族建构是否会给少数群体带来不正义？金里卡总结了自由主义民主国家中民族建构与少数群体权利之间的辩证关系。他认为，国家的民族建构手段包括：公民资格政策；语言法规；教育政策；公务员录用；集权；国家媒体、象征、假日以及服兵役。如果国家的民族建构政策能够有助于保护少数群体的权利，就可以反过来说，少数群体的权利有助于支持国家的民族建构。[①] 多元文化主义并不是建设一个无冲突的理想社会，而是寻求一种更好地理解和阐释族群文化正义的条件。因此，解决问题的方法是采取一种为大多数人所能接受和遵守的规则。只有主体民族和各个少数民族都遵守这一规则，多民族民主国家制度才能真正发挥作用。

(二) 多元认同的困境

共同体成员的多重身份决定了归属情感和认同的复杂性。民主国家需要一种超越种族和民族的忠诚。这种忠诚使各个不同种族、民族和文化背景的群体结合在一起，成为一个能够获得所有居民或绝大多数居民认同和热爱的政治体。换句话说，就是一种超越了族属认同的认同。这种共同的认同就是公民身份，甚至是希望获得公民身份的意向。这种认同不分主体民族还是少数民族，是一种更高层次的认同，是所有公民共同拥有的认同。这种认同不是来自共同的祖先、血缘或族裔，而是来自共同的意识形态或地域的一种政治认同，或者是国家认同。它非常明确地体现在公民身份上。无论是族属认同、地域认同还是国家认同，它们彼此联系又相互冲突，这在多民族民主国家中是普遍存在的。公民身份和民族成员身份是主要的身份和联结纽带。公民纽带是地域性的，它来自扩大了的邻里关系，也来自因共同利益而联系在一起的、居住在一定区域的个人和群体，他们发展了一种共同的传统、文化、忠诚和认同。公民身份作为民主国家中一种政治纽带独立于族属意识、宗教、文化和种族之外，是一种与公民个人政治权利相联系的概念和制度。从这个意义上来说，公民身份是一种联系工具，一种政治文化制度，体现在宪法框架之中。而族裔纽带是建立在共同文化基础上的，在某些情况下是建立在一种关于同宗、同源、拥有共同祖先传说基础上的。复杂的族属认同是一个以上的族裔或文化来源的结果。当个人认为他们不是属于一个族裔或民族，而是属于两个或更多的族

---

① 威尔·金里卡. 当代政治哲学 [M]. 上海：上海三联书店，2004：650.

裔和文化时，就会发生二元或多元的民族认同。这在多民族国家和边界地区经常发生。民族成员身份和族属认同属于私领域，当族群行为不危及政治和法律制度时，则被认为是正当的。但是，这种双重认同隐藏着某种潜在的危险。国家凝聚力薄弱或者过分强调同一往往容易导致分离主义。文化少数民族的政治意识越来越活跃，构成了对于民族国家凝聚力的威胁，进而影响了公民身份的凝聚力。

政治认同始终是民族国家和民主国家追求和强调的。但是，过分强调国家认同或者说是政治认同会使少数族群的文化权利和情感陷入被压迫的困境；而过分强调文化认同又会使国家认同陷入分裂的危机。因此，正确认识国家认同与族群认同二者之间的关系而不是一味地强调差异和冲突是建立统一和谐国家的关键。国家认同意识是由国家形成过程中政治权威创造的，其中既已形成的各个游离的族群认同是国家认同形成的不可或缺的力量。而国家认同的形成过程也是形塑族群认同的重要力量。对于国家认同，族群认同是重要的基础和前提。民族文化具有一定的凝聚力，这种凝聚力我们很难加以描述，却根深蒂固地存在于民族的价值观和传统习俗中。① 血缘、语言和地域作为国家成员之间的纽带无不强化和维系着国家凝聚，不仅缩小了群体成员之间的心理距离，还在不断地增强着民族的亲和力，从而有效地体现国家一体的观念。这是国家认同不可缺少的力量。在全球化进程中，无论是族群认同还是国家认同，都在经历着相同的命运。全球化的扩张不仅威胁着族群认同，也同样威胁着国家认同。个人既是国家公民，也是族群成员；既拥有公民身份，也拥有族群身份。个人往往通过族群社会与国家发生联系。因此，不能否认或者抵消其中任何一种，而以一种身份取代另一种身份。人是复杂的个体，同时扮演着多重角色，具有多层次的情感，从自由主义的立场出发，应该尊重个体的每一种选择。然而，事实上，同质化的危险时刻存在。自由主义往往忽视了公民与国家之间、由多元文化群体构成的中间地带。而民族主义又总是利用某一种情感加以扩大化。这就要求政府能够在保障每一个公民平等权利的同时，承认和包容少数族群的身份和权利，将文化族群的集体目标纳入政治领域，承认族群的特殊性和价值。

---

① 菲利克斯·格罗斯. 公民与国家：民族、部族和族属身份 [M]. 王建娥，魏强，译. 北京：新华出版社，2003：197.

国家利用族群认同的特殊性实现社会政治、经济目的。同样，族群认同也可以借助国家认同的力量实现合作，改变不利的社会地位和争取更多的社会政治、文化资源。因此，成功的多元文化社会并不是要否定民族国家的认同，不是要否定法律对于个体的普遍性适用，而是希望把两者结合起来。① 现代民族既是法律政治共同体，也是历史文化共同体。它通过民族主义的意识形态得到合法性。人们只有在分享共同之处的条件下才能在差异中彼此共存。国家是一种忠诚的表达，是建立在少数忠诚之上的更高的忠诚的表达，一旦这种忠诚消失，国家也将不复存在②。所以，一个国家民族同一性的确立不仅仅是一个政治和经济过程，也是一个复杂的文化过程，其中教育的文化功能发挥着不可忽视的重要作用。③ 在一个文化多元的民主社会中，学校公民教育被视为一个解决统一性与多样性问题的重要工具。

（三）"同一"与"多元"的矛盾和统一

用"民族国家"来广泛地指称现代国家反映了民族建构的非凡成功。国家成功地在自己的公民中扩展共同的民族语言和塑造共同的民族身份，是一种必然的或至少是自然而然的结局。④ 同时，国家也一定要表现出妥协的意愿和宽容的精神。国家在承认社会多元文化性质的同时，其主要目标仍然是维护统一、维护对公民福祉甚至是生存都必不可少的社会和谐。这些都应该通过民主与和平的方式来实现。在民族国家中，民族主义在历史上的祖国寻求政治自治，将族裔共同体与一个地域政治共同体融合在一起。而在民主国家中，民族被看作公民的地域性共同体，由共同的法律和共享的公共文化联结起来。民族主义的动力在于用一套共享的符号、神话、记忆在民族领土范围内将公民共同体团结起来，并将其融合在一种可以认同的文化共同体中。无论哪种方式，其结果都巩固和加强了民族国家的理想和结构，巩固和加强了民族国家与普遍民族认同的统一。这种将民族认同与民族国家放在一起并进行融合的努力仍然是欧洲，甚至是世界历

---

① 安东尼·吉登斯. 全球时代的民族国家 [N]. 中国民族报，2008-01-11（6）.

② MALLISON，V. An Introduction to the Study of Comparative Education [M]. London：Heinemann，1975：267.

③ 项贤明. 比较教育学的文化逻辑 [M]. 哈尔滨：黑龙江教育出版社，2000：92.

④ 威尔·金里卡. 当代政治哲学 [M]. 上海：上海三联书店，2004：483.

史的主旋律，即使某些要求分离的努力失败了，有限自治的文化民族主义仍然是唯一切实可行的选择。然而，社会和国家的同质性已经不在了，而过分强调同一往往容易导致分离主义。文化伴随着全球化进程而变得日益复杂，当我们充分认识到在多元文化社会中多样性引起的冲突时，改变和实施相应的公共政策为社会发展带来新的契机。

统一性和多样性之间的平衡是多元文化国家始终面临的挑战。没有多样性的统一性将导致霸权和压迫；没有统一性的多样性将导致巴尔干化和国家破裂。① 因此，多民族国家面临的一个主要问题就是如何承认和使差异合法化，甚至是建构一种包罗万象的国家认同。这种认同包含各种不同群体的声音、经历和希望。许多民族、语言和宗教群体对于国家的认同都相对薄弱，因为他们边缘化的地位，他们看不到希望、梦想、愿望和一切可能。② 这种文化差异往往与社会不平等联系在一起，从而使达成多元共识更加困难了。在统一与多元、更大政治共同体的统一与更小文化团体的整合之间存在着明显的权衡。③ 所以，人们渴望的政治特征是：它既是多元的又是公共的。

人是文化的载体，又在不断创造和发展着文化。文化是人类赖以存续的精神家园，也是保证人类社会可持续发展的重要因素。因此，文化对社会凝聚发挥着重要作用。从根本上来讲，文化有着超越国家、民族、地区、社群和个体的共通性。人们通过文化之间的交流、对话而彼此理解、达成共识，实现更加深入的发展，以及更高层次上的认同。而文化的多样性又是持续、稳定和广泛的，只有文化的多样性得以表达，才能使各种文化特性繁衍不息，才能促进社会各个领域的繁荣。由于全球化使政治和经济趋于一体化，因此，维护差异和多样性的使命就更多地由文化来承担了。如何在认同主流文化、普适价值的同时维护文化的多样性？如何在维

---

① JAMES A BANKS. Introduction：Democratic citizenship education in multicultural societies ［M］// J A BANKS. Diversity and citizenship education：Global perspectives. San Francisco：Jossey—Bass，2004：3-15.

② G LADSON — BILLINGS. Culture versus citizenship：The challenge of racialized citizenship in the United States ［M］// JAMES A BANKS. Diversity and citizenship education：Global perspectives. San Francisco：Jossey—Bass，2004：99-126.

③ 詹姆斯·博曼. 公共协商：多元主义、复杂性与民主 ［M］. 黄相怀，译. 北京：中央编译出版社，2006：70.

护民族和谐统一的过程中实现文化的多元共存？尽管民族国家不是文化多样性的唯一单元，但它仍然是世界事务中的主要因素，除了对于权力和利益的追逐，也在塑造着新的国家。虽然民族主义、种族主义、战争、歧视、偏见等等正在世界各地产生着暴力，但是冲突不一定是发展的障碍，问题是政府如何把它作为一种建设性而不是破坏性的力量来加以引导。国家一方面需要通过公共教育、大众传媒以及政府政策向少数民族及边缘化群体普及国家意识，在尊重民族文化多样性权利的基础上努力使移民、少数族群接纳并融入主流文化中，同时，国家渗透力和现代化还要力争实现其在经济和社会方面的承诺，如全面就业、更好的居住条件、更多的教育资源、更全面的健康照顾等等。因此，多样性是一种社会现实或社会状态，多元共存则是一种规范和动态过程。它要求在社会内部和社会之间对不断变化的文化价值敞开大门。而多元共存不论在国家内部还是国家之间，都应该是动态、开放的，它暗含着可持续发展的挑战。①

第三节　多元文化社会中公民教育与 国家建构的关系

　　国家、教育和民族、民主、认同之间的关系颇为暧昧，而全球化又加剧了同质化与异质化的过程，从而使这些关系发生了更为深刻而复杂的变化。二战后，传统的民族国家形式渐趋瓦解，新的民族国家形式逐渐形成。民族国家教育体系原有的社会整合功能也在经济的发展和繁荣下相对弱化，成为提高国家经济竞争力的重要力量。尽管公民塑造让位于技能形成、国家建设让位于国民经济竞争，但是教育仍然是实现国家认同和社会凝聚的最为重要的制度和手段。因此，当民族国家变得日益多样化，当民主发展使公民日益自由化，人们重又将目光投向教育。正如格林指出，当西方国家开始不太情愿地承认他们的民众对多样性和文化多元主义的需求不断增长时，他们发现自己已经不能确定他们的民族性是什么，他们的学

---

　　① 阿尔琼·阿布杜莱，卡捷琳娜·斯泰诺. 可持续多元共存和未来归属问题 [M] // 联合国教科文组织. 世界文化报告 2000：文化的多样性、冲突与多元共存. 关世杰，等译. 北京：北京大学出版社，2002：106.

校应该培养什么样的公民。① 民族国家如何在多元文化社会背景下通过教育塑造民族认同？如何通过适合的方式深化民主和加强社会团结？重塑公民文化和国家地位成为现代国家新的聚焦点。其中，国家在教育中的作用是一个问题，而教育通过何种形式发挥作用又是另一个问题。

一、国家建构对公民教育的诉求

全球化增加了各种文化交流、融合的机会，也导致了外来文化与本土文化之间的矛盾和冲突，以及本土文化中多样性的凸显。世界范围内的人口流动，少数民族的觉醒，不断冲击着民族国家原本稳固的社会情感基础。这些文化群体在相互碰撞、融合过程中发生的冲突和对抗更加加剧了对于国家秩序和团结的担忧。新的国际环境削弱了国家的自主性，超国家的、区域的和世界的联合不断增长；新的国内环境使国家陷入身份认同危机，民族主义、文化主义和地区主义的势力渐趋增长。教育的公共性和集体性部分地消失了。后现代主义认为，随着社会多元性的增长和文化碎片化，公共和集体的联系逐渐丧失。教育和公民形成的情况则更为复杂。在这样的国内外环境下，现代国家必须找到与他们的新角色相一致的社会团结和凝聚的新途径和基础。从全球化的角度来看，在绝大多数国家，形成公民群体和形成民族认同仍然是教育的主要功能之一。运用教育实现民族认同的塑造已经是新型民族国家和战后或革命后国家重建中极为普遍的历史现象了。因此，公民教育重又进入人们的视野，并被希冀发挥更大的作用。

（一）塑造国家认同与凝聚力

新的国际环境改变着民族国家。一些与主流文化相异的移民群体以及曾经被边缘化的少数民族群体获得了法律意义上的公民身份。作为国家成员，他们常常被要求放弃自身的文化传统而认同新国家的价值规范，并对国家忠诚。这种对文化同质性的追求往往引起少数民族的反抗和分离运

---

① 安迪·格林. 教育、全球化与民族国家 [M]. 朱旭东，徐卫红，等译. 北京：教育科学出版社，2004：155.

动。因此，培养公民的认同感和塑造社会凝聚对于国家的稳定和发展具有重要意义。民族性国家教育体系的主要功能就在于促进民族团结和加强社会凝聚，这在多民族国家的今天，也仍然如此。教育是国家塑造民族的一种工具，它传达着一种强大的意识形态，这种意识形态就是民族主义或者国家主义。它强调语言、文化和传统，形塑着公民的思想、行为和心理。一个稳固的和具有强大凝聚力的社会总是与教育体系发挥的作用密不可分。因此，在大多数国家，教育一直被视为国家凝聚力的宝贵资源，是形塑公民群体和国家认同的重要工具。尽管在当代社会，联结社会的共同纽带似乎萎缩了，个人主义的自由主义到处泛滥，但是教育充当社会整合力量的机会并没有减少，也没有被全球化和后现代的力量阻滞，或许还有更大的、新的空间能够发挥作用。因此，教育和公民问题重又回到议事日程上来，人们希望教育可以把破裂的社会结构重新建构起来。

政府把公民教育视为直接地、最为有效地传达国家意识的工具之一，是铸造国家公民和国家认同的工厂。对于一个多元文化的现代国家，建立国家认同是最为必要的。公民教育应该努力促进一种新的、更加包容的国家认同的形成，塑造新的、更加民主的社会及公民，而不是传递和生产文化民族的意识形态和民族认同。公民教育应该注重民族形成的公民工具维度，而不是强调民族形成的文化象征维度。在国家层次，公民教育要一种包容性的、符合公共价值的国家认同和公民美德。在个人层次，公民教育要在复杂的集体中培养在社会和国家层次主动地、有意识地参加民主社会的能力和倾向。教育必须保留在公共领域，培养宽容、相互尊重、理解、相互合作的能力，只有这样，一个民主的和凝聚的社会才有可能实现。总之，现代民族国家在促进民族认同时倾向于强调公民的而不是种族的民族国家地位观念，至少在官方态度上是这样的。教育不再是民族形成的文化过程的一个显性部分，而是被有意识地当作培养公民和形塑新的国家认同的工具。然而，对于政治体的归属情感也依赖于共享的正义观念。那些根据法律规定因出生或者自愿加入而拥有公民身份的人是否就能因此而得到平等而公正的对待，在这种教育体系中他们自身的权利是否就能得到真正的尊重与包容，因为关乎社会正义，也成为难解的问题。

（二）培养民主社会的"好公民"

现代自由民主国家正面临着前所未有的信任危机。公众对政府的执行力不满，政治效能感衰落，政治参与度降低。许多人不关心政治，尤其是青年人，他们不愿意参与选举和投票，表现出政治冷漠甚至是政治无知。这些都促使各国政府通过加强公民教育来提高公民参政议政的素质和能力。现代民主是西方文明的产物，它扎根于社会多元主义、阶级制度、市民社会、对法治的信念、亲历代议制度的经验、精神权威与世俗权威的分离以及对个人主义的坚持。① 选举是民主的本质特征。自由、平等、博爱是与民主密切相关的三个传统目标，它们和民主一样有其内在价值。自由是实行民主的条件，平等是民主合理性的关键，博爱是任何民主存在的前提。② 民主的实质是社会成员参与社会的管理。民主是一种政治代议制程序，包括推选政府、自由而公正的投票、普选权、信仰自由、言论自由、结社自由等等。民主制度建立在公民的积极参与上，所有成员平等地参与社会的管理，这与主动公民的原则相关。民主不仅需要公民在公共事务中的政治参与，更要保证公民享有基本的权利。因此，以平等、自由为基础，权利和义务相统一的公民教育是所有现代国家的必然选择。

民主社会通常依靠教育系统来保证每一代人获得成为好公民的习惯和美德。公民美德是围绕共同目标联合所有个体的团结意识。这个目标至少是如何在当代多元社会中一起生存和生活，或者更加雄心勃勃一点，是指如何繁荣作为社群的共同体，作为文化群体的文化，从文化多样性中汲取一种文化力量以及一种平权运动、广泛的理解和一个有益的政策。③ 可见，公民不仅关乎身份认同，还关乎公民美德。因此，要想实现民主，就要使公民能够获得广泛的信息并接受良好的教育。只是这种教育如果变成灌输，就会降低成员实践民主所要求的那种评价道德与政治的能力，容易沦为达成党派目的的工具。因此，民主公民要具有创造性地使用智慧对目的与目标进行判断的能力。但是，受过良好教育的与教育不良的人们之间总会存在能力上的差距，而且这种差距常常发生在少数族群成员身上，愈发

---

① 亨廷顿. 第三波：二十年之后看未来［M］∥刘军宁. 民主与民主化. 北京：商务印书馆，1999：422.

② 卡尔·科恩. 论民主［M］. 北京：商务印书馆，1988：278.

③ CARLOS ALBERTO TORRES. Democracy, Education and Multiculturalism：Dilemmas of Citizenship in a Global World［J］. The Annual Meeting of the Comparative International Education Society，1998（56）.

加剧了公民身份的不平等。而且，国家促进民主价值的发展又常侵犯少数族裔的权利，使缩短这种差距的努力往往取得相反的效果，加剧了不平等。这也成为民主国家持续不断的困扰。所以，民主需要更多的人受到足够的教育。只有受到足够教育的人才能更有效、更积极地参与民主。因此，民主社会需要教育培养有足够能力参与民主生活的公民。

培养民主社会的"好公民"不仅是民主政治的需要，更是国家忠诚的需要。通过教育使个体成为一个合格的公民是国家对个体发展的最基本的愿望，也是教育最基本的目标。尽管世界各国对公民能力的要求与公民教育的内容有所不同，但对公民与公民教育问题的重视是普遍的。在当前的国际环境下，各国政府都致力于通过教育提高公民的认识水平和素质、增进文化理解与宽容、促进社会多元化发展和尊重人权，尤其是在年轻一代中开展和加强这种教育。而培养公民具备自律、合作、和平解决冲突的能力与态度，尊重和理解社会与文化的多元性等素质和能力也已经成为国际社会的普遍共识。

二、公民教育对国家建构的回应

民族国家教育体系是一种普及的、公共的制度，它是进行国家建构的强有力工具。然而，两次世界大战中极端民族主义带来的灾难使国家在利用教育促进民族认同方面谨小慎微。20 世纪 90 年代以来，多元文化社会的现实削弱了某些方面的国家权威，使国家保持社会凝聚变得越来越困难。国家对教育系统在履行诸如加强社会团结、培养民主公民方面的能力上更加缺乏信心了。公共教育体系备受质疑。而国家也发现制定什么样的教育政策以及如何管理教育变得越来越复杂。如何通过开展有效的公民教育将不同文化背景的多样性群体纳入本国社会的发展体系，如何更加深入地促进民族凝聚和社会整合，成为公民教育发展与改革面临的重要课题。

（一）公民教育理念的转变

学校公民教育被视为一个解决统一性与多样性问题的重要工具。在多元文化社会中，促进国家统一的需要与保护民族文化多样性的需要形成了紧张关系，这一紧张关系要求教育做出适当回应。因此，学校首先需要在公民教育理念上做出反思。传统的公民教育观念在本质上是同质的。它要求所有公民都具备国家统一意识形态下的认知、心理和情感。但是，多元文化构成已经成为民族国家新的社会现实，也促使我们开始用批判的眼光审视公民与公民教育思想。培养什么样的公民，如何培养公民，多元文化主义理论试图回答这个问题。多元文化主义认为，不同的社会群体都有维护其独特的文化认同的权利。教育不仅是主流文化传承的工具，更应该成为少数民族延续文化的载体。学校不仅要传递社会共同的文化和价值观念，还要呈现多元的文化内容，把各种文化差异呈现出来，培养学生成为理解多元文化、尊重差异、善于处理矛盾冲突的未来公民。合格的民主社会公民不仅能够良好地适应主流文化，而且能够适应多样性的民族文化。

　　教育无所谓价值中立，所有的教育和教育者都有价值倾向性。一些价值被允许，一些价值被排斥，以此审视和建立所谓的民主和平等的教育体系。公民教育应该强调对于少数民族群体及其他边缘群体独特生活方式积极的肯定与尊重，进一步承认文化差异，从而减少他们可能和正在遭受的不公正待遇，促进少数民族群体的发展和社会中多样性文化的延续。国家忠诚曾被认为必须要建立在文化同质的基础上，但是在多民族民主国家中，不同民族对于国家的忠诚和热爱是可以建立在国家承认和肯定多样性、尊重价值多元的共同的公共文化基础之上的。学校不应该再成为复制社会和阶级不平等的工厂，而是需要帮助学生特别是少数民族学生提高他们未来参与国家政治生活的信心和能力，培养其真正的民主和平等的意识。我们承认不同文化背景的学生有不同的学习需要，要在学习内容、教学方式上加以考虑，用多元视角向学生展示历史与现实的意义，并结合民族心理特点在教学过程中因材施教，维护所有人受教育的权利。同时，在文化日趋多元化的各个社会群体内部，教育也要能够培养人们的跨文化能力，使他们更加包容、理性地面对文化差异。教育领域的相关政策在很大程度上决定着文化多样性是繁荣还是衰落，因此，真正的改变来自国家的转变和引导，必须力求通过多样性，也为了多样性而促进教育发展。

（二）公民教育实践的变革

　　公民总是在与国家和社会的关系中来对自己进行角色定位。民族国家正在变革之中，公民教育也应该随之发生改变，以应对在新的环境下国家对公民身份新的诉求。全球化与民族国家之间的复杂关系使公民教育处于一种艰难的境遇，却又总是广受诟病。多元化与一体化、全球化与本土化、国家利益与个人价值、多重认同与国家内聚力，这些矛盾性问题都迫使公民教育不得不在实践中不断调整。然而，面对各种利益的角逐，公民教育又不得不一次又一次地感到无能为力。尽管改革总在进行之中，但是尊重、理解、宽容以及文化间平等对话的理想似乎总比教育实践来得更早。

　　总体来讲，国家课程仍然倾向于大力强调民族国家、语言和文化，历史被用来普及国家神话和促进民族认同，公民和道德教育被用来灌输民族价值和好公民的观念。没有哪种公民教育能够忽略国家意识形态的潜在力量。然而，对于文化差异的宽容和承认是必要的，对于公民教育适应文化多元的要求也是正当的。公民教育是了解多元文化的主要途径，而学校也已经成为在文化、民族、语言上更加多样化的场所，教师和学生是其中最为活跃的因素。因此，学校需要重新审视公民教育的目标、内容和过程，不只是简单地在教育内容和教学方法上。广泛的政策支持和引导以及加大各级学校课程中多元文化的内容是改变公民教育最直接的方式。多元文化公民教育的重要内容存在于广泛的教育和学校课程中，不仅是历史、公民、地理和社会科，它存在于所有有形和无形的教育元素中，同时关涉教育与公民社会的关联。格尔纳（Ernest Gellner）指出，在现代世界中，公民身份、民族性语言和教育之间具有紧密的联系。读写能力是行使公民权利最低限度的必要条件；只有民族国家能够配置发展完善的教育体系所需的资源；教育必须用所有公民都能理解的语言来进行。这就说明了为什么民族主义能够而且的确感染了绝大多数人。① 教育是培养完全公民的必然途径，国家是教育最大的需求者和受益者。无论国家对于公民教育的渴望多么强烈，多元文化民主国家都必须努力克服许多固有的观念、模式和意识形态的束缚，力争更大程度的开放与多元，以回应公民对于自身福祉的诉求。尽管关于少数族群权利的问题仍然是未解和持续争论的问题，而且所有国家在多元文化公民身份与同化主义的意识形态上都难以取舍，但是不断地承认和理解差异也是必然的发展趋势，或许还有更好的途径和方式，有待我们去发现。

---

① ERNEST GELLNER. Nations and Nationalism［M］. Oxford：Blackwell Publishing，1983：48.

三、公民教育中民族建构与民主建构的张力

公民教育从一开始就与民族和民主的观念紧密相连，成为现代公民教育的两个基本价值取向。无论哪个国家，为了实现国家的最大利益都将形塑国家认同和社会凝聚作为其至关重要的任务，也因此都非常重视公民教育。现代民族国家需要公民教育的整合功能，以强化公民的情感联结，促进社会整合；现代民主国家需要公民教育的民主化功能，以实现公民素质和能力的提高，推进国家的民主化进程。民族建构与民主建构呈现出不同的表现形式。二者既相互促进又相互牵制。民族建构有助于推动民主化进程，民主建构反过来又促进了民族整合，二者共同作用成为形塑现代国家并推动其发展的动因。当民族建构需要处于强势时，公民教育的整合功能就会受到相应的重视；当民主建构成为主要任务时，公民教育的民主化功能就会被提到议事日程。尽管二者在本质与表现上有着根本区别，但是无论民族建构还是民主建构，都有着相同的终极目的，那就是推动国家繁荣、稳定、健康、长久地发展。因此，公民教育目标的确立应该充分考虑民族价值和民主价值的平衡，过分强调民族取向会导致民主的弱化，过分强调民主取向会导致民族的离散。从世界公民教育的发展来看，公民教育目标的设定总是反映着民族价值和民主价值的动态关系。

最后，鉴于公民与公民教育的概念过于广阔而繁杂，许多因素、关系错综复杂，为了便于理解并澄清后文论证的理路，作者借用既有的图示形式将其扼要地呈现出来，如图 1 - 1、1 - 2 所示。① 图 1 - 1 中公民的四个要素皆有各自独立的内涵与体系，同时它们彼此相互关联，相互定义，与公民和公民教育相互作用，互为因果，构成一种动态的关系。本研究从公民教育与国家认同的关系切入，而将其他要素作为其中的影响因素。

---

① FRANCE GAGNON, MICHEL PAGÉ. Conceptual Framework for an Analysis of Citizenship in the Liberal Democracies Volume II: Approaches to Citizenship in Six Liberal Democracies [R]. Ottawa: Multiculturalism Directorate, 1999: 126.

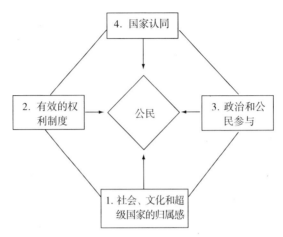

图 1 - 1 公民及相关要素的关系

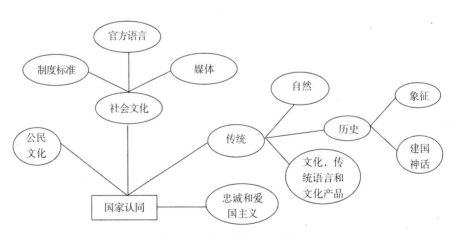

图 1 - 2 国家认同的框架体系

第二章 蒙昧：多元文化社会早期的公民教育（1867 年—20 世纪 60 年代）

加拿大的历史十分独特。它在从一个英属殖民地转变为一个独立的现代国家的过程中，没有经历暴风骤雨式的革命和斗争，而是相对平淡而温和地进行着社会发展，取得了引人瞩目的成就。然而，这并不表明加拿大本身没有矛盾存在，没有任何纷争。只是斗争的规模较小，历时也很短暂，没有造成严重的影响和后果。尤其在面对多种族、多民族社会带来的多元文化问题时，一些矛盾和冲突在所难免。当加拿大成为一个国家时，文化多样性的人口就已经存在了，包括大量的土著人和在某种程度上具有文化和政治自治权的说法语的人口，以及来自英法以外其他国家的移民。加拿大地域广阔，人口分布广泛，地方分权，这些都使加拿大自建立之日起就面临着国家认同的难题。在这样的背景下，公民身份和公民教育尤为重要，成为联结所有加拿大人并发展一种加拿大认同的关键因素之一。

第一节 多元文化社会的基调与公民教育

一、联邦国家的初创与英国臣民

（一）多元文化社会的基调

法国是加拿大最早的殖民者。英法七年战争之后，英国取代法国成为新法兰西的占有者，成为北美历史上重要的转折点，也为后来加拿大国家的双元文化特征奠定了基础。① 魁北克曾经是法裔聚居的地区，1791 年英国把魁北克分为上、下加拿大两个省份。上加拿大即今天的安大略，主要容纳了那些逃离美国的效忠派移民。上加拿大采用英国法律和政治制度，增加了新教教会的势力。下加拿大即今天的魁北克，法国人占大多数，保留了法国民法、庄园主制度和天主教会权利。上、下加拿大实行代议制。1812 年第二次英美战争爆发，美国的领土扩张、军事入侵和经济封锁增强了英属北美殖民地内部的凝聚力，从而推动殖民地逐渐走向联合。联邦不仅能够有效地防御美国的威胁，而且能够进一步加强内部的经济联合，以确保集体利益和安全。在反美情绪日益高涨的同时，加拿大人的民族意识开始觉醒。1815 年战争结束以后，英属北美殖民地再次出现了移民高潮。这些移民多是来自英伦诸岛。他们改变了加拿大社会和经济图景，也戏剧性地改变了英语、法语和土著民之间的文化平衡。② 因此，在加拿大建立自治领以前，尽管英裔和法裔加拿大人占据了人口的大部分，但是它的文化不是二元的，而是拼凑的，是"多民族的混合"。③ 这些人在长期斗争中学会了共同生活，多元文化群体之间的关系相对平静。④ 从 19 世纪 20 年代开始，英属殖民地进行了一系列改革运动，各省相继建立责任政府，标志着英国殖民统治政策和殖民地地位的重大变化，为建立统一的民族国家创造了条件。50、60 年代的经济困难，西部土地问题以及与美国关系的危机最终促使殖民地以和平的方式实现了跨越大陆的联合。1867 年加拿大联邦成立，成为英国的一个自治领，由魁北克省、安大略省、新斯科舍省、新不伦瑞克省组成，魁北克是其中最大的一个省。自治领的建立标志着英属北美殖民地时代的结束，一个新的国家开始起步，具有划时代的意义。但是，加拿大还未实现大陆的统一，在政治、经济、外交上还未完全摆脱殖民地地位，还有很长的一段发展之路要走。

及至 70 年代，加拿大完成了除纽芬兰以外跨越大陆的统一。这一时期，太平洋铁路的修建和西部开发引发了最大的一次移民浪潮，1901 年至

① ROGER RIENDEAU. A Brief History of Canada Second Edition [M]. New York：Facts On File，Inc.，2007：85.

② ROGER RIENDEAU. A Brief History of Canada Second Edition [M]. New York：Facts On File，Inc.，2007：118.

③ 唐纳德·克赖顿. 加拿大近百年史（1867—1967）[M]. 北京：商务印书馆，1979：17.

④ DEREK HEATER. A History of Education for Citizenship [M]. London：Routledge Falmer，2004：206.

1911 年这几年间表现得更为明显。移民浪潮不仅改变了行政区域和国家经济命运，而且使加拿大社会的文化构成变得多样化。新移民主要来自美国、英国和欧洲大陆。许多东南欧不同种族、宗教和语言的农业人口的到来改变了英裔和法裔加拿大人与少数民族的人口比例。虽然加拿大从来不是一个单一文化社会，但是占主导地位的英裔和法裔民族在全国总人口中的比例因此而下降。新的区划划出了萨斯喀彻温和阿尔伯塔两个新省。经济的发展巩固了国家的团结和统一，有效地遏制了美国的扩张主义，维护了地区安全。19 世纪对于生存的悲观情绪和怀疑态度被一种新的乐观主义情感和被在对外关系中获得更大利益所激发的信心取代。①

在外交上，这一时期的加拿大还没有彻底摆脱英国的保护，保持着与帝国的团结与统一。同时，它既觊觎于美国的贸易互惠，又疑惧美国的对外扩张。因此，加拿大在很长一段时间里与英、美两国形成了所谓的"三角外交"。从保护国家利益的角度看，加拿大必须向英国和美国寻求独立，同时需要借助英国的保护以对抗美国。1896 年劳里埃领导的自由党击败了执政近 20 年的保守党赢得大选，成为第一位法裔加拿大人总理，标志着加拿大两党制的最终确立。加拿大政党政治开始走向成熟。尽管第三党从 20 世纪中期以来频繁地活跃在国家政治舞台上，但是从来没有足够的力量与两大政党竞争。

经济的发展增强了加拿大人的民族自信心和自尊心。20 世纪初，加拿大出现了首次经济繁荣，进入了工业化时代，全国人口迅速增长，国内政治趋于稳定。政治、经济体系的发展使各省之间长期存在的利益冲突和文化上的不调和减少了，进一步促进了国家团结，也使加拿大民族主义情绪随之增长。加拿大开始以繁荣、自信、统一和稳定的姿态出现在世界面前。正如总理劳里埃所说："19 世纪是美国的世纪，20 世纪是加拿大的世纪。"②

（二）公民身份的缺失

英裔和法裔两个建国民族在加拿大历史上一直占有统治地位，而且他们之间的关系始终在加拿大政治生活中扮演重要角色。他们的地位和语言

---

① ROGER RIENDEAU. A Brief History of Canada Second Edition ［M］. New York：Facts On File，Inc.，2007：218.

② ROGER RIENDEAU. A Brief History of Canada Second Edition ［M］. New York：Facts On File，Inc.，2007：218.

以及其他一些权利在宪法和国家政治传统中总会得到特别的承认。《1791年宪法法案》导致了日后加拿大身份认同的基本现实。[①] 它承认两个民族团体、两种语言、两种文化和在英国议会制度下两种制度的共存。英国当局相信,《宪法法案》能够维持法裔加拿大人的忠诚,甚至使他们逐渐同化而放弃他们传统的生活方式。事实上,宪法的适当性在之后三十年英属北美对于政治不满的有限表达中可以看出。其中的某些条款最终导致了政治摩擦的增加。

《1867年宪法法案》是加拿大的建国条约,规定着加拿大各省以及与英国之间的联合方式和基本权力制度。由于深受英、美两国制度的影响,《1867年宪法法案》(又称《不列颠北美法案》)建立了以议会制和联邦制为基本架构的政治制度。女王是国家最高权力的象征,总督代表女王执掌政府。为了避免美国联邦的缺点,《1867年宪法法案》规定,联邦中央政府有权为了加拿大"和平、秩序和良好政府"的目的制定有关没有单独划归省权范围的所有事项,进一步加强了中央政府的权力。但是,作为英国的殖民地,英帝国的一个成员,加拿大自治领只是一个半独立的国家。它不仅保留了英国女王的权力,而且没有赋予自治领以外交和军事防务大权。加拿大的立宪权和修宪权也仍然掌握在英国议会手中,必须经由英国议会批准。司法的最高上诉权保留在英国枢密院。1867年加拿大自治领的建立标志着英属北美殖民地时代的结束,也为加拿大国家的继续统一和扩张创造了条件,具有划时代的意义。

《1867年宪法法案》延续了加拿大政治的一贯传统,保留了魁北克在法律和语言方面的独特性。第九十四条中规定了安大略、新斯科舍和新不伦瑞克法律的统一而不包括魁北克;第一百三十三条规定了在加拿大议会和魁北克立法机关议院的论辩中可以使用英语或法语,这两种语言都必须被使用于这些议院的记录和会志之中。从殖民地时期到联邦时期,英国主要考虑如何处理与法裔民族的利益关系问题,而从不考虑土著人的权利。政府以各种手段剥夺印第安人土地,西部的移民和开发也伴随着对当地土著居民的掠夺,最终迫使他们进入保留地。1876年《印第安人法案》是在《不列颠北美法案》第九十一条二十四款基础上提出的,规定了联邦政府是制定关于"印第安人和印第安人保留地"法律的唯一机构。《印第安人

---

① ROGER RIENDEAU. A Brief History of Canada Second Edition [M]. New York: Facts On File, Inc., 2007: 110.

法案》规定了印第安人身份以及印第安人的法律权利和法律上的无资格。法案允许加拿大政府完全掌管印第安人的生活方式以及与非印第安人的关系。它赋予政府在健康、教育和土地上的专门责任，目的是整合印第安人进入主流社会的经济和文化。他们没有公民资格，不能参加联邦或省的选举，经济活动也受到诸多限制。

从 1869 年开始，加拿大通过制定移民政策来鼓励或者限制某种移民。1910 年《移民法案》最早创造了加拿大公民身份这一用语，是指那些定居加拿大的英国臣民。所有其他英国臣民需要被许可才能进入这片土地。来自亚洲的移民没有任何权利。

尽管《1867 年宪法法案》提及了国家和各省对于少数民族和宗教团体一定的保障和立法权力，但它并没有包括保障个人免受政府行为干涉的具体条款。同时这部宪法也没有有关公民权利的规定。因此，加拿大宪法绝不是关于个人权利的高度理想主义的宣言。①

二、盎格鲁一致性

（一）民族主义初现

加拿大作为一个民族国家的生存和发展，不仅需要政治统一，而且需要与之相适应的经济和社会发展，以及在此基础上产生的民族意识和情感。因此，一些精英围绕殖民地关系建构了加拿大认同。这种建构反映了自身国家认同还没有被充分认识，或者对于抵抗外部力量还显得太脆弱。1868 年，一些杰出的说英语的新教徒倡导了"加拿大第一"运动，初现民族主义的端倪。他们的目的是既不想回到以前的殖民主义时期，又想使加拿大在美国经济、文化和军事的整合下保持政治独立。他们设想了一个加拿大民族，这个民族不仅能够克服北部恶劣的生存环境，也能被固有的盎格鲁撒克逊种族优势信念鼓舞。然而事实上，"加拿大第一"运动的倡导者在说英语的加拿大人反对说法语的加拿大人以及土著人反对白人的事件中有些推波助澜。这种民族主义情绪直到 20 世纪仍然普遍存在。因为加拿大自治领是大英帝国的成员之一，英裔民族构成了主流群体，他们始终与

---

① 沃尔特·怀特，罗纳德·瓦根伯格，拉尔夫·纳尔逊. 加拿大政府与政治 [M]. 北京：北京大学出版社，2004：45.

母国保持着千丝万缕的联系。当时的加拿大人并不认为作为一个加拿大人与作为一个英国臣民之间有什么冲突，这种双重忠诚一直持续到第一次世界大战。

英国的政治遗产在 1867 年《不列颠北美法案》的序文中得到了体现。联邦建立者们通过《不列颠北美法案》中的条款规定联邦和各省的权力分配，从而也对独特的加拿大国家意识的出现产生了不利影响。另一个不利因素是加拿大长期处于英帝国背景下，使加拿大民族主义中不可避免地具有一种殖民地精神。加拿大作为殖民地和英帝国的一个成员阻碍了一种国家认同意识的发展，使加拿大人在建立自己的制度时首先采用了英国的法律形式。宪法中也声明加拿大的行政权力"继续存在于女王的名义下"。因此，加拿大国家认同与它的"英国人风格"紧密相关。同时，来自美国分裂和持续同化的威胁使加拿大联邦建立之初更倾向于依靠英国来寻求自我保护，更愿意承认英国的宗主国地位，造成了国家意识发展的滞后。然而，宪法为国家统一和扩张创造了条件，为联邦提供了一个宪法和政治框架，也为加拿大作为一个国家的进一步发展提供了可能。① 事实上，加拿大的存在更依赖于经济的发展，因为只有这样，才能维护由分布广泛和相对松散的各省构成的脆弱的联邦。

（二）加拿大化

从 1896 年到 1914 年，超过 300 万的未来公民移入加拿大。尽管大部分人来自英联邦，但是，从 1901 年到 1921 年，超过 80 万的移民是非英法裔的。到 1921 年，这些人构成了加拿大人口总数的 15％，对加拿大西部产生了重要影响。例如，在温尼伯，从 1881 年到 1911 年，认为自己是英裔的人口比例从 84％下降到 59％。② 随着移民的到来，文化适应和文化改变的双重问题出现了。关于新移民的多样性文化如何适应的问题，积极的同化主义政策是使西部多民族移民实现民族平衡的关键。因为许多移民群体喜欢集体定居而不是大范围分散，这在西部地区政府的教育官员眼中尤其紧迫。1898 年，西北地区学校督导阿瑟·高吉恩（Arthur Goggin）指

---

① ROGER RIENDEAU. A Brief History of Canada Second Edition ［M］. New York：Facts On File，Inc.，2007：180-186.

② GEORGE H RICHARDSON. The death of the good Canadian：teachers，national identities，and the social studies curriculum ［M］. New York：Peter Lang Publishing，2002：59.

出，西北地区集体定居是一个最为紧迫的教育问题。对于解决这个问题，他建议：把不同种族、信仰和风俗习惯的儿童集中在普通学校中，使他们"加拿大化"……尽管他们可以作为加利西亚人、杜科波尔派成员或者冰岛人进入学校，但是他们将作为加拿大人从学校中走出去……普通学校和共同语言将会制造同质的公民身份，这是发展扩大加拿大非常必需的。①但是，由于缺乏一种强烈的加拿大认同，"加拿大化"也缺少一种清晰和共同理解的定义。

联邦政府对于印第安人的态度也始终是同化。在 19 世纪，政府的目标是使加拿大的土著文化消失，让土著人放弃他们自己的文化、语言、信仰而像英国定居者一样生活和行为。只有成为完全的英国公民或者加拿大公民，才能具有投票权、个人财产权和担任陪审的权利，但失去了所有土著人的权利。几乎没有土著人愿意接受。他们既不想被同化或者消失，也不想放弃他们的权利和特殊地位。因此，他们开始在省或者联邦范围内形成政治组织，他们的政治力量和民族声音逐渐增强。1876 年《印第安人法案》是巩固现存的所有关于印第安人及其与加拿大关系的法律。新法案的主题仍然是同化和使印第安人文明化。而他们的印第安人地位被视为同化过程中的一个暂时阶段。1880 年，联邦政府又建立了印第安事务部以促进印第安人的"加拿大化"，1884 年又对《印第安人法案》进行了补充，禁止了一些土著人文化中的重要节日，迫使土著人儿童进入保留地学校（Residential School），进而剥夺了他们获得大学教育和授任神职的权利。法案修订案试图给予地方政府更加广泛的权力和提高财政补贴，但是被地方印第安事务机构的官员剥夺了。无论何种原因，印第安人离开保留地必须得到印第安事务机构的书面许可。尽管《印第安法案》在后续 100 年中经过了几次修改，但是每次都是旨在通过更为有效的手段将土著人同化进白人社会。对于土著人，获得加拿大公民身份付出的代价远远超过移民。

帝国联邦和大陆联合证明了民族主义对于捕捉公共想象是失败的，因为它们提供了一种返回殖民主义形式的景象，以及它们不能适应加拿大的地区和文化多样性。而且，随着对于明显不适当的和限制性的联邦政府政策的愤恨的不断增长，对于正在日益羽翼丰满的国家产生的新的忠诚很容

① GEORGE H RICHARDSON. The death of the good Canadian: teachers, national identities, and the social studies curriculum [M]. New York: Peter Lang Publishing, 2002: 60.

易被成立时间较长的省或者地区的持续忠诚破坏。[①] 沿海诸省和西部抗拒中心加拿大的支配,安大略挑战了对于限制省权的联邦努力,魁北克诉诸省自治权以保证一种新的文化民族主义。

三、自治领的"公民教育"

(一) 学校教育中的英国人意识

《1867 年宪法法案》规定了各省在教育方面的立法和管理权限。其中强调了对于联邦成立时既已存在的教派学校,尤其是在上加拿大建立的法裔分离学校和在下加拿大建立的英裔分离学校,任何省法律都不得损害它们的权利或特权。教育权限归属各省意味着通过学校促进国家统一和国家忠诚的机会消失了。然而,加拿大政府长期执行"白人加拿大"[②] 政策,对待移民的态度普遍是种族主义的。英裔加拿大人相信,学校和教堂必须"加拿大化"这些移民,不仅教授他们英语,而且坚定英裔加拿大人在公民、民主和新教职业道德上的信念。他们视教育为一种文化同化和国家统一的工具。这使学校问题的解决变得更加复杂。因此,在 19 世纪和 20 世纪早期,在说法语的魁北克地区以外的学校中不可避免地传播着一种英国人意识。在第一次世界大战以前,加拿大努力同化大量欧洲移民,这些移民的到来预示着今天社会科课程中一个主要关注的事件——多元文化主义的出现。[③] 然而,在这一比较早的时期,多元文化主义和民族在课程中没有丝毫体现。

土著人有其自身独特的生活方式。他们是北美大陆最早的居民。欧洲定居者和政府认为,土著人不具备自我决定的能力,因此,通过建立印第安事务部来管理土著人。这导致了土著人宗教和文化活动的终止,使土著人处于从属地位。最重要的政策是在教育和传教上。随着欧洲人的到来,土著儿童建立起了正式的学校。最早的学校由教士负责,目的是摧毁土著

---

① ROGER RIENDEAU. A Brief History of Canada Second Edition [M]. New York: Facts On File, Inc., 2007: 201.

② 笔者注:保持一种欧洲白人血统的种族单一性。

③ GEORGE TOMKINS. The Social Studies in Canada [M] // JIM PARSONS, GEOFF MILBURN, MAX VAN MANEN. A Canadian Social Studies. Edmonton: University of Alberta Printing Services, 1983: 17.

人的认同和文化。当地学校的建立成为种族灭绝的教化工具，而更多的教育者更愿意使用"同化"这一术语。土著人被剥夺了基本的政治、经济、文化和教育权利。许多印第安儿童不能进入学校接受教育，甚至不能使用本民族语言进行教育，生活水平远远落后于加拿大社会的一般状况，被长期排斥在加拿大主流社会之外。

（二）公民教育中的英国内容

在 1800 年前后，东部加拿大学校中的社会教育主要是宗教和圣经教育。政教分离导致宗教教育逐渐被《道德训育》和《好行为》的教学取代。到 1911 年，所谓的社会科①是指历史、商业地理、政治、公民、经济和社会学的学习。在实践中，在加拿大的一些省，社会科是多学科融合的课程，主要包括地理、历史和公民，并且很大程度上在小学阶段。在早期的加拿大公共学校教育中，公民教育通过学习国家英雄来灌输忠诚和爱国主义。爱国仍然强调对帝国的热爱。这一目标在 1913 年温尼伯学校委员会中是个例证。公民教育被视为由一种社会和公民责任的发展以及由国家和爱国主义的自豪感的激发所构成。② 从那时开始，公民教育如何在学校中开展几经变化。③

一战前，学校和课程在制度化殖民地精神上发挥了重要作用。在学校中，加拿大认同与英国意识的联结导致了在课程中英国历史和文学与加拿大历史和文学几乎没有区别。结果，学校成为促进英国意识的积极参与者而创造了一种分离的国家意识，一种独特的加拿大认同的发展几乎停滞。同时，从 1899 年开始，帝国日（Empire Day）的庆祝巩固了作为忠于英帝国的"帝国课程"而超过了独特的加拿大认同。朗诵、唱歌、检阅和升旗仪式成为爱国教育的一部分，其在内容上是英国的，在形式上是美国式的。这就是典型的加拿大式的。④ 此外，在所有省的历史课程中，几乎都

---

① 此时还没有出现"社会科"这一专门的术语。——笔者注。

② KEN OSBORNE. Educating Citizens：A Democratic Socialist Agenda for Canadian Education［M］. Toronto：Our Schools Our Selves，1988：1.

③ KEITH MCLEOD. Exploring Citizenship Education：Education for Citizenship［M］// KEITH MCLEOD. Canada and Citizenship Education. Toronto：Canadian Education Association，1989.

④ GEORGE TOMKINS. The Social Studies in Canada［M］// JIM PARSONS，GEOFF MILBURN，MAX VAN MANEN. A Canadian Social Studies. Edmonton：University of Alberta Printing Services，1983：17.

是关于省的历史，而不是关于共同的国家的历史。这些都阻碍了一种国家意识的形成。学校教科书也同样是帝国主义的。

加拿大持续的殖民地地位更多地反映在教科书中。联邦成立以前的加拿大学校强调加拿大在英帝国中的地位和它的殖民地地位。19 世纪 40 年代的加拿大学校，尤其是在上加拿大，现在的安大略，《爱尔兰族系》被使用。这些书尤其呈现了爱尔兰的殖民条例以及强调灌输基督教和附属于英帝国。这些虔诚保守的教科书冷却了在爱尔兰民族生活中的两个主要紧张领域：新教徒和天主教之间的紧张以及英国条例和他们的爱尔兰臣民之间的紧张。教科书试图通过强调圣经知识、基督教价值和一种共同的盎格鲁撒克逊遗产来平息这些冲突。事实上，这些教科书在忽略爱尔兰地位特殊性上是成功的。不久，他们成为在英格兰、苏格兰和英属北美殖民地各个地区学校的共同读物。这种爱尔兰读物被批评缺少加拿大内容。它们的主要目的和功能是灌输英国传统和提供基于基督教教义及家族关系的世界观。20 世纪最初 30 年采用的新系列——"安大略读物"是加拿大教育者设计的，但是仍然大量充斥着英国内容，只有少量的加拿大作者和诗人。1893—1895 年，自治领教育协会建议教师协会和各省政府发起对于加拿大历史教科书的编写竞赛，要求反映自治领的观点同时不能过度强调各省的差异。克莱门特（W. H. P. Clement）的《加拿大自治领的历史》被选中，于 1897 年出版，立刻在新斯科舍、魁北克、安大略、曼尼托巴使用，但是只取得了短暂的成功。之后，正如现在，各省保护它们的课程特权导致课本的"加拿大化"转向了"地方化"，专门的省版本的教科书开始出版，并且在单一的省份发行，通常是在安大略。

第二节　国家公民教育的萌芽

一、战争的年代与国家地位的确立

（一）一战的影响

加拿大作为一个被动而消极的参战者经历了第一次世界大战。战争中加拿大军人的突出表现为加拿大在国际政治舞台中扮演角色创造了条件，也为其在英帝国内部关系的变化创造了契机。战争坚定了加拿大人对于自身享有独立地位的信心，改变了英政府对于自治领的态度，为加拿大作为国家争取更多的自主权创造了可能。因此，经过第一次世界大战，帝国关系中长期以来潜移默化的东西变得明朗具体了。自治领与母国之间最为突出的矛盾表现在帝国统一外交的权力上。获得相当发展的加拿大迫切需要提高自身在国际上的地位。要使二者取得协调，就需要重新规定帝国内部的关系。战后阶段加拿大与英国的关系正是循着这一方向发展的，即由依赖转为参与，由帝国变为联邦。加拿大自身也由一个殖民地性质的自治领逐步跻身于世界强国。

然而，一战也使加拿大为了这场意义不甚明了的战争做出了巨大牺牲。战争打破了加拿大人的正常社会生活，激化了民族矛盾，付出了人力和物力的沉重代价。战争期间，魁北克省坚决反对征兵为英国作战加剧了英裔和法裔之间的矛盾。对于这场战争，法裔加拿大人始终没有太多热情。法裔加拿大人既没有强烈的国家观念，也没有与母国的密切联系，他们对魁北克的忠诚远甚于对加拿大自治领的忠诚，他们关心的是保卫自己的文化传统使之不受外界的破坏与干扰，对所谓世界和平与集体安全无动于衷。战后初期，加拿大政局动荡不定。战争的冲击使加拿大相对稳定的社会结构发生了重大变化。许多战时受到压抑的不满情绪在战后以各种渠道发泄出来。但是，一战使长期处于较为封闭状态的加拿大人对英帝国以外的世界有了更多的了解，政治意识大大增强。

一战期间，加拿大经济得益于特殊的国际环境而获得迅速发展。工业、农业，尤其是重工业发展迅速。工业的发展推动了加拿大城市化进程，加剧了人口的流动与城镇化。一战以后，随着世界经济复苏，加拿大迎来了又一个繁荣期。这一时期，政治领域发生了一些新的变化。在地方政治中兴起了一些新的政党，带来了更加激烈和多样化的政治竞争，省一级政治也形成了某些新的特点。国家政治开始向地区主义倾斜。省权增大，联邦权力由集中走向分散。一战使加拿大在经济上依附美国的程度加深了。加拿大一方面依靠英国来对抗美国，一方面依靠美国发展经济。美国影响力的扩大使加拿大开始逐渐摆脱英国的控制。大战后，随着加拿大国际地位的提升，英国势力的衰落，英国对于加美关系的事务进一步放松。而加拿大也极力避免承担国际义务，采取疏远英国、接近美国的孤立主义政策。之后 10 年间，加拿大在由殖民地到主权国家的发展道路上迈出了决定性的一步。历史学家皮埃尔·波顿（Pierre Berton）认为，一战在加拿大关于自身和国家尤其是与英国关系上产生了重要影响。与英国人并肩作战的加拿大人不再相信英国人是他们的上级,战后也不再认为它是大不列颠的殖民臣属。①

(二) 国家地位的确立

第一次世界大战以后,英国力量遭到严重削弱,无力直接参与管理自治领,英国与各自治领关系的法律已不适用于新的现实。1926—1931 年,英帝国召开了一系列会议,于 1931 年颁布了《威斯敏斯特条例》。这是一部关于处理英联邦内部关系的重要法律文件。它规定,加拿大、纽芬兰(于 1949 年加入加拿大)、澳大利亚、新西兰、南非(于 1961 年退出)、爱尔兰与联合王国一起组成英联邦,共奉英王为国家元首。英国议会的任何一项法律未经自治领承认对自治领均不适用;各自治领议会所制定的法律不因与英国议会所通过的法律、法令、条例或规则相抵触而无效;自治领可以修改和废除过去帝国议会通过的任何法案,自治领颁布的任何法律无须经英国议会批准;各自治领享有内政和外交自主的权力。《威斯敏斯特条例》规定英联邦是一个自由、平等国家的松散联合,肯定了各自治领的独立地位和与宗主国的平等立法权,成为现代英联邦的法律基础。自此,加拿大获得了主权国家地位,开始独立掌管国内外事务。

《威斯敏斯特条例》颁布之后,加拿大虽然以一个独立的主权国家出现在世界舞台上,但是立宪权、修宪权、司法权仍然掌握在英国手中,英国保留了修改《英属北美法案》的排他性权力。而英国政府和总督的否决和保留权力也只限于宪法事项。因此,《威斯敏斯特条例》还残留了殖民痕迹。同时,关于联邦与省的关系的修改问题显得微妙,仍然保持在加拿大向英国申诉的基础上。因此,这不是加拿大作为殖民地经历的终结。

1921 年《加拿大国民法案》与 1910 年定义的加拿大公民身份同指,他们的妻子、儿女以及父辈都没有进入加拿大的权利。及至《威斯敏斯特条例》通过之后,君主政治不再是唯一的英国制度。加拿大人成为英联邦范围内英国女王的人民。但是在法律文件中仍然沿用"英国臣民"的称谓。这一时期,对于非技术和农业劳动力的需求下降了,对于移民的种族要求障碍出现了。加拿大限制移民入籍的政策进一步加强。1914 年加拿大政府出台了《入籍法案》,之后又有一系列法案,具体规定入籍条件。从

---

① ALAN M SEARS. "In Canada even history divides": unique features of Canadian citizenship [J]. International Journal of Social Education,Fall/ Winter 1996—1997,11:53-67.

1915 年到 1950 年，所有的入籍要求都通过国务大臣的年度报告以及官方出版的《加拿大公报》发布。

二、国家意识的觉醒

（一）加拿大国家主义的诞生

第一次世界大战激起了加拿大人前所未有的民族主义情感，爱国热情空前高涨，即使那些具有强烈效忠英国情感的加拿大人也动摇了他们的忠心。1920 年之后，英国臣民的感觉逐渐让位于加拿大公民的感觉。这在本土出生的加拿大人中间表现得更为强烈。加拿大人的国家意识开始觉醒。同时，政府奉行的"白人加拿大"政策仍然没有改变，同化移民的愿望进一步增强，除法语地区，其他地区的种族和文化群体都有被英语民族同化的趋势，但遭到各种群体的抵制，直到 20 世纪 60 年代仍然如此。加拿大人从来没有经历过翻天覆地的历史时期，因此他们不相信自己负有"白种人的责任"。[①]

这一时期，美国的思想和价值观念通过大众媒介对加拿大的"入侵"成为他们关切的一个主要问题。越来越多的英裔加拿大民族主义者为此担忧。因此，在 20 世纪 20 年代，英裔加拿大人反对美国大众媒介的文化民族主义首次明显地表现出来。他们为发展一种区别于美国的、新的民族特征而奋斗。同时，在法裔加拿大地区，保守的民族主义者似乎也比过去更加努力地使它的人民在寻求防御性的"生存"时转向内心的精神；他们同样将注意力集中于来自美国的物质主义和世俗价值观。然而，在 20 世纪 30 年代和 40 年代，这些议题多少被更为紧迫的大萧条和第二次世界大战挤到一边去了。[②]

加拿大向着宪法、政治和精神意义上的完整国家逐步演变是第一次世界大战推动的结果。到 19 世纪末期，英裔加拿大人传统的集体主义和保守主义世界观已经几乎全部被美国的自由主义、个人主义、自由企业的意识

形态取代。① 到 20 世纪 30 年代，政治开始更加倾向于公民权利，而开始不完全相信传统的议会制度。到 30 年代，国家的政治风格伴随着公民权利运动已经开始改变了。

（二）混合的国家认同

加拿大历史渊源于英国体系，其早期愿望是建立一种类似于英国的国家认同。② 但是，大量移民的涌入使这一愿望成为不可能。直到 20 世纪中叶，为了避免美国文化同化的危险，加拿大认同仍然需要与必要的英国背景相结合，而这种混合英国和加拿大的认同一直是新移民的同化模式。③ 对于已经进入加拿大的移民而言，同化是使他们成为加拿大人的必然选择。如果移民后代也是如此，那么他们的孩子就能够被重新塑造。当移民和他们的孩子整合了，大多数也会继续自我整合。尽管各种形式的盎格鲁化通过学校教师、社会工作者以及编辑作者的努力在进行，但是移民和他们的孩子决定选择适合他们自己的生活，甚至许多移民和移民的孩子经常会在长久以来的文化象征，诸如语言、宗教和历史故事中寻找安慰，并且在加拿大形成民族联结，他们也会成为加拿大人。他们寻求自己的平衡，并在这一过程中创造民族认同形式。民族不能严格地被视为一种外国文化的输入，它是加拿大的产物，是加拿大人在试图规范他们的生活使其在加拿大背景下有意义而创造的。④ 民族划分、民族群体的创造成为加拿大生活的一个特征，也为后来的多元文化主义政策打下了基础。

三、公民教育的目标与内容

城市化和工业化进程改变着加拿大社会和学校教育。一个更加以儿童

---

① 玛丽·嵌庞德. 传媒的历史与分析：大众媒介在加拿大 [M]. 郭镇之，译. 北京：中国传媒大学出版社，2003：5.

② REVA JOSHEE. Citizenship and Multicultural Education in Canada：From assimilation to social cohesion [M] // JAMES A BANKS. Diversity and citizenship education：global perspectives. New York：John Wiley & Sons，2004：131.

③ GEORGE H RICHARDSON. The death of the good Canadian：teachers，national identities，and the social studies curriculum [M]. New York：Peter Lang Publishing，2002：62.

④ HARNEY ROBERT. So Great a Heritage as Ours：Immigration and the Survival of the Canadian Polity [J]. Daedalus，1988，117（4）：51-98.

为中心的、积极的课程目标伴随着手工培训、家庭经济、节制教育和新的教学方法出现了。新的方法和相关学科使社会科课程在小学阶段出现，首先从西部省份开始。到 1930 年，社会科成为西部省份的共同课程。1937 年被引入安大略。中学阶段的实施几乎完全在西部省份，并且典型地成为独立的科目，主要是历史和地理，涉及社会和社会现象的学习。逐渐地，加拿大人开始更加明确地界定"公民身份"作为学校的一个正当目标。这一目标成为 20 世纪 20 年代和 30 年代新的课程计划实行的基本原理。"智慧的、负责任的和有社会意识的公民"成为不列颠哥伦比亚这一时期初中学校所有教育中的最大目标。在安大略，教育者的一个普遍观点是"好公民的构成必须在学校中"。社会科将是实现这一目标的中心，从而形成正确的社会态度。这一时期的公民观点强调知识的获得，这是培养忠诚和爱国主义的主要方法。直到 50 年代早期，在公民教育中一个被广泛接受的观念体现在安大略的课程目标中：尊重所有人民和个人，毫无偏见地对待宗族、肤色、阶级、信仰或者民族来源。① 这一目标此后促进了定义现代意义的公民教育。

1937 年安大略政府在《临时修订的介绍和指导意见》中声明了"为了民主生活的教育"的目标。其中写道，"安大略学校存在是为了学生在一个民主社会中生活做准备，这是建立在基督教理想之上的生活方式。建立这样一种社会是为自我实现、安全和个人幸福提供更多的机会。它试图保护某种基本自由，维护法律正义，实现经济公正。对于每一个个体，一个民主社会希望他能够、也愿意为共同的福利牺牲。这就要求他承认和接受他的责任，不仅在自身利益方面，而且在所有人的利益上。一个民主社会的公民生活在一个持续改变的社会中。因此，他必须能够调整自己面对新的、改变了的环境，他必须调整思想使他满足改变了的环境。一个民主社会的更深层次的特征就是群体组织。为了追求普通的生活事件，人们以各种形式的社会群体联结在一起。家庭、学校班级、教会、俱乐部、朋友圈、各种社区、工人和商人都与具有相似追求的人联结起来。当说到一个人是社会的一个成员时，人们不仅能够想到他的加拿大和英联邦的公民身份，也会想到他是这样一个群体的成员。教育者根据这些重要性发展个体

---

① GEORGE TOMKINS. The Social Studies in Canada ［M］// JIM PARSONS, GEOFF MILBURN, MAX VAN MANEN. A Canadian Social Studies. Edmonton：University of Alberta Printing Services，1983：18.

的才能，使个体能够与其他人工作、能够与其他人相处、能够以社会接受的行为发展一种符合社会要求的个性品质，成为一个好公民。"① 小学一至六年级的学习目标为：一年级和二年级——孩子与他的邻居，孩子与他的群体；三年级和四年级——加拿大社会的生活，国外社会的生活；五年级和六年级——东半球的人民，西半球的人民。在孩子眼中，社会科提供了一个主要目标：通过这门学科，他开始认识到人类与世界的关系网。有时他需要知道在过去几个世纪中人类生活的事情以理解现在，有时他需要找出他遥远的邻居的事情以提出"我周围的世界是什么"的问题。通过这个问题，孩子开始知道和理解他所寻找的世界的意义。

当然，培养公民加拿大意识的目标也仍然重要。1940 年阿尔伯塔关于中间学校的学习计划中就指明了"发展一种对加拿大文化的欣赏"的目标，具体要求学生"理解探险家、拓荒者和政治家在加拿大和英联邦成长和发展过程中的贡献；理解加拿大在英联邦和世界贸易中的贡献"。② 相比于如何与英国联系的描述，学习计划没有指出加拿大文化的性质，反而强调联结加拿大和英国以及英联邦的权力和声望。尽管加拿大历史内容逐渐增加，但是英国历史仍然占据着课程的主要位置。加拿大教育仍然紧密地与帝国相联系。

第三节　多元文化社会形成与公民教育

一、现代国家的形成与加拿大公民

（一）多元文化社会的形成

战争的刺激和推动使加拿大经济在二战后获得了迅速发展，工业化程

---

① GORDON ARCHIBALD BAILEY. Education and the Social Construction of Reality：Canadian Identity as Portrayed in Elementary School Social Studies Textbooks［D］. Corvallis：University of Oregon，1975：103.

② GEORGE H RICHARDSON. The death of the good Canadian：teachers，national identities，and the social studies curriculum［M］. New York：Peter Lang Publishing，2002：64.

度进一步提高，尤其是在 50 年代，就业人数达到了历史最高水平。经过从战后初期到 60 年代末的 20 余年时间，加拿大发展成为世界少数经济发达的资本主义国家之一。然而，加拿大经济的崛起与美国的助推密不可分。美国资本的大量涌入使战后加拿大对美国经济的依赖更加深入。二战后，加拿大与美国加强了在战略上的联系，在国际事务中也追随美国的步伐。英国国力的衰退使其不得不撒手北美，也使加拿大在对英关系上完成了由从属到自由的转化，为加美两国发展双边关系创造了机会。20 世纪以来，新闻媒介和大众传播的现代化使美国文化更加迅速地渗透到加拿大的社会生活中，加拿大文化的美国化倾向越来越强，美国的广播、影视、报纸杂志几乎垄断了加拿大的文化市场。加拿大人也对美国文化越来越认同。这些都使加拿大的民族主义者们担忧。因此，英裔加拿大人反对美国大众媒介的文化民族主义在 60 年代再次出现。

加拿大战后的经济增长和社会发展仍然离不开移民的重要作用。尽管战前加拿大对亚洲、东南欧的移民一度采取排斥政策，但是随着二战结束，加拿大急需大量多种类型的劳动力，于是放松了对移民的限制。1948 年加拿大签署了联合国的《世界人权宣言》，此后逐步取消了移民政策中的种族歧视因素。战后进入加拿大的移民多为熟练技工、知识型和管理型人才，他们对加拿大经济、技术和文化的发展起了重要作用，由此也对社会结构和文化产生了深远影响。从 1950 年以后，移民数量迅速增加，最大数量的移民潮发生在 1957 年，他们大多来自欧洲大陆，而非英法裔移民的涌入更使加拿大成为文化多元的国家。1950 年加拿大设立了公民与移民局，并在 1952 年通过了新的移民法案。而且政府通过特派审查官员禁止或拒绝与加拿大文化不相称的移民进入加拿大，从而保持加拿大"白种人"的特征，1962 年这些带有种族歧视色彩的规定被正式废除。之后 1967 年对这一法案的修订增加了优先考虑具有语言、年龄、教育程度优势的移民等条款，从而使非洲、加勒比海、中东和亚洲移民的数量大幅增加。

二战后，加拿大加快了由农业社会向工业社会的转变，城市化进程引起了人口的流动和职业结构的变化。人们对与城市生活关系密切的物质和文化需求不断增加。然而，作为一个移民国家，在文化传统上的失调使加拿大缺少具有自身特色的民族文化，这也成为摆在加拿大人面前的一大难题。二战进一步增强了加拿大人的国家意识，也促进了国内民族团结与和谐的气氛。第一位由加拿大人担任的总督获得英王任命，使加拿大在获得彻底的独立主权方面又向前迈进了一步。而加拿大的领土扩张也以纽芬兰的加入而宣告结束。与此同时，加拿大作为一个国家的独立主权也趋于完备。1949 年加拿大从英国枢密院司法委员会收回最高上诉权，使加拿大最高法院成为加拿大自己的终审法院。1964 年新的加拿大国旗方案确定，激发了加拿大人强烈的民族主义情感。随后联邦成立一百周年，加拿大人进一步感受到本国文化的多样性。

这一时期，加拿大政治中的另一个中心问题——联邦和省的关系也变得棘手。地区主义在加拿大有着悠久的传统，联邦与各省之间长期存在分歧。60 年代，英裔和法裔加拿大人之间的冲突相当激烈，导致了地区主义情绪不断高涨，也使加拿大国内政治呈现出复杂而动荡的局面。英裔和法裔的矛盾是一个历史问题，而在 60 年代又有新的表现。长期以来，法裔加拿大人始终维系着在传统天主教和乡村农业经济基础上的价值观念和生活方式，避免着被英裔同化的可能，对工业社会也心怀戒备。然而，出生率的下降，移民的威胁，英裔及外国资本对其资源的控制，魁北克以外地区法裔加拿大人争取权利和保护他们语言的失败，以及其他一些问题，这种种状况引起了魁北克一些新兴的中产阶级和青年知识分子的不满。1960年，具有强烈民族主义倾向的魁北克自由党人让·勒萨热在魁北克省选举中获胜，开始了魁北克的现代化进程。新的民族主义的兴起推动了 20 世纪60 年代开始的"平静的革命"（Quiet Revolution）。"平静的革命"使魁北克在政治、经济、社会、文化等方面发生了深刻变化，创造了一种新的民族认同，导致了一个新的、世俗的、现代化的和地区定义的魁北克民族（Quebec nation）的产生。① 从此，法裔加拿大人开始了建立魁北克地区和构建政治主权的大胆计划，② 以寻求获得更大的生存空间。他们希望通过社会的全面发展实现民族力量的强大，从而提高魁北克的特殊地位，进而为魁北克寻求新的角色，甚至是主权独立。

在魁北克分离主义趋于强烈的同时，西部的地区主义也日益凸显。西部由于远离联邦的政治和经济中心，在政治上始终处于边缘地位，在资源和政府财政补贴上也未能得到公平待遇，因而对联邦和中东部产生了抵抗

① LEIGH OAKES, JANE WARREN. Language, Citizenship and Identity in Quebec [M]. New York: Palgrave Macmillan, 2007: 27.

② LEIGH OAKES, JANE WARREN. Language, Citizenship and Identity in Quebec [M]. New York: Palgrave Macmillan, 2007.

情绪。五六十年代，随着大规模的资源开发，西部各省的财富和实力急剧增强，富庶的程度仅次于安大略省。地区主义获得了坚实的经济基础。西部的地区主义与魁北克分离主义截然不同。西部渴望的是更全面地融入全国政治、经济和文化的主流，而且对魁北克分离主义持否定和冷静的态度。到 60 年代，加拿大已经成为一个典型的种族和文化多样性的国家。英裔同化法裔的可能性早已消失，他们在人口中的比例也不断下降，文化、宗教、语言乃至政治、经济、社会各方面的多样性愈益凸显。在这种形势下，加拿大政府逐渐放弃了同化政策和歧视倾向，多元文化主义兴起。

（二）加拿大公民身份的确立

两次世界大战确实坚定了加拿大作为一个主权国家的信心。它也同样希望世界上其他国家承认这种地位。因此，它既需要摆脱殖民主义遗迹，还要建立独立国家的象征。其中一个重要的象征就是加拿大公民身份。直到此时，加拿大国民才具有了法律上的地位。1947 年《公民法案》的颁布建立了广泛而一致的公民制度。它赋予归属加拿大的外国人以法律地位、权利和义务。法案确立了一种不同于英国或者英联邦的加拿大认同，改变了国家及其人民的法律地位。[①] 而在此之前，加拿大公民被普遍认为是英国臣民，直到 1976 年这一身份才被撤销。这一法案首次为"加拿大公民"下了定义，第一次把加拿大公民身份与普通国民身份和英联邦国民身份加以区别。这意味着加拿大人不再只是英国自治领的臣民，还是加拿大的公民。法案中对于移民的入籍条件也做了规定，直接导致了战后移民的迅速增加。新的加拿大公民身份给加拿大人带来了新的希望，民族主义意识不断提高，各地区、各民族的凝聚力明显增强。它不只是一种象征性的，更是一种包容的和单一的公民身份。国家第一次声明所有人法律平等，不论文化遗产、到达加拿大的时间、宗教、语言和任何所有权要求，任何群体都可以成为加拿大人。加拿大公民身份和之后的人权事务开启了一个在法律面前平等、开放的公民社会和平等进入公共机构的新时代。[②] 当然，种族主义和偏见继续时有出现，但是加拿大对于其法律包容的承认，即是大

---

① DAVID E SMITH. Indices of Citizenship [D] // PIERRE BOYER, LINDA CARDINAL, DAVID HEADON. From Subjects to Citizens: A Hundred Years of Citizenship in Australia and Canada. Ottawa: University of Ottawa, 2004: 22.

② HAROLD TROPER, MORTON WEINFELD. Diversity in Canada [M] // HAROLD TROPER, MORTON WEINFELD. Ethnicity, Politics, and Public Policy: Case Studies in Canadian Diversity. Toronto: University of Toronto Press, 1999: 4.

多数加拿大人获得承认。

60 年代，公民权利和平等问题越来越重要，并且成为加拿大社会中对于更加公正的要求的反映。加拿大土著人的文化承认是最为明显的例子。长久以来，土著人在加拿大的呼声不被重视，他们也不被赋予公民权利。在这种情况下，他们很难将自己看作加拿大的公民，国家在他们眼里没有合法性。事实上，尽管他们与联邦政府具有直接的关系，但是在 1960 年以前，大多数土著人居住的保留地不能参加联邦选举。1960 年，公民权利最终扩展至所有土著民，他们被赋予选举权。这是联邦政府第一次承认土著人的公民身份，同时没有附带同化的条件。但是，通过赋予选举权进行同化也是失败的。毫不奇怪，土著人自己也抵制参与加拿大政府制度体系。因为土著人在加拿大政府制度或者联邦协议的设计中没有扮演任何角色。在一些事例中，他们与加拿大的关系只是被视为一种国与国的关系。他们希望他们的关系由他们自己的政府和领袖通过条约而不是另一种制度进行调停。在另一些事例中，土著人认为他们应该拥有他们自己独特的制度，而把议会制留给非土著人。这种加拿大制度中缺少土著人参与的问题在加拿大联邦和政府体系合法性中逐渐成为一个问题。而对于文化承认问题，在同化的压力下，以及 1969 年特鲁多政府发布的《加拿大政府关于印第安人政策的声明》（又称《印第安人政策白皮书》），使土著人深深地怀疑这一问题。像魁北克人一样，这种怀疑延伸到承认文化差异的建议。在他们眼中，这是对宪法的威胁。在融合而不是整合差异与公民身份方面还有一些问题。

二、模糊的加拿大认同与双元文化主义

（一）模糊的加拿大认同与移民整合

文化马赛克是加拿大的社会现实。这源于它的历史。加拿大人面临着两种完全不同的语言社会。所有的加拿大人都要与强势的民族生活在一起。而且，美国对于加拿大无论从文化上还是经济上的影响都增加了加拿大问题的复杂性。不可避免的地方主义势力是加拿大面临的又一难题。这些都是属于加拿大的独特性，也是其不得不面对的必然的困境。对于这些问题的理解程度极大地关涉加拿大人的国家认同意识。解决这些问题非常

困难。这是因为建立联邦之初国家的联合基础就非常薄弱。1867 年加拿大建立了联邦和省构成的政治体。自治领一建立就强调种族多样性，加之太平洋沿岸的扩张，阻碍了巩固社会结构的共同价值和信仰的发展，即对于加拿大是什么，加拿大人意味着什么的一致认识。

一战尤其是二战后，美国人影响了加拿大人生活和思想的各个方面。于是加拿大人特别强调他们与美国的不同，强调加拿大自身的认同感。二战后，英国的政治、文化传统和美国的经济、文化渗透使加拿大国家认同面临双重挑战。尽管仍然在国家认同上缺少一种强烈的自我意识，但是较之其他具有强烈的自我认同意识的国家，加拿大有进一步重新定义国家认同的机会。① 国家认同逐渐摆脱了英国内容，并试图为重新定义国家认同而寻找一种新的形式。邱普尔认为这种新的形式就是多元文化主义。② 加上 1967 年建国百年庆典，更加振奋了加拿大人的民族精神，激发了他们追寻国家认同的热情。但这种执着追求的激情，与其说是出于国家身份认同本身的重要性，不如说是由于加拿大国家身份认同缺失而造成的紧迫感。什么是独特的加拿大认同，加拿大人自己也没有一个明确的认识。随着多元文化主义在社会和学校中出现，加拿大认同也获得了发展。③

20 世纪 50 年代初，政府对移民工作的关注开始倾向于整合而不是同化。尽管从官方政府政策的角度来看，在 20 世纪五六十年代，整合看起来只是实现同化的一个步骤，④ 但是，整合概念使公民事务局和其他多元文化教育机构对从事移民和英法裔加拿大人的教育事业有了一个清晰的方向。这为加拿大多元文化主义政策打下了基础。到了 20 世纪 60 年代，加拿大公民教育开始转向关注国家认同问题，赋予印第安人以公民身份以及新移民政策的发展明显地遏制了种族和民族歧视。公民身份的文化多样性

---

① GEORGE H RICHARDSON. The death of the good Canadian：teachers，national identities，and the social studies curriculum ［M］. New York：Peter Lang Publishing，2002：69.

② HAROLD TROPER. Nationalism and the History curriculum in Canada ［J］. The History Teacher，1978，12（1）：11-27.

③ GEORGE H RICHARDSON. The death of the good Canadian：teachers，national identities，and the social studies curriculum ［M］. New York：Peter Lang Publishing，2002：69.

④ REVA JOSHEE. Citizenship and Multicultural Education in Canada：From assimilation to social cohesion ［M］// JAMES A BANKS. Diversity and citizenship education：global perspectives. New York：John Wiley & Sons，2004：140.

也直到这时才得到了恰当的认同。① 这一时期，双语和双元文化皇家委员会的工作以及加拿大研究计划促使人们对加拿大社会的性质、未来以及文化多样性展开了广泛的讨论。认同问题催生了加拿大研究基金会和加拿大研究计划委员会的建立。这些研究结果主要关注非官方语言或者其他种族、民族语言教育，以及文化多样性和文化价值等等，从而使加拿大对本土公民教育内容的渴望变得清晰可见了。

（二）双语和双元文化主义

二战是加拿大在文化多样性政策方面的一个转折点。许多因素促使加拿大人对多样性的观点发生了改变。② 大量移民的涌入使加拿大人口在数量和结构上都出现了显著变化。结果，处理多样性事务开始成为国家机构工作的一部分。文化多样性事务和公民教育事务主要通过加拿大公民教育委员会、加拿大公民合作顾问委员会、国民事务局三个机构展开。与此同时，加拿大成人教育协会也成为公民教育的重要组织。随着第三世界移民数量的增多，加拿大的文化多样性得到进一步加强，使文化更呈现出斑驳缤纷的色彩。各族裔人口的地域分布存在差异，造成了不同地域的文化也各有其特征。加拿大广袤的北部地区，从西北地区、不列颠哥伦比亚省、草原各省到安大略省的偏北部，生活着全国多数的土著居民。他们倾向于维持自己的语言和传统的生活方式，其文化具有十分浓厚的土著色彩。魁北克省是法语文化区，长期聚居于此的法裔十分顽强而谨慎地维护着自己独特的语言和文化，使其不至于为英裔所同化。他们尽可能广泛地使用法语。语言成为文化认同的象征，同时具有敏感的社会政治含义。在60年代"平静的革命"之后，法裔居民的民族认同感更加强烈。不过，长期的人口流动使其他族裔的移民增多，加上原来的英裔居民，使魁北克的文化也具有某种多样性。

1963年，联邦政府建立了双语和双元文化皇家委员会，委员会旨在探讨加拿大目前的双语和双元文化的现状，提出应该在两个"建国民族"平

①　REVA JOSHEE. Citizenship and Multicultural Education in Canada：From assimilation to social cohesion ［M］// JAMES A BANKS. Diversity and citizenship education：global perspectives. New York：John Wiley & Sons，2004：132.

②　REVA JOSHEE. Citizenship and Multicultural Education in Canada：From assimilation to social cohesion ［M］// JAMES A BANKS. Diversity and citizenship education：global perspectives. New York：John Wiley & Sons，2004：131.

等关系的基础上发展加拿大联邦，同时考虑其他民族对加拿大文化发展的贡献。1969 年，联邦政府通过了《官方语言法案》，宣布英语和法语作为加拿大的两种官方语言，赋予法语与英语以同等地位和优先于其他语言的地位。法案不只是联邦的一个法律文件，更是加拿大官方双语主义的法律原则。但是，这种双语和双元文化主义的主张引起了其他族裔，尤其是中欧和东南欧裔移民的强烈抗议。因此，加拿大政府开始重新考虑处理族裔和文化关系的政策，于 1971 年推出"双语框架内的多元文化主义政策"，承认加拿大族裔文化的多样性，并以财政资助来鼓励各个族裔保持自己的文化特性。

三、混乱的公民教育

（一）公民教育的困境

英裔加拿大的公民教育主要基于社会科。而社会科计划的核心学科又都是历史。在每个省，至少有一门加拿大历史课程包含政府功能的教学内容，通常被称作公民科（civic）。历史承担着"传递文化遗产，激发历史自豪感，鼓励合理的忠诚和培养负责任民主公民的发展"的任务。但是，每个省都根据自身的需要和兴趣来调整其历史课程的范围。这种混乱导致有超过 70 种被授权认可的教科书，尽管历史课程呈现了事实上相同的材料。一个很大的例外就是魁北克说法语的罗马天主教学校系统。他们不关心政治、宪法、民主、自由、宽容的价值以及理解联邦和政府，而是指向民族和宗教目的。这种方式在课堂和法语教科书中非常明显。他们沉浸在对法裔加拿大文化存留的更深的关注中和反复努力界定的文化属性上。他们试图最小化个人主义、自由和物质发展的观念，强调族群、自治、基于家庭和教堂的乡村生活的价值。

学校系统对于许多土著学生来讲是文化异质的。经过 100 年的发展，作为教育制度的结果，土著学生面临着极大的心理压力和认同冲突，包括：低学业成绩、高辍学率和某种情况下对土著信念和价值的拒斥。一个重要的、毁坏土著人认同的因素就是学校教育。教育的长远目标是使土著学生放弃他们的认同、历史和精神财富。而印第安、因纽特和梅蒂斯儿童需要关于他们自身文化遗产的知识和理解以达到身份认同的目的。所有的

加拿大儿童需要关于这种与文化遗产相同的知识和理解也是十分必要的。^①

二战后，美国对加拿大的影响进一步加深。学校课程也在某种程度上反映了这种状况。尽管课程内容从加拿大全球角色和新的自我意识方面来讲授加拿大认同，但是公民教育课程仍然延续战前英国政治和文化传统下的加拿大国家主义，涉及加拿大的内容相当薄弱，而且在种族、宗教和历史根源等内容上更是存在明显的缺陷。^②但是接下来五十年的加拿大历史显示了一种从英国影响到更大范围接受和参与美国事务产生相互关系的改变。在五六十年代，加拿大教科书经常从美国进口或者稍微重新组织美国教科书后贴上"加拿大制造"的标签。由于缺少加拿大本国关于课程发展和研究的资源，美国如同加拿大联邦一样间接地影响了加拿大课程的发展。20世纪60年代末，加拿大紧跟美国课程改革的步伐，出现了一系列课程计划，虽然没有对于这些课程实施和效果的可查数据，但是，新的社会科鼓励新科目的引入，或者旧科目的新形式。因此，70年代最早在安大略之后在各个省的课程中出现了"城市研究""世界政治""人类和社会"以及"世界宗教"这样的标题。

恰逢加拿大建国一百年，对于加拿大国家意识更加深刻的关注越来越明显。这种社会氛围引起一种新的对于教科书和其他课程内容的兴趣，更加关注加拿大内容。加拿大研究是现代课程发展过程中的一个例子。公众关注20世纪60年代后期联邦的未来，要求在课程中有更多更好的加拿大内容。这些要求推动了加拿大课程研究运动，在政治层次导致了各省短暂的对于新的课程计划、新内容、新形式的强制要求。对于加拿大研究的强调始于霍杰茨的报告。

1970年，双语主义的教育计划作为联邦政府促进官方少数语言教育和第二语言教学开始在各省施行。^③公民身份是各个年级社会科课程学习关

① A J DYER. Teaching About Indians, Inuits, and Metis [M] //JIM PARSONS, GEOFF MILBURN, MAX VAN MANEN. A Canadian Social Studies. Edmonton: University of Alberta Printing Services, 1983: 250.

② GEORGE H RICHARDSON. The death of the good Canadian: teachers, national identities, and the social studies curriculum [M]. New York: Peter Lang Publishing, 2002: 67.

③ MATTHEW HAYDAY. Confusing and Conflicting Agendas: Federalism, Official Languages and the Development of the Bilingualism in Education Program in Ontario, 1970-1983 [J]. Journal of Canadian Studies, 2001, 36 (1).

注的核心概念。为了使学生认同作为主动民主公民所需的技能、知识和价值，社会科课程必须考虑学生所生活的社会环境和他们在未来将要面临的挑战。当学生参与这一过程，他们将能够更好地成为其社区、地域、国家和全球的积极参与者。而且，从世界问题的复杂性来看，简单地学习事实是不够的。"如果我们想要培养有责任的民主公民，学生就应该能够阅读当代可以获得的信息并运用某种事实的价值观念、某种相关和非相关的概念、某种在事实与偏见之间的辨识力质疑地进行讨论……没有这些能力，他们不能在民主过程中发挥他们的作用。"[①]

（二）霍杰茨的报告：《什么样的文化？什么样的遗产？——加拿大公民教育研究》

1968 年，霍杰茨的《什么样的文化？什么样的遗产？》出版，它是一份国家历史计划报告，通过对 10 个省的 951 所小学和中学班级加以观察得出研究结果。这是加拿大自建立联邦以来对于公民教育第一次也是最为全面的一次总结，在他之前鲜有关于公民教育的研究，对于 70 年代的公民教育改革产生了直接影响。报告考察了公民教育中学生的知识和态度、教学实践、教学内容质量、教师培养。他关注年轻的加拿大人对于他们国家的态度，希望可以鼓励他们更多地对他们的历史感兴趣，更加意识到当代社会的复杂性和挑战，更加理性地关注他们国家作为一个独立的整体的未来以及成为众多国家中的一员。然而，调查的结果令人遗憾。

霍杰茨指出，大多数加拿大学校中教授的历史课程都是过时的和基本无用的。"新的历史"没有在加拿大的课堂中体现出来。结果，诸如抗议和少数群体运动、阶级发展和事件、艺术影响、文学和思想、教育和宗教、工业发展和许多其他人类努力的方面实际上都在学校教育中被忽略了。加拿大历史学习在实践中正好相反，缺少对当代的关注。事实上，今天加拿大历史课程仍然教授白人的、盎格鲁撒克逊的、新教政治和宪法的加拿大历史。

另一个缺陷是加拿大历史课程的内容几乎缺少任何冲突和矛盾的内容。存在不一致意见应该是任何一个自由社会的基本元素。社会的发展总是伴随着反对的声音和争论。这种必然的事实却在课堂中被忽视了。加拿大历史课程认为历史中做出的每一个选择都是正确的，从而使加拿大的历

---

① HELEN MCKENZIE. Citizenship Education in Canada [J]. Political and Social Affairs Division，1993.

史成为非常美好的、明了的、直线式的政治和经济发展过程。这种不现实的倾向在教科书中、在课堂教与学中有非常明显的体现。

一些历史课程内容偏离了加拿大历史课程，而是转向美国历史。许多课程尤其不成比例地规定了加拿大历史课的内容，如奴隶贸易、美国革命、内战、资本强盗、罗斯福时期以及其他更加感兴趣的美国历史领域。很难想象，47%的说英语的学生认为他们知道的美国历史比加拿大历史更多，71%的学生认为这是令人愉快的。

当英语教科书和课程接受了通往自由民主国家的进步利益时，法裔加拿大人仍然倾向于不可知论。对国家政治发展缺少热情是法语教科书的典型特征。公平地讲，加拿大历史在魁北克的法语天主教学校中执着于对其自身社会存续的关注，而对加拿大其他地区发生的事件漠不关心。而且，法裔加拿大的发展和利益也被其他省忽略。加拿大历史被从两个完全不同的角度理解。法裔学生学习更多的法国政治制度的细节，英国学生学习1760年后的历史事件。法裔学生似乎只对他们自己的文化遗产感兴趣。而英裔学生对他们的历史显得冷漠。然而，更为重要的是，两种语言社群各自的态度、愿望、兴趣在学校中没有获得相互理解。几代英裔和法裔加拿大的年轻人在相互冲突的历史观中得到培养，不可能达到彼此之间的以及对于他们所生活的国家的理解。尽管目前强调教育中的双语主义，但是无论语言教学如何，教所有年轻人认识他们的国家是一件最为重要的事情。

正规的公民教育没有给予他们彼此共享的关于政府功能、联邦主义现实和不列颠北美法案以及其他对决定国家未来做出理性决定的必备知识。两种语言社群之间的对话将会产生情绪化的和不理性的空气，对于保持稳定的政治解决尤为困难。基于此，各个省的学校体系在肩负对于加拿大的责任上是失败的。公民教育在为大多数加拿大学生提供基于正确的事实信息做出判断的知识上是失败的。加拿大研究还没有实现在这个民主社会"使年轻的加拿大人成为独立的决策者"的目标。

在加拿大研究中没有自觉地设计文化目标。这是公民教育中又一个令人遗憾的薄弱点。小学和中学的公民教育还没有开始认识那些构成加拿大独特国家的文化特征。大部分学生对于多种族社会的许多方面毫无意识。加拿大研究没有给予大多数年轻人对于一种独特的、认同的公民文化以有益的归属意识，甚至是很小的一部分。同时他们也没有鼓励对大量的加拿大文化遗产加以理解和鉴赏。而且目前大多数加拿大研究课程的内容没有鼓励促进智力技能，他们没有传达对于作为公民的个体和他们所处的社会来讲是有用的知识。大多数英裔学生都没有在学校中学习到扮演有效的公民角色应该具有的智力技能、知识、态度和情感。

包容和理解精神在公民生活中的发展是加拿大社会研究计划的另一个目标。这是由于强烈的地方主义趋势，多民族构成和其他多样性对于培养民族理解具有重要作用。但是教育在这一问题上是失败的。法裔加拿大学生只熟悉他们自己群体的文化和人物，英裔加拿大学生也是如此。魁北克的法裔学生和魁北克以外的英裔学生完全生活在不同的世界中。在许多省，地方历史更加触手可及，并且得到了有效的教学，帮助学生形成了对地区的强烈忠诚。随着省自治权逐渐扩大趋势的持续，这些地方差异将会日益加大。如果这种趋势与强烈地、共同地、积极地将国家看作一个整体的情感无法平衡，那么将会破坏必需的生存的一致性。所有省的学校体系必须共同合作，不能局限于狭小的地方，向年轻的加拿大人解释他们的多元性资源，鼓励更大的包容和理解，确保他们在保存他们共同遗产上的情绪和智力兴趣。

教育部门同意加拿大研究课程的目标应该包括，给予学生：对于加拿大人历史成就的理性自豪；促进具有植根于历史事实的忠诚和自豪的公民的发展；鼓励一种对于加拿大历史的情感和对源于历史的那些制度的尊重。但是这些都远远没有达到。大多数学生对于加拿大研究课程几乎没有兴趣，而且不关心加拿大事务。他们不看加拿大的杂志、报纸、电视节目，而只对美国的杂志感兴趣。加拿大公民教育的质量和成效仍然存在许多有待改进之处。它作为"加拿大化"手段的作用也不成功。

霍杰茨报告的出版是加拿大社会科发展上的分水岭。[①] 这是一项针对加拿大公民教育的令人信服的调查，对于促使重新评价加拿大公民教育尤其重要。报告作为加拿大社会科教与学的蓝本被广泛地接受，并且导致了70 年代加拿大公民教育的调整。他的报告的又一影响是加拿大研究基金会（Canada Studies Foundation）的建立。该基金会致力于改进加拿大公民教育，对社会科课程、内容和教学产生了重要影响。它从 1970 年一直持续到1986 年。同时，一些在 20 世纪 70 年代变得常见的、属于公民范畴的"子题目"开始被引入课堂，如政治、环境和全球教育。于是立即有两个问题

---

① ALAN SEARS. Social Studies as Citizenship Education in English Canada：A Review of Research. Theory and Research in Social Education［J］. Winter 1994（22）：1, 9.

浮现出来。一个是，多元文化的教育到底在承认这个国家的多元文化主义性质方面走得多远？另一个是，1968年以后的改革到底产生了多大效果？然而，从1968年开始，系统的、大范围的评价公民教育的努力很少见了，仅有小范围的、零星的研究在学术文献中可见。

第四节　小　　结

加拿大自1867年建立自治领，到1967年成立已有百年。现代国家体系基本形成，开始进入稳步发展时期。从殖民地到主权独立，从英国臣民到加拿大公民，加拿大以较少的人口和薄弱的政治经济状态，从一个贫弱的殖民地迅速成长为现代国家，这不能不说是得益于英美两个世界强国的影响。这在今天的加拿大制度和价值中仍然清晰可见。而两次世界大战又为加拿大经济的发展带来了契机，使它迅速成长为发达资本主义国家。然而，独特的建国和成长背景也为加拿大在国家统一和稳定上带来了不小的难题。当英国的强大势力悄悄隐去的时候，美国的阴影又向加拿大投来。但是，加拿大人既不想成为英国人，也不想成为美国人，他们想要一个独特的民族意识和国家认同。大多数西方民主社会渴望美国或者法国的"民族国家"模式，即所有公民都被整合到一种共同的社会文化中。加拿大在许多方面与西方民主社会的主要社会模式不同。在加拿大，必须考虑国家认同和特定成员身份这两个要素之间的关系，否则很难把握加拿大国家认同的复杂性。每一个国家都渴望拥有一种单一的社会文化，并通过各种方式来实现这种"国家建构"。加拿大人在与美国的关系上一直抱有矛盾的心情。它既依赖于美国的保护，又害怕美国的控制。这种威胁不是军事上的，而是意识形态上的。因此，加拿大在美国涉及的各个领域采取了行动。

一个泛加拿大认同的主要障碍就是加拿大多民族构成的事实，加之缺乏民族国家背景以及殖民地经历，使加拿大越发在建构民族国家的过程中步履维艰。尽管加拿大和美国都是文化和民族多样性的社会，但是美国没有优势的民族或者文化群体被赋予在自己的领土、政治、法律和官方语言上。然而，从18世纪开始，加拿大就存在两个优势民族，它们在国家范围内共享权利。尽管魁北克不是独立主权的国家，但是它一直要求民族忠诚。这种强烈的民族意识一致持续，从而使法裔魁北克人很难与联邦国家制度紧密结合。他们总是通过在自己历史社会中的成员身份去适应更大的社会。尽管创造一种单一的加拿大身份认同的最大障碍是魁北克问题，但是，随着土著民族主义的出现，他们也加入了英裔和法裔加拿大人的矛盾中来。尽管这一时期在魁北克以外的公共教育中是毫无疑问的同化主义的，政府围绕大英帝国的理想实现"盎格鲁一致性"的目标，但是统一的过程是非常不成功的。非英裔移民不认同帝国而坚持依附他们的民族社群和对他们遥远的祖国的忠诚。而且，民族身份认同不是分割加拿大国家认同的唯一原因，还有强烈的社群和地区认同。联结地方社群成员的纽带并没有延伸至更远，至整个国家。相反，更多的加拿大人只局限于关注魁北克人、阿尔伯塔人、土著人。

　　加拿大一直都具有通过宪法分配联邦和省之间权力以及通过省和联邦政府之间的双边协定调节地区与省差异的传统。泰勒指出，在这样多样性的联邦中，我们总是要接受联邦政府的角色在与不同地区的关系中是不同的。[①]联邦政体的建立是符合实际条件的、各省能够接受的、较为可行的形式。英属北美殖民地各省长期以来是独立的，又具有自治的政治传统。因此，尽管建国者想要一个更加集权的国家，但是省权在宪法领域中的重要性使联邦面临来自各省的在诸如教育、自然资源等方面的压力，尤其是魁北克更加自治的要求，使加拿大趋向非集权化。所有省都想要保护和尝试扩大省权的范围，成为加拿大政治中的不稳定因素，也使发展和维持一种强烈的地区认同成为可能。

　　加拿大的宪法安排在两个方面对公民和公民教育产生影响。第一个是自治领成立导致省际联邦的产生。教育被规定为省而不是联邦的责任。联邦政府只能间接地、以鼓励的方式来对教育施加影响，尽管在 20 世纪后半期这种影响确实有益而强劲。另一个影响是加拿大作为英国殖民地和英联邦成员的地位。然而，加拿大作为一个民族国家的生存和发展，不仅需要政治统一，而且需要与之相适应的经济和社会发展，以及在此基础上产生的民族意识和感情。民族、文化、宗教和地域矛盾在加拿大历史上长期存在。自 1867 年独立到二战前，加拿大公民教育以"同化主义的国家建构"

---

　　①　C TAYLOR. Reconciling the Solitudes: Essays on Canadian Federalism and Nationalism [M]. Montreal: McGill-Queens University Press, 1993: 37.

和"为民主生活做准备"为特征。加拿大的地理和经济成长是基于移民的。尽管不同时期国家通过移民政策来限制或开放,但是优先接受具有欧洲背景的移民的普遍趋势一直持续到 60 年代。因为通过保持文化相似性来实现民族建构的目标对于加拿大的早期发展是必要的,但也伴随着具有不同种族背景的人们的抗拒。一方面,起源于欧洲的主流文化移植到加拿大后融于加拿大的社会环境之中,历经百年的发展演变已经失去了原来的鲜明特征。另一方面,加拿大迟迟没有以独立的国家意识呈现于世界,使其独特的民族文化的成长受到压制。因此,这一时期加拿大不具有民族国家独立的意识形态。

加拿大始终是一个在政治上温和的国家。从 20 世纪 60 年代,加拿大开始采取更加明显的美国权利方式。学校也尽力在塑造"好加拿大人"上扮演重要角色。自由主义、民主、宪政、公民权利的思想也出现在课程中。加拿大人的公民观念、民主意识得到进一步发展。多样性已经成为不可回避的社会现实。移民和不能同化的因素阻碍了加拿大作为一个国家的一种共同意识的发展。同化已经宣告失败。新的观念和新的责任与社会科的性质和目标中旧有观念的矛盾更加尖锐。学校教育在发展加拿大认同上是失败的,对于民主能力的促进也是不成功的。因此,国家和公民教育都亟待一种新的社会模式的出现。

第三章　变革：多元文化社会确立时期的公民教育（20 世纪 70 年代）

20 世纪 70 年代以来，多元文化主义和民族主义成为加拿大政治思想的重要内容。多元文化主义的国家认同形式得到发展，法裔加拿大人的民族自治要求空前高涨，土著人开始了自我发展的道路。双语主义和多元文化主义开始塑造加拿大人的自我意识，呈现出了基本的加拿大特征。在这一令人愉快的图景中，不和谐的因素就是魁北克和土著人想要寻求一种他们自己的自治秩序。从公民的角度看，多元文化主义关系着逐渐渗透在新移民中的一种意识，即成为加拿大人意味着什么，这一定义随着时间的推移而变化着。从认同的角度看，多元文化主义关系着小范围文化认同和共享的加拿大认同的发展。而在社会正义方面，主要关系着群体间的相互关系，直到近来有组织的民族主义。公民身份、认同、社会正义共同存在于联邦政策中。当审视公民教育的变革时，理解多元文化主义框架将大有裨益。①

第一节　国家基本特征的提出与加拿大公民身份的发展

一、双语框架下的多元文化社会

（一）特鲁多（Pierre Elliott Trudeau）时代

1968 年 4 月 20 日特鲁多就任加拿大总理，他在任 13 年，历经 4 次大选，成为加拿大执政时间最长的联邦总理之一。他为 20 世纪 70 年代加拿

---

① REVA JOSHEE. Citizenship and Multicultural Education in Canada：From assimilation to social cohesion ［M］// JAMES A BANKS. Diversity and citizenship education：global perspectives. New York：John Wiley & Sons，2004：135.

大社会带来了根本变化。因此，人们通常把历史上他执政的年代称为"特鲁多时代"。他是法裔加拿大人中联邦主义的坚定支持者。他设想一个能够有效抵制各省的强大的中央政府，同时建立双语主义制度，以提高法裔加拿大人在国家政治中的地位。这也成为他日后执掌联邦政权和平息法裔加拿大人的分离运动的基本原则。他致力于建立一个"正义社会"，保证加拿大人的个人自由和政治自由，保护少数民族权利，为代表名额不足或者未给予特权的地区和社会群体提供更多的机会，唤起加拿大人对国家统一和社会正义的新希望。尽管 70 年代遇到了加拿大历史上前所未有的严峻挑战，但是特鲁多以其独特的领导艺术使加拿大的政治气氛焕然一新，他本人也成为一位具有强烈明星色彩的政治家。国家热情在双语加拿大下"正义社会"的承诺中复燃。①

特鲁多支持参与式民主作为发展加拿大"正义社会"的一种手段。他早期坚持完全的自由主义。他指出，任何强调民族观念的政府必然定义一种关涉主要民族群体的公共善，而不是关涉所有公民。而一个真正的民主政府不能是民族主义的，它的目标应该是追求所有公民的公共善，无论他们的民族起源是什么。② 国家的目标应该是保护加拿大人的文化自由。在民主国家内，没有哪一个民族群体可以优先于其他群体。因此，忠诚于国家应该与文化身份认同无关，个体应该有自由保持他们的文化认同。特鲁多关于公民身份以及现代国家角色的自由主义观念引发了国家和文化之间的联系应该冲破甚至是消失的主张。特鲁多指出，加拿大国家没有官方文化。③ 他坚持联邦主义的中央集权方式而反对魁北克民族主义的态度。特鲁多认为，加拿大有两大主要的语言群体，语言、民族和文化应该去政治化和保护个人权利。他希望魁北克能够认同加拿大，而不只是它的省。他赞同法语是一种少数群体的语言，需要保护和支持，但是他反对魁北克人

① ROGER RIENDEAU. A Brief History of Canada Second Edition [M]. New York：Facts On File，Inc.，2007：323.

② FRANÇOIS HOULE. Canadian Citizenship and Multiculturalism [D] // PIERRE BOYER，LINDA CARDINAL，DAVID HEADON. From Subjects to Citizens：A Hundred Years of Citizenship in Australia and Canada. Ottawa：University of Ottawa，2004：221.

③ FRANÇOIS HOULE. Canadian Citizenship and Multiculturalism [D] // PIERRE BOYER，LINDA CARDINAL，DAVID HEADON. From Subjects to Citizens：A Hundred Years of Citizenship in Australia and Canada. Ottawa：University of Ottawa，2004：222.

分离国家的观点。特鲁多对民族主义的批评是在严格的自由主义意识形态下建构的。他相信国家应该为所有公民提供平等机会。

特鲁多的政治兼容了在加拿大福利制度下的语言权利和当时不断上升的公民权利运动。他的成就是把这种新的基于权利的政治引入身份认同和公民身份领域。换句话说，他对加拿大公民政治的一个主要贡献是成功地将语言和文化定义为个人权利和归属于加拿大国家的主要标准。① 他的政治是政治和社会关系改变以及从传统的议会制转向一种更加基于权利方式的反映。国家统一是特鲁多长期追求的目标，然而，在 20 世纪 70 年代，各省之间、各省与联邦之间以及英裔和法裔两大民族之间的矛盾由于政治、经济、社会的复杂情况达到了十分尖锐的程度，尤其是"平静的革命"导致魁北克人民族主义情绪高涨，直接威胁着联邦的安定与统一。

（二）民族主义危机

1. 魁北克人的民族主义斗争

加拿大人曾经认为，权利在议会统治下比在法律下能够得到更好的保护。但是，这并没有阻止各省政府运用法律与联邦政府的中央集权进行斗争。20 世纪 60 年代到 70 年代，魁北克民族主义情绪高涨，甚至一度引发极端暴力事件，导致社会秩序的动荡不安。许多法裔加拿大人不再满足于小节上的宽容，而是把争取民族地位的目标放在长远利益上。魁北克不仅要最大限度地控制经济上的关键地区，而且要使自身具有法语加拿大人的特殊地位，这导致了在这一时期省与联邦政府之间的多次对立。随着魁北克分离主义势力上台执政，魁北克开始走上与联邦分裂的道路。

教育、语言和移民一直是 60 年代和 70 年代魁北克社会的中心问题。随着移民数量的增加，对于双语教育的呼声越来越高。1969 年魁北克国民会议提出《63 号法案》，确定以法语为主要教学用语，但是移民家长可以自由选择其子女接受教育的语言形式。结果，移民都被英语化了。因此，1974 年魁北克出台了《官方语言法案》（又称《22 号法案》），规定法语是魁北克省唯一的官方语言。《22 号法案》使法语成为省政府管理、服务和劳动力市场的语言，但是执行方式仍然模糊，也引起了英裔的不满，使

---

① LINDA CARDINAL. Citizenship Politics in Canada and the Legacy of Pierre Elliott Trudeau [D] // PIERRE BOYER, LINDA CARDINAL, DAVID HEADON. From Subjects to Citizens: A Hundred Years of Citizenship in Australia and Canada. Ottawa: University of Ottawa, 2004: 164.

他们处于不公正的地位。1977 年，魁北克政府更进一步颁布了《法语宪章》（又称《101 法案》），旨在确保魁北克人的法语权利。《101 法案》规定，法语必须是立法、法院以及管理、工作、商业和教育的用语，从而使英语在魁北克失去地位，只说英语的人在生活、就业、入学等方面障碍重重。尽管加拿大最高法院在 1980 年裁决魁北克高等法院声称法语是立法和法院用语是无效的，并且有责任对于教学语言的规定进行修订，因为它太过限制，但也未动摇魁北克政府强制推行法语政策的决心。

大多数加拿大人认为，在魁北克说英语的少数群体的权利受到了威胁。但事实上，说英语的少数群体在语言争论中比生活在魁北克以外的说法语的少数群体要好得多。① 安大略是除魁北克之外唯一针对说法语的少数群体运用慷慨的语言法律的省份，尽管说法语的人口只占其人口的 5%。语言争论产生了一种新的基于英裔加拿大人对在魁北克说英语的少数群体的同情的泛加拿大民族主义。在魁北克和其他加拿大地区英语受到了法语的潜在威胁，引起了对于法裔的敌视。到 80 年代，许多地方政府采用英语为其官方语言，以回应魁北克针对说英语的少数群体的政策。

多数法裔加拿大人的本意在于，通过语言问题争取魁北克在联邦中的特殊地位，而分离主义者乘机提出主权独立的要求。1976 年魁北克人党执政以后，提出了反映魁北克民族主义纲领的修宪问题。1978 年联邦政府提出了修宪问题白皮书和《宪法修正案》，但是由于"宪法回归"牵涉魁北克问题、西部问题和土著权利问题，具有突出的复杂性，1979 年魁北克政府又提出一个所谓的"主权—联系"运动，是指魁北克应该享有独立的主权，同时参与加拿大的经济联合，就是要把魁北克变成一个与加拿大保持密切经济联系的主权独立的国家。该方案在魁北克省全民公投中被否决。分离主义者遭遇了挫折。法裔加拿大人大多也反对独立。特鲁多更是坚决抵制一个独立的魁北克的思想。他在 1980 年公投中采取积极的姿态来贯彻自己的理念。然而，魁北克形势变幻莫测，特鲁多深刻地感到收回宪法是实现国家目标的必要象征。

---

① LINDA CARDINAL. Citizenship Politics in Canada and the Legacy of Pierre Elliott Trudeau [D] // PIERRE BOYER, LINDA CARDINAL, DAVID HEADON. From Subjects to Citizens: A Hundred Years of Citizenship in Australia and Canada. Ottawa: University of Ottawa, 2004: 170.

2. 土著人的觉醒

进入 20 世纪，加拿大土著人开始了争取自己权利的斗争，但是直到二战以后，土著人的境况才有了重大变化。参加二战的土著人对于权利的诉求比以往更为强烈，要求获得对自己制度、资源和生活的控制权，恢复在土地、语言和文化等方面的权利。随着土著人政治意识的不断增强，对同化政策和种族歧视日益不满，一些致力于帮助印第安人陈述自己的权利要求，促进印第安人在教育、经济和文化领域发展的土著人团体更加完善。从 1968 年到 1971 年，出现了四个土著人组织，旨在改变土著人自己的命运。1969 年联邦《印第安人政策白皮书》（以下简称《白皮书》）的出台将土著人争取权利的运动推向高潮。《白皮书》要求结束印第安事务部，废除《印第安法案》，取消保留地，以及将许多联邦对印第安事务的责任转让给省政府。无论从法律上还是行政上，印第安人将最终与其他加拿大人等同。它不承认土著人的特殊宪法地位，而是把他们吸收进加拿大社会的主流群体中。从"主流社会"的角度看，土著人在文化上的独特性、经济上的贫困和社会交往上的孤立封闭完全是他们特殊的法律地位造成的。印第安人要获得发展和改善，就必须废除这种特殊身份，进入主流社会，和其他加拿大人一样平等地竞争。而从土著人的角度看，白人社会及其政府的长期剥夺和歧视才是导致土著人艰难处境的关键，因而所谓"印第安人问题"本质上乃是"白人问题"。这一文件遭到土著人的普遍反对，其设想未能付诸实行，反而激发了土著人争取权利的热情。迫于持续压力，政府于 1971 年收回了《白皮书》的建议。

土著人的积极行动促使加拿大政府调整对印第安人的政策，给予他们有限的自治权，在管理印第安人事务中倾听他们自己的声音。加拿大政府1971 年开始实行多元文化主义政策，土著人的语言和文化传统受到法律的保护，合法权利有所扩大。土著人获得了选举权和被选举权，享有联邦的社会福利和许多其他优惠。摆在加拿大政府面前的一个重要问题就是如何实现印第安人的自治。一方面，加拿大政府商讨对有关宪法文件进行必要的修改，以适应土著人自治的需要；另一方面，与土著村社进行谈判，以达成令双方满意的自治方案。然而，特鲁多政府提倡"印第安人完全地、自由地和无歧视地参与加拿大社会"。对于土著人提出的土地要求和民族自决要求联邦政府一概置之不理。特鲁多认为，正如不能给魁北克以特殊地位一样，对其他土著人也一视同仁。特鲁多政府拒绝与土著人谈判土地要求激起了加拿大土著人中大范围和强烈的激进主义。1978 年，班克斯岛的因纽特人同联邦政府印第安人事务和北方开发部成功达成协议，部分解决了因纽特人的土地问题。但数年以后，在富藏自然资源的一些地区，资源开发再次侵犯了因纽特人的利益。土著人争取自己权利的道路仍然漫长。

3. 移民的多样化发展

加拿大的移民状况在 70 年代发生了巨大变化。如果 90％的移民在 1961 年以前来自欧洲，那么在 70 年代只有 35％。① 这一时期，移民大部分来自第三世界国家。从 20 世纪 70 年代早期开始，大约一半的移民来自欧洲以外的其他地区，包括西印度群岛、非洲、南美和亚洲。1971 年，第一次大多数移入加拿大的移民是非欧洲的；而今天，70％的加拿大移民是非欧洲的。② 随着加拿大人口出生率的下降，移民成为加拿大人口增长的重要来源。这种移民情况改变的结果在相当程度上扩大了多元主义和社会成员价值的范围。这些移民来自世界各地，怀着各自不同的移民目的，带着诸多文化背景，信奉不同的宗教，不仅民族之间存在各式各样的差异，就是同一个民族的人，由于来自不同的移民时期，也普遍存在着区别。来到加拿大以后，大多数移民进入各个大中城市，安大略、魁北克、不列颠哥伦比亚、阿尔伯塔和曼尼托巴等工业化程度较高的省份吸收的移民也较多。新移民的到来打破了加拿大在民族问题上脆弱的平衡。许多英裔加拿大人对大批罗马天主教徒的迁入感到担忧；一些法裔加拿大人则担心新移民多数汇入英裔集团，甚至进入蒙特利尔的移民也乐于学习英语而非法语。从 1975 年开始，加拿大政府发布了绿皮书，对移民政策予以指导。1976 年，加拿大议会又通过了新的《移民法案》（以下简称《法案》）。《法案》伴随着新的《移民条例》于 1978 年开始生效。这是加拿大移民政策的一次重要转变。法案给予各省更多制定他们自己的移民法律的权力；第一次明确了加拿大移民政策的目标，包括家庭重聚、难民的人道主义援助以及经济发展。

---

① Statistics Canada，The Daily，1996 Census：Immigration and Citizenship， （Ottawa，Statistics Canada，4 November 1997），Internet Document. http：// www. statcan. ca/ Daily/English/971104/d971104. html.

② HAROLD TROPER，MORTON WEINFELD. Diversity in Canada ［M］// HAROLD TROPER，MORTON WEINFELD. Ethnicity，Politics，and Public Policy：Case Studies in Canadian Diversity. Toronto：University of Toronto Press，1999：6.

移民在加拿大社会经济发展中扮演着重要角色，但是也面临着两个主要问题：一是新移民在文化上和主流社会格格不入，不仅导致其自身的文化冲突，也造成其遭受着一定程度的歧视；二是新移民往往急于得到工作，对于报酬和工作条件的要求较低，在劳动力市场上形成竞争，因此招致敌视和攻击。在加拿大历史上，这种打上了种族主义和本土主义烙印的关系长期存在。来自亚洲和东南欧的移民长期遭受歧视、排斥和攻击。虽然少数族裔移民的境况在战后获得了整体改善，制度性的歧视已经不复存在，但是基于种族观念和利益冲突而排斥外来移民的事件仍时有发生。加拿大政府在保护人权方面迭有动作，颁布了一系列人权法令，设立了相应机构来监督法令的实施，可是仍然难以杜绝偏见和歧视。一方面，亚裔中有一部分人受教育程度和技能水平较高，其经济地位甚至高居本土白人之上；另一方面，贫穷的东南亚难民和家庭团聚移民纷纷入境，在一定程度上加重了社会的福利负担，使本土加拿大人认为这有可能降低他们的生活质量。

尽管民族身份不再是决定个人收入、职业和社会地位的因素，但是历史的沉积并没有立即消除，少数族群的经济状况和社会地位仍然受到各种制约，因而民族因素或多或少仍然在社会分层中有所反映。70 年代以来，加拿大各民族的经济地位出现了新的演化趋势，英裔和法裔以外的一些族群的境况得到明显改善，在职业结构中的地位有了一定程度的提高。政治精英的民族构成也逐渐趋于多样化。在联邦和省级政府官员中，英裔的比重显著下降，而法裔和其他族裔的比例有所上升。尽管加拿大在不同的历史时期存在着不同程度的种族主义，包括政府制度化的种族歧视和民间的种族主义行为，但是公众舆论和政府政策对多元文化主义的支持为少数民族整合进加拿大社会开辟了新的途径。少数民族允许在融入加拿大社会时保持自己的文化身份和传统。而大多数少数民族也愿意接受主流社会的标准，主流社会也不排斥他们，构成了加拿大社会的新局面。

（三）多元文化社会的基本特征

1. 双语主义

20 世纪 70 年代，加拿大争议最多的政策当属双语制。国家人口构成也已经具有鲜明的双语特征。事实上，关于语言问题的争论在 60 年代就已经成为加拿大两大民族之间关系的焦点。1969 年，加拿大议会通过了《官方语言法案》，成为加拿大官方双语主义原则的法律基础。法案规定，加拿大人有权从联邦部门和皇家公司获得两种官方语言的服务；加拿大人可以在联邦法院选择他们想要听到的官方语言；议会采用两种官方语言正式通过和出版法律、法规；英语和法语在指定的双语地区的联邦公共服务中具有平等的语言地位，包括在海外政府机构和充分需要双语服务的地方。联邦政府机构工作人员需要能够运用英语、法语或者两种语言。此外，法案中还规定了，说英语和说法语的加拿大人不得歧视其他民族或者语言的人，最终确立了英语和法语平等的官方语言地位。此后，两种官方语言的双语教学也得到了大力提倡。

这一时期，魁北克省在联邦体系中的地位问题在加拿大政治生活中扮演了重要角色。特鲁多认为，如果法裔加拿大人在语言和文化上的平等地位得到保障，就可以解决魁北克的分离主义问题。特鲁多曾在一次记者招待会上解释说："要建立和保持一个团结有力的国家，就有必要使讲法语和讲英语的加拿大人在这个国家的所有地方都能惬意如归。作为我们大语言群体中的一员，他们的权利应该得到联邦政府的尊重。这就是官方语言法案和我们双语制政策的目的所在。"① 然而，多数法裔加拿大人还是担心，如果不主动采取防范措施，魁北克会被逐步同化进英语大陆之中。因此，他们采取了更为激进的语言政策。双元文化主义遭到了来自许多方面的攻击。对于受魁北克民族主义吸引的年轻法裔加拿大人，它是不受欢迎的。许多加拿大人也不喜欢新的双元文化主义政策和官方双语主义，最强烈的反对来自非英法裔加拿大人。双元文化主义与西部省份的地方现实不符，这些地方的法裔人口比其他文化少数群体的人数少很多。为了适应他们，双语主义和双元文化主义的原则被双语主义与多元文化主义代替。双语制也给说英语的加拿大人带来了一些不便，使其在魁北克以外的各省受到不同程度的抵制。一些人认为，双语制不但没能使国家团结，反而使之更加分裂。尽管如此，双语制的推行对于吸收大批说法语的加拿大人进入加拿大公务系统做出了有益和持久的贡献。到1974年底，双语公务员人数达到一定比例。围绕双语制问题的纷争只是魁北克法裔加拿大人与其他地区英语加拿大人矛盾冲突的一个侧面。

2. 多元文化主义政策

为了减少对于双元文化主义使其他民族群体降低到二等公民地位的关

---

① 张友伦. 加拿大通史简编 [M]. 天津：南开大学出版社，1994.

注，特鲁多政府在 1971 年宣布："一个双语框架下的多元文化主义政策是保证加拿大人文化自由的最适当方式。"① 自此，加拿大的文化马赛克不仅得到了政府的承认，一些民族群体活动也得到了政府的支持。加拿大成为世界上第一个采取多元文化主义政策的国家。多元文化主义作为一种政治思潮融入了政府政治中。通过多元文化主义政策，联邦政府保障所有加拿大公民的价值和尊严，无论其种族或者民族起源、语言、宗教背景是什么。多元文化主义政策也同样保证了两种官方语言的地位和土著人的权利。多元文化主义政策是所有公民平等信念的基础。多元文化主义保证所有公民能够保持他们的身份、对于祖先的自豪以及具有一种归属意识。接纳给予加拿大人一种安全感和自信，使他们对于多样的文化更为承认。多元文化主义鼓励种族和民族的和谐以及跨文化理解。相互尊重能够帮助发展一种共同的态度。通过多元文化主义，加拿大承认所有加拿大人存在的可能，鼓励他们整合进他们的社会，并积极地参与其文化、经济和政治事务。所有加拿大人在法律和机会面前平等。加拿大法律和政策承认加拿大的种族、文化遗产、民族、宗教、血缘和地理起源的多样性，保护所有男性和女性的信仰、思想、言论、结社和和平集会的完全自由。多元文化主义使更多的人能够加入加拿大国籍。没有同化和放弃自己文化的压力，移民能够自由选择他们新的公民身份。作为加拿大人，他们共享加拿大的基本价值。个人权利受到保护。

多元文化主义政策明确了多元文化主义作为加拿大身份和传统的基本特征；多元文化主义传达了加拿大人所维系、发展和共享的文化传统；多元文化主义寻求促进所有人和共同体在建立国家和排除困难过程中的参与，以表明他们特定的身份和他们对其政治共同体的贡献。联邦政府宣称，多元文化主义培养了文化多元主义背景下加拿大认同的一种公共景象。正如公民身份，它挑战了英国和法国文化传统在加拿大具有特殊地位的设想，尊重多元文化主义作为加拿大认同的真正基础。因此，多元文化主义不能仅从维持和拯救文化本身，而应从发展一种群体情感的角度来理解。金里卡强调，事实上，多元文化主义政策是致力于移民整合的主要政

---

① ROGER RIENDEAU. A Brief History of Canada Second Edition［M］. New York：Facts On File，Inc.，2007：332.

策。① 此后，联邦和省相继成立了负责多元文化主义事务的机构，制定有效措施，鼓励和支持以改善由于种族、民族或民族文化起源等引起的不平等和不发达情况为目的的研究项目，帮助民族群体保护他们的文化，并通过每年出版多元文化主义报告总结和规划多元文化主义政策的实施情况和未来发展。安大略、曼尼托巴、萨斯喀彻温和阿尔伯塔四个拥有大量非英法裔民族人口的省份相继出台了他们自己的多元文化主义政策。

　　然而，当1971年宣布多元文化主义政策时，它并没有获得普遍的支持。一些法裔加拿大人一直反对这种"多元文化主义"政策，因为他们认为这种政策把他们要求成为独立国家的愿望降低至要求保持移民的种族性水平。另外一些人怀有相反的担忧，他们害怕这种政策的意图是把移民群体当作民族来对待，并因此支持发展与英裔和法裔并列体制上完整的文化。事实上，这两种担忧都是不成立的。因为"多元文化主义"是一种在英裔文化和法裔文化的国家体制内支持"多种族性"的政策。尽管存在着诋毁者，但是，多元文化主义被广泛地称赞，尤其是在城市中，说英语的加拿大地区及早地和积极地回应加拿大社会正在改变的现实。官方多元文化主义既满足了族裔集团领袖的符号性要求，又明确了魁北克独立或特殊地位鼓吹者的"两个民族"之加拿大观……剥夺了魁北克民族主义者对加拿大多元性的特殊理解而建立双元文化的合理性。②

　　美国化的影响是加拿大民族文化发展的外部障碍。面对文化帝国主义的输出，加拿大目前推行的多元文化主义政策相反倒是切合实际的和明智的。然而，由于多元文化主义政策使不同文化平行发展，在抵御外来的美国的影响上，力量就显得分散，也就不可能像一股统一的力量那样坚强有力。这是否是一个矛盾？另外，更为复杂的是，在加拿大的多种文化中，占主导地位的英语文化与美国文化最为接近，也可以说是最缺乏抵御能力的。在魁北克普遍认为，英语加拿大在文化上只是美国的一个地区。这种想法不仅在魁北克有，在加拿大其他省份也有，他们常常把东部几省（主要是安大略）看成轻率地追随美国的榜样。这样，在整个加拿大文化中起着重大作用的英语文化却在深受美国的影响，这自然对加拿大文化独特性

① 金里卡. 多元文化公民权：一种有关少数族权权利的自由主义理论 [M]. 上海：上海世纪出版集团，2009：21.
② STEPHEN BROOK. Public Policy in Canada: an introduction, 2nd Edition [M]. Toronto: McClelland & Steward Inc., 1993：252.

的形成和发展十分不利。而这种独特性往往在加拿大整体文化中不占主导地位的民族文化中反映得更为明显。

　　尽管多元文化主义政策保证了加拿大人的文化自由和公民权利平等，但是这一时期的多元文化主义政策主要建立在英法二元文化的基础上，还不能充分满足移民尤其是少数群体的需要。随着加拿大民族多样性的日益凸显，更加民主的社会环境亟待完善。

二、加拿大公民身份的发展

　　《1947年公民法案》正式确立了加拿大人的公民身份，英国臣民身份1976年被撤销。随着加拿大社会的发展变化，原有的一些条款已经不适合现实的需要，因此，在这一法案基础上进一步发展而成了《1977年公民法案》，它在更大程度上适应了加拿大社会的变化以及多元文化主义的出现。《1977年法案》主要有两个目标：改进入籍条件和平等待遇。在改进入籍条件目标上，它体现了几个重要的规定和原则，包括：对于所有有资格的申请者，公民身份是一种权利而不是特权；促进消除或减少新移民获得公民身份的障碍；减少对想要成为公民者的定居时间要求，从五年减为三年；取消对双重或多重公民身份的控制。在平等待遇目标上，体现了如下原则：重申加拿大公民无论是由于出生还是选择获得，都具有同样的权利和义务；取消英国移民在申请公民身份程序上的特殊待遇；提高男女平等地位；保证所有申请公民身份者获得平等待遇。这样，限制获得公民身份的条件放宽了，双重国籍被允许，归化入籍的公民与出生便获得公民身份的公民具有同等地位。更为重要的是，公民身份成为一种普遍的权利而不是特权。

　　70年代以来，加拿大联邦和各省政府沿着多元文化主义的道路迈出了更大的步伐。然而，根深蒂固的种族歧视并未随着政策的变化而消除。少数族裔仍然在就业等方面不同程度地受到歧视，需要更加细致具体的法律为其提供保护。为此，联邦政府于1977年通过了《加拿大人权法案》。政府联合9个省建立了消除歧视的单一法律。它的目标是保证个体机会平等免受歧视，同时设置人权委员会管理法律和确保实施，以处理少数族裔的歧视申诉，保证各族裔之间达成真正的平等。人权法律在更为普遍的意义上推动着"正义社会"理想的实现。

作为加拿大公民身份，法裔加拿大人始终力图避免英裔加拿大人的同化，顽强地维护着自身独特的社会形态、文化传统和民族认同。但是，从20世纪60年代开始，民族多样性导致了民族认同的重构。在魁北克，地方主义的身份认同逐渐使魁北克民族去种族化。为了区别于法裔加拿大人的身份，居于魁北克的所有民族都被称为"魁北克人"。魁北克人这一称谓是重新评价身份认同的一个积极信号。这一民族身份也在1975年魁北克的《人权与自由宪章》中得到体现，确立了公民在法律上的平等地位。①《人权与自由宪章》阐述了象征魁北克民族的一种重要的公民维度，承认了少数民族保护和发展其文化的权利，禁止由于语言和民族背景的偏见。②从这一时期开始，魁北克身份认同进入了一个新的历史阶段，移民和少数民族开始逐渐对法裔加拿大人的身份认同扮演角色。而从"抵抗认同"到"接受认同"的这种改变使各种认同相互包容成为可能，例如加拿大魁北克人，意大利裔魁北克人，意大利裔加拿大人，摩洛哥出生的魁北克人等等。③ 从加拿大人（Canadians）到法裔加拿大人（French-Canadians），再到法裔魁北克人（Franco－Québécois），最后到魁北克人（Québécois），魁北克人经历了深刻的变迁。这种变迁不能仅仅被看作一种对于族群归属情感的单纯变革，它们代表了魁北克人认同的不断发展和魁北克地区公民身份从无到有的过程。④

土著人在自主意识和自治能力明显提高的同时，也开始注重自己社会身份的发展，厌弃"印第安人"这个带有低人一等意味的称呼，主张采用"土著人"特别是"第一民族（First Nations）"这样的称谓，这实现了他们的自尊意识和自豪感。尤其是，他们中间还逐渐形成了泛土著人集体身份认同（pan-aboriginal collective identity），也就是意识到他们是拥有共同命运的同一社会群体，从而进一步推动了土著人独特社会的发展。

---

① LEIGH OAKES，JANE WARREN. Language，Citizenship and Identity in Quebec［M］. New York：Palgrave Macmillan，2007.
② LEIGH OAKES，JANE WARREN. Language，Citizenship and Identity in Quebec［M］. New York：Palgrave Macmillan，2007：27.
③ MICHELINE LABELLE. The challenge of diversity in Canada and Quebec［J］. Policy Options，2005（3-4）：88-93.
④ ALAIN－G，RAFFAELE IACOVINO. Federalism，Citizenship，and Quebec：Debating Multinationalism［M］. Toronto：University of Toronto Press，2007：97.

第二节　独特的加拿大认同新解

一、公民教育理念的基本主张

（一）自由主义的原则

　　加拿大的政治思想一方面继承了西方自由主义的传统，一方面又带有温和的保守主义色彩。20 世纪 70 年代以来，加拿大自由主义的一个突出特点就是与民族问题的紧密结合。民族同化的渴望被迫放弃，多元文化主义开始作为国家政治的重要内容逐渐展开。特鲁多政府奉行个人主义的自由主义，强调以无差异的普遍原则对待每一位公民。因此，在对待民族成员关系上，特鲁多反对民族主义，注重成员个体存在的价值。他认为，在联邦范围内，给予魁北克以特殊地位只能削弱其价值而反对竞争，不能参与竞争的文化和民族是不具有存在下去的价值的。然而，这种形式的平等不仅没有削弱族群差异，反而将原本就处于弱势的少数族群推向更为不利的处境。多元文化主义极力倡导"承认"的政治，以使各种不同的社会文化群体在追求平等的政治、社会和文化地位上获得更多的权利。特鲁多想要通过多元文化主义有效地抵制法裔加拿大人的分裂主义倾向，同时促进移民整合。尽管联邦政府的多元文化主义在一定程度上满足了魁北克民族主义的符号性要求，明确了魁北克的独特社会地位，但是，为了存续法裔文化传统，魁北克坚持自己的公民教育模式，更倾向于类似共和主义的公民教育观。它一方面在运用自由主义的公民框架定义公民权利的同时，又向多元文化主义妥协，强调公民的文化权利；一方面又主张公民共和主义，指出公民身份不只是行使权力时的法律能力问题，它在更大意义上是一种基于共同的政治和文化联系与共同认同的、对于现存传统的归属情感。[1] 总之，魁北克希望在自由原则的基础上，在共同的公共文化和多样的民族文化之间进行调和，以实现一种"去种族主义"的魁北克认同。而

---

　　① LEIGH OAKES, JANE WARREN. Language, Citizenship and Identity in Quebec [M].
New York：Palgrave Macmillan, 2007：39.

这也必将在魁北克的民族主义运动中继续延伸。

(二) 联邦主义的立场

加拿大存在着两个明显的政治权力管辖范围，一个是联邦政府，一个是地方政府，包括 10 省 3 地区。特鲁多认为，联邦主义始终是政治理性的产物，它试图在具有历史联结而又存在分歧的利益群体中找到合理的妥协，但是这种妥协应该尊重人民的意愿。特鲁多把多元主义作为联邦主义的重要内容。他认为，联邦主义是一种高级的政府形式。它比一元化更带有多元主义的特点。在联邦主义下，自由有了更加坚实的基础。[①] 特鲁多坚持用联邦主义的立场来认识和评价民族主义。联邦国家的基础不是感情上对于民族的忠诚，而是使处于冲突中的地区利益达成理性的妥协。要维护联邦国家，最终的手段不是感情而是理性。建立在理性基础上的民族共识将提供社会所需要的凝聚力。[②] 建立在忠诚和感情基础上的民族主义则是非理性的，所以应该反对。然而，民族主义是整个法裔加拿大人历史发展过程中一股不可或缺的力量。因此，当新的民族主义将魁北克问题诉诸政治权力时，联邦政府不得不在多元主义中寻求民族和解的道路。由于魁北克问题的持续存在，传统的、作为国家象征的加拿大认同变得不稳定。事实上，联邦政策制定者在定义加拿大归属情感时不仅面临着各种文化认同的联合挑战，也面临着少数民族在限定领土内建立政治制度的问题。尽管魁北克是加拿大的一个省份，但是魁北克构成了一个独特的政治共同体。他们不仅希望被看作加拿大的少数群体，而且他们更希望被看作在他们自己文化背景下的多数群体。因此，加拿大的联邦主义力图在普遍主义和特殊主义之间寻求一种平衡，从而维护国家统一。但是，加拿大的民族主义始终与地区主义有着深厚的历史积淀。不同的族群文化强化了地区主义，使人们更加保持着对地区的政治认同，弱化了对联邦的认同感和凝聚力。因为加拿大人在理解自己作为公民时，不仅与国家相联系，也与地区相联系，尤其是土著人和法裔魁北克人，他们把自己作为加拿大公民建立在其作为群体成员的价值基础上，同时具有对群体和国家的忠诚。[③] 因此，

---

① 常士闇. 马赛克文化中的政治发展探索：加拿大主要政治思想流派 [M]. 长春：吉林人民出版社，2003：106.

② 常士闇. 马赛克文化中的政治发展探索：加拿大主要政治思想流派 [M]. 长春：吉林人民出版社，2003：103.

③ ALAN SEARS. Social Studies as Citizenship Education in English Canada：A Review of Research. Theory and Research in Social Education [J]. Winter 1994 (22)：1, 8.

面对地区主义和民族主义的挑战，加拿大的联邦主义更带有多元主义的特点，是一种建立在多元基础上的统一。

二、国家认同再定义

　　1971 年多元文化主义政策的主要目标之一是通过更替盎格鲁的政治认同观念，不是两个民族的观念而是文化多样性的观念来重新定义加拿大的政治认同。多元文化主义被视为加拿大认同的本质，加拿大的统一性寓于它的多样性之中。[①] 作为一种社会理想和共享的国家认同，多元文化主义的建构依赖于多样性这一差异性的发展。[②] 对于许多加拿大人来说，多元文化主义是一种对于加拿大精确的和受欢迎的描述，它是国家应该成为什么样子的指导框架。对于加拿大而言，忠诚不意味着某种共享的价值因为积极提升的自由原则而不平衡。当然，特鲁多认为，对于文化认同的保护不能以牺牲自由原则和价值作为代价。然而，结果是公民身份逐渐地被看作一种消极观念，因此不能成为完全参与社会的基础。这与对一个自由民主社会公民的理解相反。因为它没有明确地联结多元文化主义政策与民主原则和共享价值，政策更多地被视为促进文化分离而不是整合。在 70 年代，这一问题没有被充分地认识到，因为大多数民族群体已经被很好地整合进加拿大社会。多元文化主义是一个承认政策，它既不威胁加拿大身份认同又不影响团结统一。特鲁多推测，大多数加拿大人赞成自由主义的价值，基于这个观点，他在当时这样思考似乎是正确的。特鲁多拒绝任何同质化少数民族群体的观念。他认为，归属于一个群体不需要依赖于民族来源或者母语，而是依赖于民族情感。多元文化主义观念应该加强自由主义而不是削弱它。因此，特鲁多指出，不能忘记一个民主国家的个体可以选

---

① FRANÇOIS HOULE. Canadian Citizenship and Multiculturalism ［D］// PIERRE BOYER，LINDA CARDINAL，DAVID HEADON. From Subjects to Citizens：A Hundred Years of Citizenship in Australia and Canada. Ottawa：University of Ottawa，2004：222.

② PATRICIA K WOOD，LIETTE GILBERT. Muticulturalism in Canada：Accidental Discourse，Alternative Vision，Urban Practice ［J］. International Journal of Urban and Regional Research，2005，29（3）：679-691.

择不去关心保持他们民族身份认同的强烈意识。[1] 70 年代，联邦政府想要在保护个体和群体的文化中扮演积极的角色。

  法语与文化在体现魁北克独特性中的作用逐渐凸显。它不只是语言问题，而是政治问题以及魁北克认同的核心问题。随着魁北克民族主义从民族民族主义到公民民族主义的演变，魁北克民族身份认同也从法裔加拿大人过渡为魁北克人。领土的意义在于魁北克民族拥有一个特定区域去从事自己的活动，更关键的是，有一个政府来开展这些活动。魁北克问题正是由于魁北克人具有一段很长的身份认同历史，他们对于自己所选择的身份有高度的情感投入，因此才逐渐衍生出分离主义。正是因为文化认同是在族裔或者群体存在状态的变化过程中不断建构和重构的，是族裔或群体历史的写照，所以在魁北克这个特定的地域里，"法裔魁北克人"这个群体的历史就是迁移与扎根、被殖民与去殖民的历史。所以，魁北克问题的实质就是魁北克人维护其法语与文化的问题，也就是魁北克人为了法语与文化认同的抗争。法语社会着眼于保持法语文化在北美大陆的独特性，让魁北克成为法语文化的代表区域，因此在政策上鼓励法语企业，限制英语招牌，明确规定法语为官方语言等。新魁北克民族主义的兴起是旧魁北克民族主义的继续与延伸。它超越旧民族主义而寻求文化生存与政治自治的诉求，进一步向政治主权发起冲击，逐步演变为一种外向型战略，对内控制其各种机构，对外则要求调整和发展与其他群体的关系。魁北克政府认为，获得政治主权即赢得魁省独立是保持文化认同的先决条件，这一要求表明魁北克人的民族主义已经发展到高峰，他们不仅是要求更多的权利，而是要在北美建立一个法语国家。当民族主义者将所谓的民族利益与对行政区域的权利要求结为一体时，分离运动就会成为一种可能。当民族主义与地方主义结合在一起时，就很容易产生以分裂国家为目标的分离主义。

---

[1] FRANÇOIS HOULE. Canadian Citizenship and Multiculturalism ［D］ // PIERRE BOYER，LINDA CARDINAL，DAVID HEADON. From Subjects to Citizens：A Hundred Years of Citizenship in Australia and Canada. Ottawa：University of Ottawa，2004：222.

第三节　公民教育的调整与改革

一、公民教育政策的调整

20 世纪 70 年代早期对于双语主义、双元文化主义和多元文化主义的强调反映了公众对于加拿大社会性质改变的关注，再一次导致了对于社会科课程改革的要求。1974 年，萨斯喀彻温成为第一个批准省级多元文化主义政策的省份。同年，《学校法案》在萨斯喀彻温被修订，允许除英语和法语以外的其他语言在学校规定时间内被用于教学。其他事务包括制定一K－12 岁印第安和梅蒂斯政策，成立一个土著课程评价委员会，制订遗产语言教育拓展计划等。多元文化主义使民族群体在一些省对于在课程中他们各自的语言和遗产给予了更多的关注并施加影响。这些群体经常由非营利私人组织和公共事业组织代表组成。去中心化的课程在 70 年代早期是一项被用于大多数加拿大教育部门的政策，以满足在社会科课程中对多样性的要求。尽管宪法妨碍了联邦政府在加拿大学校体系中扮演正式的或官方的角色，但是各个部门和机构的各种行动能够间接地在社会科课程中产生重要影响。70 年代，加拿大委员会（Canada Council）资助了加拿大研究基金会的一些计划项目。从 1975 年，加拿大研究基金会从联邦秘书处获得了大量预算。大多数在课程领域中的研究几乎都是由加拿大研究基金会实施的。它们关注认同、城市化、技术、环境、民族等问题。1978 年基金会出版了由霍杰茨和加拉格尔（Paul Gallagher）合著的《80 年代的加拿大教学》（*Teaching Canada for the 80's*），旨在开阔"泛加拿大"（pan-Canadian）视野，从而在公民教育中通过学科之间的研习审视环境、政治和经济制度以及国家范围内特殊的公共事件。这一框架在 1981 年被联邦秘书处作为新的支持加拿大研究的国家课程计划的主要理论和目标而被采纳。新的计划是之前秘书处实施联邦关于双语主义、双元文化主义和多元文化主义政策的延伸。70 年代见证了各种联邦交流课程计划的建立，这些计划经常被社会科教师运用，从而丰富和拓展了正式课程。在国家范围，加拿大社会科协会的出现，英裔和法裔各自的社会科教师组织，都鼓励两种语言团体成员的相互交流。

对于本土公民教育内容的渴望在 20 世纪 70 年代更加清晰可见了。这一政策被这一时期不断增长的国家统一危机刺激。缺少加拿大本国的关于课程发展和研究的资源，导致在 60 年代大量美国编写的教材占据了加拿大的教育市场，使非加拿大的教育资源影响着社会科课程，阻碍了加拿大公民教育的发展。随着加拿大研究委员会（Commission on Canadian Studies）的西蒙斯报告《了解我们自己》的出版，联邦对于加拿大研究的支持更加明确。加拿大研究委员会成立于1972 年，是由加拿大大学联合会建立的。委员会旨在通过提供精确的关于国家现代教学和研究的信息帮助有关加拿大的研究取得进一步发展。1976 年委员会的一份调查显示：加拿大人不了解他们自己。尽管加拿大因为它的多样性而具有独特性，它的人民也是独特的，但是大多数加拿大人没有意识到这些现实，因此，需要发展加拿大人的知识和意识。西蒙斯报告指出：关于加拿大的内容在中学后教育的许多方面缺少教学和研究，因此需要在课程上进行合理的平衡和积极的研究，给予历史和现代环境适当的关注。①

二、公民教育内容的改革

（一）加拿大内容的发展

学习本国的历史、地理、文学和语言在培养公民对于祖国的积极情感和态度方面有重要作用。因此，20 世纪 70 年代加拿大研究课程在教育机构中迅速增加。加拿大研究和公民教育课程计划的目标为：发展一种对于加拿大遗产的骄傲和意识，以及对于日常生活必需的基本知识和技能；这是一门综合课程；普遍强调主题、学生和社会；以对于加拿大和加拿大社会的基本理解和日常基本能力的培养为内容；加拿大研究的内容通过历史的、地域的和加拿大的重大事件来组织，对于基本技能的教学在适当的

---

① T H B SYMONS. To Know Ourselves：The Report of the Commission on Canadian Studies［R］. Ottawa：Association of Universities and Colleges of Canada，1975. Discussed in：JON H PAMMETT AND JEAN-LUC PEPIN. Political Education in Canada［M］. Halifax：The Institute for Research on Public Policy，1988：120.

年级开展；加拿大认同有赖于加拿大、国家重大事件及其特征的知识；但是，也存在促进目光短浅的民族主义的危险和缺乏对全球范围的关注。①

最重要的发展是在课程内容上逐渐减少了与英国的联系，在一定程度上反映了加拿大的现实。经过多年发展，公民教育课程已经摆脱了本质上的英国文化表达，开始认识到加拿大多元文化的性质，关注发展积极的、参与的公民所应必须具备的技能和态度。社会科、历史、地理课程也关注多元文化内容，试图促使学生理解其作为公民的认同与归属。1971 年阿尔伯塔省的研究计划中出现了，尽管说法语的加拿大人的民族主义引起了加拿大的"民族不团结"，但是他们对官方双语主义的独特现实做出了积极贡献的内容。② 在安大略，随着 1974 年加拿大研究作为高中毕业的强制性要求，地方学校机构、管理者和教师着手修改课程计划以满足新变化。从 1975 年开始，加拿大内容趋向于支配高级中学的社会科课程，尽管在内容上经常带有比较的性质。在不列颠哥伦比亚中学七至九年级，社会科以古代世界史开始，到中世纪和文艺复兴，直到现代工业世界。在安大略，历史课程中强调学习加拿大的多元文化主义，地理课也包括学习加拿大和美国以及南半球和欧洲大陆的知识。世界地理在一些省继续成为标准课程。课程仍然是欧洲中心的，尽管更多地关注了非西方文化。对于美国的关注受到了限制。新的社会科学，尤其是社会学、经济学和政治科学，为审视现代社会问题提供了可能，比如贫穷、犯罪、文化冲突、劳动关系和政党政治等等。价值教育最早在阿尔伯塔开展，在各省的实施中也各种各样，经常存在矛盾的形式。有时被称为道德教育，争论关于种族偏见、少数群体权利和其他相关领域的话题。这些话题有时还被放在其他课程如文学中讨论。加拿大研究委员会 1975 年的报告建议，所有的学生在他们从中小学或者大学毕业前都需要获得某种水平的关于加拿大政治制度和背景的

---

① MAX VAN MANEN, JIM PARSONS. What are the Social Studies? [M] // JIM PARSONS, GEOFF MILBURN, MAX VAN MANEN. A Canadian Social Studies. Edmonton: University of Alberta Printing Services, 1983: 11-12.

② GEORGE H RICHARDSON. The Death of the Good Canadian: Teacher, National Identities, and the Social Studies Curriculum [M]. New York: Peter Lang Publishing, 2002.

理解。①

一些教育批评者指出，学校没有充分地向学生提供基本的对于他们国家的理解。因此，对于加拿大研究的兴趣表达了一种合法的关注。但是，社会科课程应该在多大程度上关注历史、地理和加拿大社会？公民教育在各种不同群体中被赋予不同的解释，并且在学校课程中以各种形式呈现。法裔加拿大人，尤其是魁北克人，在魁北克社会科课程中发展了独特的民族主义和公民身份。因此，加拿大的社会科教师被一种两难的处境困扰：一方面，他们尊重和促进文化多样性；另一方面，他们又支持一种国家公民教育。一个明显的现象就是社会科课程和教学在加拿大必须考虑地域角度。因为加拿大学生对于其所生活的地域、地区、社会阶级或者语言社区的认同比对于整个国家的认同更明显。② 而且，这一认同趋势也会随着儿童年龄的增长变得更加明显。

（二）民主化内容的提升

从广义上来讲，各省课程反映了知识本位的方法，而最近技术本位的方法强调广泛技术的获得，以培养有效的行动公民。第一种观点认为课程需要传递传统的信念，使年轻人具有一种积极的对于他们遗产的认同。第二种观点强调智力技能的发展，例如批判的思考、问题解决、研究专门技术等，从而使个体能够在多元社会中有效地适应。通过运用历史和社会科学的观念和方法，学生将学会理解周围的世界，这样才能对公共事务做出更加有效的决定。20 世纪 70 年代，各种发展促使形成了一些额外的课程类型：（1）社会重构和反思意识；（2）道德教育和价值评价；（3）环境教育和社会问题；（4）加拿大研究和公民教育。对于加拿大和加拿大问题的研究成为教育部门关注的问题。

公民教育的一个新的关注领域是政治社会化，用来评价学生关于政治制度的知识、态度及其价值。在低年级，儿童学习家庭、邻里和社会这些社会单元，并认识构成社会的个体角色；在中年级，关注的重点从地方社

---

① T H B SYMONS. To Know Ourselves: The Report of the Commission on Canadian Studies [R]. Ottawa: Association of Universities and Colleges of Canada, 1975. Discussed in JON H PAMMETT, JEAN — LUC PEPIN. Political Education in Canada [M]. Halifax: The Institute for Research on Public Policy, 1988: 126.

② ALAN SEARS. Social Studies as Citizenship Education in English Canada: A Review of Research [J]. Theory and Research in Social Education, Winter 1994 (22): 1, 10.

区转向其他时间和地点的社区和社会。土著人、拓荒者和早期的加拿大定居者是由来已久的话题。在省级水平，"阿尔伯塔研究"（Alberta Studies）得到了普遍接受。阿尔伯塔研究是在强调加拿大研究基础上的一种新的连接课程计划，基于技能的教学和价值的学习，其综合内容广泛涉及任何时间和地点的人类文化。阿尔伯塔研究尽可能实现在社会科教学中知识本位与技能本位的方法的结合。

　　为了增强某种社会信念，课程内容得到精心安排。杜威主张民主国家应该努力使教育不仅培养人们容纳有序的社会变迁的思维习惯，而且培养人们对于社会关系和社会控制的兴趣。这种哲学正是加拿大教育管理的基础。1976 年，安大略省教育部认为学校课程目标应该包括"为孩子们提供积极参与加拿大社会所需的知识和态度"。同时，为了让孩子们在情感上与自己的国家及早发生关联，安大略省教育部门要求让孩子们每天接触象征国家的符号；学校经常唱国歌，必须悬挂国旗；在六年级开始教授加拿大历史，并一直持续到八年级。通过这些课程，传授有关政府和政治的知识。但是，在学校中并没有义务性的有关公民或加拿大政府的课程。①

　　20 世纪 60 年代加拿大学校普遍进行了民主化改革，主要内容就是大大缩减必修课程，大量增加有关"生活技能"的选修课程，但对增强学生的民主观念没什么显著的效果，相反却使大学出现了大批"文盲"，因为学生只顾训练谋生技巧，而不喜欢基础课程如数学、英语和历史的学习。到了 80 年代，加拿大又开始强调基础课程的学习。加拿大教育系统的一个重要目标就是培养西方民主观念，但是有人怀疑学校儿童能否从充满限制、等级和不平等的学校里学到自由和平等。学校不民主的现实实际上是无形的教育，它抵消了课本上所传授的民主价值。

　　（三）语言教育

　　语言问题在加拿大具有更强的政治性。语言被视为维持民族认同的关键因素。双语教育在加拿大历史上历来是一个相当敏感的问题。由此而引发的权利斗争也时有发生。20 世纪初，随着对新移民"加拿大化"运动的展开，魁北克省以外的非英语教学遇到了更大的挑战。1912 年安大略省的保守党政府对本省法裔居民的增加感到担忧，颁布了"安大略教育部第 17号指示"，严格限制在学校教学中使用法语。这一规定引起了法裔的强烈

---

　　① 储建国.当代各国政治体制：加拿大［M］.兰州：兰州大学出版社，1998：281.

不满。联邦议会也提出安大略议会不要对法裔儿童选择母语教育的权利进行干涉，但是"盎格鲁顺从论"的呼声显然更加强烈。20 世纪 60 年代，加拿大正式确认了法语的官方语言地位，此后，双语教育在整个加拿大的合法性才得到巩固。1963 年，联邦政府设立双语和双元文化皇家委员会，调查加拿大现存的双语和二元文化状况，并为发展以英法两个建国民族为基础的加拿大联邦和保护其他为加拿大的建设做出贡献的民族的文化传统提出建议。70 年代双语教育计划显著增加，接受第二语言教育计划和法语浸入教育计划的人数不断增加。然而，魁北克为了防止该省法语地位的衰落，通过了有争议的《101 法案》，要求进入该省的新移民进入法语学校。除了法语和英语，其他语言在加拿大正规课程中基本消失，特殊语言课程的开设只是为了满足少数民族的需要。

法语作为公共生活的共同语言在魁北克的社会凝聚中是一个关键因素，是保持和兴盛魁北克人认同的主要工具。因此，魁北克政策清晰地声明需要将法语作为一种集体利益来加以保护和鼓励。① 1974 年《官方语言法案》和 1977 年《法语宪章》的颁布使法语正式成为魁北克唯一的官方语言，同时强调了法语在公共领域诸如政府、职场、贸易、学校中的主导地位。自此，幼儿园、小学、中学都普遍使用法语教学，除了少数具备特定条件的移民和少数民族群体可以选择英语学校。直至 20 世纪 90 年代，针对英语及其他语言的限制才有所缓解。

（四）多元文化教育伊始

加拿大多元文化主义政策的实行促进了多元文化教育和人权教育的发展。这些课程从 20 世纪 70 年代后期开始逐渐受到关注。在实施这些政策的过程中，公认的课程标准逐渐成形。一位加拿大学者确定了七个这样的标准。简单地说，这些标准为：要求将多元文化主义融入所有课程之中；均衡地描述不同族群之间异同点的重要性；回避或小心地处理教材中存在的偏见；应该在学校的日常计划中安排一些特殊的日子；教学内容必须适应学生们的智力和道德推理水平；必须既包括认知学习，也涵盖情感学习；教学方法必须将认知学习和情感学习有机结合起来。当然，这些标准

---

① ALAIN － G. GAGNON, RAFFAELE IACOVINO. Interculturalism: expanding the boundaries of citizenship [M] // RAMÓN MÁIZ SUÁREZ, FERRÁN REQUEJO COLL. Democracy, nationalism and multiculturalism. New York: Frank Cass & Co. Ltd, 2005: 31.

要在所有省份之间取得共识需要一些时间。多元文化的庆祝节日已经成为加拿大的传统，因为其他文化传统有助于更大程度地相互理解，而且能够促进作为多元文化主义的加拿大认同。某些时候，这些信念在教师中间以"多元文化日"和"多元文化音乐会"的方式得以树立。

（五）土著人的教育自决

加拿大印第安人借助多元文化主义掀起了一场颇有声势的教育自决运动。印第安人教育权的归属几经变动。根据1876年的《印第安人法案》第一百一十四至一百二十三款，保留地土著居民的教育事务由教会掌管，建立彼此分离的新教和天主教学校对印第安儿童实行强制性的"同化"教育。到20世纪50年代，加拿大联邦接管了印第安人教育。总督可授权印第安人事务和北方开发部部长代表女王与各省政府和西北政府、公立或私立学校委员会、宗教及慈善团体就印第安人教育问题达成协议，联邦也可以建立、运作和维持印第安人学校。但是，印第安人的教育不仅落后于全国水平，而且脱离他们的实际需要。加拿大长期奉行以同化为目标的教育政策使印第安人的传统文化饱受冲击。到20世纪六七十年代，加拿大又推行所谓"取消隔离"的政策，将印第安人学校完全纳入各省的教育体系，这对残存的印第安语言和文化构成新的毁灭性打击。同时，印第安人在各层次学校的就学率更低。这种状况引起了印第安人的不满，他们开始大力争取教育自决权。1972年，印第安人兄弟会向联邦政府递交了题为"印第安人控制印第安人教育"的请愿书。印第安人的这些主张得到了联邦和各省的支持。从1973年起，印第安人事务和北方开发部开始提倡印第安人参与教育。到80年代初，在加拿大的577个土著部落中，有450个从印第安人事务和北方开发部手中接管了本社区部分或全部的学校事务。与此同时，加拿大社会也开始重视保存印第安人的传统文化和提高土著人的教育水平。在中小学教育领域，联邦建立和维持印第安人学校，各省教育系统内有专项协议以促进印第安人学生的增加；此外，各省从70年代开始出现了以保存印第安人语言、价值观和历史为宗旨的"印第安人文化保存学校"。在这些学校里，古老的印第安人教育方式和现代教学法彼此结合，旨在培养既能继承丰富的民族传统和拥有强烈的民族自豪感、又能适应现代社会激烈竞争的双语和二元文化人才。在中学后教育中，印第安人的权益也逐渐得到尊重。不过，加拿大印第安人教育还存在种种局限。在印第安人对教育事务的最终决策权问题上，印第安人事务和北方开发部与印第安人之间存在司法争议，印第安人教育自决运动的目标并未完全实现。印第安人文化在整个教育体系中，甚至在印第安人学校中的地位有待提高。但是，教育自决仍然是印第安人自治最重要的组成部分。

（六）媒介教育

大众传媒在传播国家意识和塑造公民情感联结方面越来越成为一股重要的力量。然而，与教育一样，加拿大大众传媒不仅深受美国影响，还面临着民族矛盾和地区主义的挑战。英法两大民族被置于完全不同的传媒信息中，进一步加大了民族意识上的差异。尽管加拿大实行了多元文化主义政策，但是许多少数民族群体还没有得到应有的重视。而且，各省都有自己的地方传媒机构，这些传媒机构除了在全国大选时热心地报道全国事务外，绝大部分精力都放在地方事务上。在联邦与省发生冲突时，省报纸一般都支持本省的立场，双方的分歧因而进一步加大。当然，随着国际化进程的加快，加拿大以独立国家身份参与国际事务的机会增多，传媒对国家事务的关注也开始增多，反映出的地方主义特征逐渐减弱（除魁北克之外）。总之，加拿大传媒机构在加拿大政治社会化过程中的作用是分裂的、保守的和疏离的，[①] 不利于民族国家意识的培养。而且，美国文化和意识形态长期在加拿大传媒中占据重要地位，对加拿大人自我意识的形成造成了障碍。

总之，对于 20 世纪 70 年代公民教育改革的成效，Hodgetts 在他的报告发表十年后写道："很显然，在《什么样的文化？什么样的传统？加拿大公民教育研究》中的众多发现现在已经不再适用于描述加拿大的教育了。"[②] 他对报告所产生的影响很满意。但是，改革刚刚开始，许多根深蒂固的问题仍然没有彻底改变，一本共同的加拿大历史教科书还没有被所有的省接受，而且对这一问题的强调在减少。在这些社会科课程中一些包含公民教育的元素，一些没有。在内部分裂因素和外部渗透因素的双重压力下，加拿大联邦政府仍然坚持努力唤起学生的共同传统感和民族自豪感。它的关键任务是在妥善处理民族、地区和文化多样性关系的前提下培养统一的"加拿大公民意识"。因此，在接下来的发展时期里，加拿大进一步把改革推向深入。

---

① 储建国. 当代各国政治体制：加拿大 [M]. 兰州：兰州大学出版社，1998：288.

② DEREK HEATER. A History of Education for Citizenship [M]. London：Routledge Falmer，2004：209.

第四节　小　　结

魁北克人和土著人是加拿大主要的少数民族群体。这就意味着除了归属于加拿大国家，这些公民还将自己界定为少数民族群体中最重要的一个。而其他人，他们是这里的多数群体，认同作为加拿大国家的一员。除了少数民族群体，加拿大社会还由移民群体和移民后代组成。自从1971年加拿大宣布其为一个多元文化国家，他们的身份便得到了官方的明确认可。由于多元民族文化元素得到了承认，加拿大认为作为一个国家其国家认同不能以一种主要的民族文化为特征。

加拿大人民族身份感的模糊直接导致了自我意识的薄弱。先天缺乏具有较强凝聚力的主体文化使加拿大国家认同的形成尤为艰难，也成为美国文化容易渗入的重要原因。加拿大人逐渐认识到，面对来自美国强大的经济和文化压力，需要重新定义他们的国家认同。加拿大是否具有区别于其他国家的特征和价值，尤其是美国？许多社会分析家曾经批评加拿大过于依赖国际势力。加拿大人应该做些什么，怎么做，加拿大公民应该具有什么样的价值观和生活？20世纪60年代以前，加拿大一直希望以盎格鲁文化统一加拿大，法裔加拿大人和土著人能够认同英裔文化，移民能够抛弃他们的文化传统而完全接受现有的文化规范。然而，移民、土著人、魁北克人始终都拒绝盎格鲁一致性的同化模式。随着法裔加拿大人不满情绪的增强，联邦政府不得不通过赋予官方语言权利提高法裔加拿大人的地位。因此，1969年《官方语言法案》的通过不仅是为了平息法裔加拿大人的动荡，更是宣告以往的同化政策是失败的。面对新的社会局面，从70年代开始，加拿大采取了一种更为宽容的社会整合模式：多元文化主义。而"双语框架下的多元文化主义"的新公民身份更是应用到了之后的政策中。

公民身份是某一国家制度中身份认同和赋予政治权利的主要标志。这一时期加拿大的移民政策也更加开放，从而进一步加剧了它的文化马赛克，也使多元文化主义的提出显得更为迫切和适时。加拿大的历史总是陷于在司法上保持国家种族纯净的努力。作为一个白人移民国家，同化其他种族总是国家管理中的一个问题。理查德·戴（Richard Day）指出，加拿大的多样性问题一直是公共性的，政府总是介入去尝试在这样一个领域进行定义、了解、建构那些自认为毫无问题的、以各种形式包括文明、人道、种族、文化、民族和民族文化起源标榜自己的法国人、英国人、英裔加拿大人和欧洲人与有问题的野蛮人、魁北克人、混血的和移民的行为。[①]理查德·戴声称，官方的多元文化主义是定义、容纳、管理和将其他种族置于监管之下的另一种形式。对于加拿大，通过遗产制造主体性是一个种族主义的过程。国家需要起源的神话。因此在加拿大，对于"国家认同"的争论和恐慌总是出现在白人移民中。

20 世纪 70 年代，多元文化主义不仅成为加拿大政策的重要内容，也成为一种文化与政治思想。多元文化主义政策旨在承认和鼓励不同的文化多样性，保护各种文化的生存与延续。尽管多元文化主义的国家特征被正式提出，但是文化多样性似乎还没有被看作加拿大生活的一种特征，而是被看作解决加拿大问题的一种手段。[②] 加拿大的多元文化主义没有促进整合而是恰恰相反。在对加拿大多元文化主义长期研究的过程中，《加拿大地理》杂志提出了一个完全不同的观点。加拿大与其他发展中国家没有不同，除了美国。在大多数国家，存在着容易接受的多样性。然而，加拿大逐渐变成更加民族多样的社会，这导致了加拿大失去了部落特征，这是法裔加拿大人和英裔加拿大人之间依赖民族同质和集体记忆的历史对抗。这些旧有的冲突逐渐被民族多样性侵蚀。作为加拿大人不再意味着一个独特的民族，许多加拿大人几乎没有关于民族对抗的历史的记忆，这些事实可能拯救加拿大国家。加拿大在一个国家中呈现整个世界。[③]

语言是身份认同的核心。30 年后在语言领域的政治中，大多数评论者似乎都认为特鲁多在使语言权利成为重塑大多数加拿大人的国家意识上是失败的，尤其在西部省份和魁北克。他的双语主义政策被许多加拿大人看

① RICHARD DAY. Multiculturalism and the History of Canadian Diversity [M]. Toronto：University of Toronto Press，2000：5.

② HAROLD TROPER，MORTON WEINFELD. Diversity in Canada [M] // HAROLD TROPER，MORTON WEINFELD. Ethnicity，Politics，and Public Policy：Case Studies in Canadian Diversity. Toronto：University of Toronto Press，1999：5

③ FRANÇOIS HOULE. Canadian Citizenship and Multiculturalism [D] // PIERRE BOYER，LINDA CARDINAL，DAVID HEADON. From Subjects to Citizens：A Hundred Years of Citizenship in Australia and Canada. Ottawa：University of Ottawa，2004：218.

是不公平的。评论者更喜欢他的多元文化主义政策，因为双语主义仍然意味着集体权利和加拿大魁北克的争论，而不是个人权利。换句话说，语言目前不是重塑加拿大国家意识的基础而被更多地看作分裂加拿大的来源。特鲁多没有平息魁北克的民族主义。相反，魁北克人相比于加拿大仍然更加认同魁北克。他们相信魁北克是一个国家而不仅仅是一个省，他们偶然成为加拿大人。魁北克人有着强烈的作为一个群体的命运感。"平静的革命"使语言不仅成为魁北克生活的中心，同时通过双语和双元文化皇家委员会成为加拿大生活的中心。语言在加拿大常常成为复杂的、充满争议的和永无终止的话题。法语作为公共生活中的共同语言与其他语言具有本质区别。它成为有效践行共同公民身份的基本条件。魁北克政府力图使法语成为所有魁北克人的共同遗产，从而使少数民族群体能够整合进更大的共同体中，同时能够贡献和参与社会共同的公共文化。民族主义是一个现代现象。在许多方面，它似乎成为一种新的宗教。这意味着，共同的文化、共同的遗产、共同的语言在本质上提供了一种安全的象征。它能够提供一种对于生活方式的解释，尽管它对一个民族的人们似乎有些模糊，但是它为公民提供了情感安慰。当法裔加拿大的民族主义以强劲而明确的区域民族主义的形式出现的时候，其内涵不能与种族和部族性质的民族主义相提并论。区域民族主义是包容性的，它承认种族和文化上的多样性和少数民族的权利，更重要的是承认人权。[①] 因此，从 80 年代开始，魁北克也开始了强调自身民族整合方式的过程。

　　双语主义和多元文化主义使加拿大少数族裔文化得到了承认和保护，重塑了加拿大政治，进一步拓宽和加深了加拿大公民教育理念。它旨在培养一种新的、包容的加拿大国家身份认同，这一身份认同适合于所有加拿大人而无论其种族文化背景如何，从而开始了加拿大新的国家特征和国家认同的建构和发展。省和学校委员会政策开始强调文化意识。双语主义伴随着第二语言教育的发展逐渐表明了这种承认。公民教育也开始为建构独特的加拿大认同积极调整，逐渐改革缺少加拿大内容的历史积弊，推进加拿大研究计划，努力建立加拿大内容和特色的课程体系。尽管双语教育也在积极开展，但是遭到了不同程度的抵制，法语的空间日益减少，少数民族语言也处于边缘境地。多元文化教育开始在课程中显现，可见促进民族

① 菲利克斯·格罗斯. 公民与国家：民族、部族和族属身份 [M]. 王建娥，魏强，译. 北京：新华出版社，2003：130.

理解和融合是大多数加拿大人的期望。国旗和国歌仪式开始在学校中发挥作用，目的是通过这些简明的形式和节奏在所有加拿大人中唤醒内心的历史感或使命感。尽管公民教育力图在回应多元文化主义上做出改变，效果也是差强人意，但是长久的历史沉积和固有的大多数白人移民尤其是英裔加拿大人的思维仍然牢固地潜藏着和隐现着，而且加拿大人始终不能定义多元文化主义的国家认同究竟是什么，因此更无法在教育中找到答案。政策作为目标的存在没有改变实践。1977 年安大略制定了省级多元文化主义政策。政策承认安大略人口的种族和民族多样性，以及无论种族、宗教背景所有人的公民权利。改革刚刚起步，人们的意识也在接受、困惑、变革、更新中不断发展。

总体上看，特鲁多时期加拿大在经济上更倾向于推进福利自由主义和国家干预政策；在政治上主张联邦主义、反对魁北克的民族主义，在 80 年代最终实现宪法归国，在文化上建立了双语制度和多元文化主义政策。在西方自由主义的直接影响下，加拿大一方面继承了英、美自由主义思想的传统，一方面又紧密地结合本国社会和政治发展的特点，用一种更加温和、妥协的态度对加拿大政治进行了诠释。差异政治也可以变成一种普遍主义的政治，它并不完全否认自由主义的合理性，而是提出各民族的传统文化都具有价值，都应该得到同等的尊重和承认，以其作为自由主义原则的一个补充。每个人都具有一种国家认同，它的多样性与尊重个人认同的程度相关。加拿大建国 100 多年后，加拿大和加拿大人也没有完全逃离他们的殖民地遗产。他们也没有逃离两种不同文化的影响。[①] 尽管如此，加拿大人已经意识到并开始想要挣脱这种束缚，更加深入地寻求自我发展的道路。

---

① GORDON ARCHIBALD BAILEY. Education and the Social Construction of Reality：Canadian Identity as Portrayed in Elementary School Social Studies Textbooks［D］. Eugene：University of Oregon，1975：12.

第四章　混沌：多元文化社会发展时期的公民教育（20世纪80年代—90年代中期）

　　进入20世纪80年代，英裔加拿大人和法裔加拿大人之间的纠葛进一步强化了他们各自的民族情感和民族认同。魁北克人要求独立和加拿大联邦国家追求国家统一的斗争构成了加拿大政治生活中的一个重要组成部分。加拿大一直受到民族主义的威胁而缺少国家主义的联合。尽管国家认同的某种切实目的是承认认同形式中的民族主义情感，① 但是现代社会的复杂性使民族主义像其他一些社会和政治力量形式一样，充满了矛盾。文化多样性继续改变着加拿大公民身份，使加拿大人的身份认同与英国文化拉开了距离。它使共同的公共文化多样化和有些中立化。② 《权利与自由宪章》更是促进了公民身份的民主化发展。然而，多元文化主义政策也被质疑是引起加拿大社会分裂的主要因素之一。社会整合成为这一时期多元文化主义的重点。公民教育政策做出了更大程度的调整，尽管公民教育实践似乎没有太多的深化。

---

① GORDON ARCHIBALD BAILEY. Education and the Social Construction of Reality：Canadian Identity as Portrayed in Elementary School Social Studies Textbooks ［D］. Eugene：University of Oregon，1975：24.

② FRANÇOIS HOULE. Canadian Citizenship and Multiculturalism ［D］ // PIERRE BOYER，LINDA CARDINAL，DAVID HEADON. From Subjects to Citizens：A Hundred Years of Citizenship in Australia and Canada. Ottawa：University of Ottawa，2004：226.

第一节　国家基本特征的正式确立与民主公民身份的发展

一、多元文化社会的繁荣与危机

（一）经济社会的发展

20 世纪 70 年代特鲁多政府的自由主义的多元文化主义并没有缓解文化群体与政府间的对抗。加拿大人质疑特鲁多自由主义的主要特征，以及强大的中央集权导致的与各省持续的冲突，因此转而寄希望于马尔罗尼领导的保守党政府以寻求一种更加和谐繁荣的政治局面。马尔罗尼更加去中心化的联邦主义的观念使其在 1984 年大选中获得了胜利。20 世纪 80 年代和 90 年代的政治局面与 60 年代和 70 年代形成了鲜明的反差。这一时期，经济的强劲复苏为一种新的国家政治一致性的发展带来了希望。80 年代后期，各个地区经济发展的不平衡促使马尔罗尼政府着手地区发展政策，与自由党的计划相反，其是以经济而不是以政治为指导原则。保守党政府一改以往使所有地区都获得平等援助的方式，而是促进不发达地区的发展，最终重新分配了国家与各省的经济利益。

马尔罗尼时期加拿大呈现出一种新的经济趋势，而且进一步缓和了在特鲁多时期与美国紧张而冷淡的关系。随着欧洲贸易壁垒的加强，加拿大又与美国建立了自由贸易关系，加强了与美国的经济联系。为了促进经济发展，80 年代末，加拿大政府将每年 10 万名移民数量上限提高到 20 万，从而使有色民族成为加拿大文化马赛克不断增加的部分。80 年代和 90 年代，加拿大的移民人口大多来自亚洲和中东，从 1981 年的 14％上升到 1996 年的 31％。[①] 1996 年，大约 500 万居住在加拿大的人出生在国外，超

---

① Statistics Canada，The Daily，1996 Census：Immigration and Citizenship，（Ottawa，Statistics Canada，4 November 1997），Internet Document. http：// www. statcan. ca/Daily/English/971104/d971104. html.

过 26％的安大略人是移民。270 万的安大略人出生在国外。[①] 其中，投资移民尤其受到欢迎。尽管加拿大总是标榜自己的多元文化社会，但是加拿大人仍然越来越担忧移民对于国家认同产生的影响。移民数量的大幅增加使加拿大人口可以区分为英裔、法裔和其他民族群体，而其他民族占据人口优势似乎也只是时间问题。而且，新移民大多数都采用英语为他们的新语言，从而使说法语的人口数量相对下降，引起了魁北克人对于自身文化生存的不安。

（二）两次公投和三次修宪

加拿大历史上的许多关键时刻都集中在英裔、法裔和土著人就联合的条款进行重新谈判的努力上。[②] 尽管魁北克第一次全民公投以失败告终，却使联邦政府意识到收回宪法的迫切性。最终，加拿大《1982 年宪法法案》作为《英属北美法案》归国进程的最后一步，成为加拿大的新宪法，从此加拿大修改宪法无须再经英国议会同意。至此，加拿大获得了完全意义上的国家主权，完成了从殖民地到主权国家的转变。然而，尽管新宪法经过各方妥协在联邦议会参众两院获得通过，却遭到了魁北克的坚决反对，魁北克拒绝加入宪法，再度使加拿大政治关系笼罩上了一层阴霾。因此，马尔罗尼上台后，为了兑现对魁北克的承诺，主持了一系列联邦与省的会议，积极协调魁北克加入宪法。1987 年，联邦政府与各省达成《米契湖协议》，承认魁北克作为一个"独特社会"的地位以及增加其在移民事务上的权力，迫于各方反对，协议在 1990 年夭折，再次激起了魁北克主张独立的情绪。于是便有了 1992 年《夏洛特城协议》，这是修改宪法的又一次努力，旨在调解魁北克与其他省的宪法权力之争。协议再次声明"魁北克在加拿大内构成一个独特社会"，而且补充说这个社会"包括讲法语的多数人口，一种独特的文化和民法传统"。结果协议在全民公投中未能获得通过，魁北克仍未加入联邦宪法。1995 年魁北克省就独立问题再次举行全民公投，结果分离主张以微弱差距遭到否决，也使联邦政府看到了分离

---

① FRANÇOIS HOULE. Canadian Citizenship and Multiculturalism ［D］// PIERRE BOYER，LINDA CARDINAL，DAVID HEADON. From Subjects to Citizens：A Hundred Years of Citizenship in Australia and Canada. Ottawa：University of Ottawa，2004：223.

② 金里卡. 多元文化公民权：一种有关少数族群权利的自由主义理论 ［M］. 上海：上海世纪出版集团，2009：15.

主义势力不容忽视。1991 年,《加拿大魁北克协议》签订,联邦政府给予魁北克选择移民和监督整合事务的权利。1993 年,加拿大政府建立了公民与移民部,开展除魁北克以外的公民和移民事务。魁北克与加拿大其他地区的关系在 20 世纪 90 年代进入了一个新时期,尤其是在 1995 年魁北克全民公投之后。公民身份开始成为特殊的政治和象征的战场。加拿大政府致力于通过重新定义多元文化主义政策、移民和避难者法律、加拿大公民法律和通过强化加拿大象征例如国旗来重新定义国家归属概念。而在 20 世纪 80 年代和 90 年代,改变加拿大宪法的不同尝试与多民族公民身份的认同紧密相关。

(三) 土著人的自治

土著人的自治取得了实质性进展。1983 年以来,加拿大多次召开修改宪法的会议,讨论修改不利于土著人自治的宪法条款。同时,印第安人自治村社渐次成立。1984 年设置于魁北克省和 1987 年设置于不列颠哥伦比亚省的两处土著村社各有其自治政府,不仅掌握村社行政权,还有权制定和修改地方法规。土著人社区的管理权开始由联邦政府转向土著组织手中。他们获得了对保留地土地和资源的所有权。土著居民努力使自己成为有关政策制定过程中的一个合法参与者,不能继续任由白人政府和公司为他们制定政策和方案。加拿大社会对土著人及其文化的态度也发生了变化,主流社会在处理与土著人的关系时,不再是自我中心主义,而是对土著人的意愿表示了一定的关注。对于那些不能完全自治的土著人社区,主流社会设置的工商企业、工会、学校、医院、福利机构等都能顾及土著人的特殊需求和文化独特性。而对于那些有自治能力的社区,各级政府则在社会、经济、政治发展方面尽可能提供帮助。但是,土著人与社会隔绝和经济滞后的局面并未根本改观。虽然不断有经济投入和新的举措,但是长期的历史积淀、特殊的地理条件和不同的文化传统所造成的制约不能轻易得到突破,在分布于加拿大各地的土著村社和保留地,政治自治和经济贫困所形成的强烈反差时时昭示着另一个十分不同的世界的存在。土著人获得完全民族平等地位的道路仍然漫长。

(四)《多元文化主义法案》

1985 年,时任联邦多元文化主义部长的奥托·杰里尼克 (Otto Jelinek) 指出,政府正在寻找更有效的确保机会平等的方法以及一条丰富同质社会的途径。平等不能仅仅关注文化领域，还包括经济、政治和社会领域。① 为了实现这种平等，他认为多元文化主义政策应该旨在反对歧视和社会偏见。1971 年的多元文化主义政策被视为不能满足社会整合的目的却潜在地加剧了群体的隔离。一些学者也同意这一结论。1985 年，加拿大的多元文化主义政策得到改进，政府不再在其管理范围内考虑促进多样性和保持加拿大文化遗产，而是确保所有加拿大人，不分文化背景和种族出身，均能在经济、政治和社会上享有完全参与和机会平等。1987 年起草的多元文化原则指出：多元文化政策必须对所有加拿大人有利，而不是专为保护小民族文化的政策；保证所有加拿大人在经济、文化和政治上的平等；承认多元论和多元文化是加拿大的特点；保护所有加拿大的传统语言；承认多语言的文化和经济利益。这些原则比 1971 年的 4 项范围有很大进步，明确了多元文化是针对所有加拿大人，而不是只针对少数民族集团；增加了消除种族歧视和社会平等的内容；提出了支持移民一体化，但反对同化。1988 年，联邦议会通过了《多元文化主义法案》，指出：加拿大宪法承认保护加拿大人的多元文化传统的重要性；加拿大人的多样性把种族、民族或种族来源、肤色和宗教视为加拿大社会的基本特征；每个公民都是加拿大社会的平等参与者，他们都有保护和享有其文化传统的权力。法案包括两个主要动力：个人选择权；保护和承认群体文化遗产和在公民的各个方面平等参与的权利。政策中明确指出，多元文化主义是加拿大遗产的中心。法案的 3b 条款指出：承认和促进对于多元文化主义是加拿大遗产和认同的基本特征的理解，它在塑造加拿大未来上提供了一种无价的资源。②

　　1988 年《多元文化主义法案》是对个人权利和自由的基本价值的重新肯定。多元文化主义旨在"摒弃阻碍接受和尊重的屏障——歧视和忽

---

① House of Commons Standing Committee in Multiculturalism，Testimony. Ottawa：Goods and Services Canada，1985，26 November.

② Canadian Multiculturalism Act. http：//laws. justice. gc. ca/eng/acts/c－18. 7/FullText. html，2011-09-30.

视"①。因为政府开始担心"垂直马赛克"②的发展。因此,为了确保加拿大社会的整合,需要更加积极的政策以保证平等。种族文化多样性继续作为泛加拿大认同的一个基本元素呈现出来。当联邦政府在 70 年代和 80 年代坚持保护加拿大人的文化权利和评价他们的种族来源时,没有详细说明这种权利如何与其他基本价值相契合。多样性没有与团结一致相伴随。1988 年《多元文化主义法案》的制定意味着加拿大将多元文化主义作为基本国策固定下来。从此,联邦机构执行多元文化主义政策的活动也开始变得逐渐深入和更加复杂。《多元文化主义法案》成为建构加拿大社会及其内部关系的指导原则,为社会多元化发展所需的各种具体政策、项目和方法提供了法律基础。③ 1991 年联邦政府设立了多元文化主义和公民部(1996 年撤销),主要帮助少数族裔社区克服任何歧视性的障碍,保护和发展加拿大的文化遗产。另外,加拿大还推行多元文化主义教育,以促进人们对不同文化的欣赏,传播社会平等、种族和睦和国家团结的观念。联邦政府每年设立专门款项用来支持多元文化建设。多元文化主义和社会公正的原则被写进了《加拿大权利与自由宪章》中。

二、民主公民身份的发展

《1982 年宪法法案》基本上保留了《1867 年英属北美法案》关于政体、国体和权力划分的原则,又增添了许多新条款,包括:权利与自由宪章;加拿大土著民族的权利;宪法修改程序等。《1982 年宪法法案》使加拿大在立法方面脱离了英国而宣告独立,成为一个主权完全独立的国家。其中,《权利与自由宪章》(以下简称《宪章》)是一项历史性成就,它取代了 1960 年颁布的《加拿大权利法案》,直接以国会立法的方式完成了立法体制上的变革,加拿大公民的自由与权利首次得到了宪法保障。《宪章》

---

① Multiculturalism and Citizenship Canada,The Canadian Multiculturalism Act:A Guide for Canadians. Ottawa:Supply and Services Canada,1990.

② FRANÇOIS HOULE. Canadian Citizenship and Multiculturalism [D] // PIERRE BOYER,LINDA CARDINAL,DAVID HEADON. From Subjects to Citizens:A Hundred Years of Citizenship in Australia and Canada. Ottawa:University of Ottawa,2004:224.

③ Annual Report on the Operation of the Canadian Multiculturalism Act 2007—2008. 11.

中规定了在自由民主社会中公民能够享有的基本自由和权利，包括信仰自由、言论自由、集会和结社自由，以及选举权和被选举权、迁徙权和法律上的权利，尤其特别规定了平等权利，即任何人在法律面前和法律之下一律平等，不受基于种族、民族、肤色、宗教、性别、年龄或者身心缺陷的歧视。对于加拿大官方语言，《宪章》中再次确认了英语和法语是加拿大的官方语言，具有平等地位。关于少数民族语言的教育权利问题，《宪章》中规定，当英语或法语成为公民居住地的少数民族语言时，他们有选择同种语言接受初等和中等教育的权利，即是指居住在魁北克的英语加拿大人有权为其子女选择英语中小学；居住在其他省的法语加拿大人的子女有权进入法语学校学习；在加拿大任何地区曾经接受或正在接受英语或法语的初、中等教育的学生的父母，有权安排他们在相同语言的中小学就读。在此基础上，土著人的权利与自由不受《宪章》影响，原有的土著人的条约规定或者其他权利仍然有效。《宪章》遵循保存和增进加拿大人多元文化遗产的方针。《宪章》是联邦政府在公民领域的主要文件。《宪章》不仅保障了公民的个人权利，而且承认了特定群体成员的身份。

宪法的第二部分保证了加拿大的土著民族，包括印第安人、因纽特人和梅蒂斯人享有宪法所赋予的一切权利，包括作为土著民族的特别权利和已经签署的条约所赋予的权利。作为加拿大公民，土著男性和女性享有平等地位，并在与所有政府的关系中有权获得《宪章》的保护。许多土著人的管理观念集中在区域权限上。他们面对着在一定区域内实施管理权的政府。宪法不仅保障土著人个人的公民权利，也保证他们的集体权利和条约。自从土著人条约权利被普遍地作为集体权利而不是个人权利，个人权利只能通过土著人群体成员的身份获得。加拿大政府承认土著人享有独特的双重身份形式，既是土著民族的公民也是加拿大的公民。土著人在践行决定公民身份权利和为了这个目的建立规则和程序的过程中采用公民身份标准，包括自我认同、社群或者民族接纳、文化和语言知识、婚姻、收养、居住、出生地、后代和祖先元素在不同方面建立公民身份。

《宪章》明确肯定了加拿大的多元文化遗产，保障了土著人的权利和少数民族语言教育的权利。加拿大宪法，包括加拿大《宪章》体现了一些基本特征：作为加拿大土地上的第一个人群——土著居民，有权促进其语言、文化和传统以及保证其社会的健全，他们的政府构成了加拿大政治体制三种类型中的一种；魁北克构成了加拿大的一个独特的社会；加拿大人承认种族和民族在社会中的平等。加拿大《宪章》给予加拿大公民享有权利的保证。加拿大政府为维护和促进多元文化主义所做出的努力推动了加拿大人权保护事业的发展。《宪章》被看作承认民族文化和宗教多样性或者说多元主义的法律文件。《宪章》更多采用的是一种中立的态度，它试图寻求建立真正的、基于宪法的爱国主义的加拿大民族主义。而事实上，《宪章》的一个特征就是被当作发展一种加拿大政治文化甚至是建立一个加拿大民族的工具。

　　然而，魁北克人相信，《宪章》永远不可能承认他们的集体权利。《宪章》中没有可以承认他们在加拿大特殊地位的条款，特鲁多也没有这样的意图。因为自从开始他的联邦政治生涯，他就想要在加拿大宪法下编制这样一份文件。宪法应该被看作基于个人权利之语言权利的一种公民政治和加拿大人重新开始国家意识发展的一个重要步骤，而不是对于魁北克要求的妥协。① 许多观察家批评特鲁多的《宪章》，因为它被视为对加拿大议会制度政治传统的威胁。它使身份政治转向了法律政治，使在国王权力下的加拿大政治加入了大众主权的新元素。一些评论者也认为，联邦的团结统一基于各省对于中央政府的服从。大多数评论者认为，《宪章》使加拿大公民身份甚至是加拿大政治具有美国味道。② 事实上，从 20 世纪 30 年代民权运动以及福利国家开始，这一过程就已经开始了。《宪章》允许更多群体借助法律途径，并且给予更多的司法权力来解释法律。在这些群体中，语言少数群体可以大量运用法律。这样，《宪章》代表了在身份认同和文化领域中社会和经济权利的逻辑延伸，尽管加拿大社会永远不能回避认同政治。

　　1987 年，马尔罗尼政府着手公民法案的改革，颁布了《公民 87：为作为加拿大人而自豪》的文件。这一文件指出：在建议修改 1977 年法案的基础上，政府将寻求扩大公民的权利。这种公民与多元文化主义之间的联系

① LINDA CARDINAL. Citizenship Politics in Canada and the Legacy of Pierre Elliott Trudeau ［D］ // PIERRE BOYER，LINDA CARDINAL，DAVID HEADON. From Subjects to Citizens：A Hundred Years of Citizenship in Australia and Canada. Ottawa：University of Ottawa，2004：169.

② LINDA CARDINAL. Citizenship Politics in Canada and the Legacy of Pierre Elliott Trudeau ［D］ // PIERRE BOYER，LINDA CARDINAL，DAVID HEADON. From Subjects to Citizens：A Hundred Years of Citizenship in Australia and Canada. Ottawa：University of Ottawa，2004：171.

在政府的 1987 年文件中得到了强调，"多元文化主义存在于每一个加拿大公民的心中。"1987 年文件中具体规定了一些基本问题：多元公民；公民资格；成为公民的法规；失去公民资格的原因；公民身份公正与平等问题；等等。但是，试图修改公民法案的尝试没有成功。此后，1993 年，《加拿大公民：共享责任》报告中包括了一项关于《1977 年公民法案》的修改意见，指出：反映多元主义、官方双语和多元文化的加拿大社会；提供一个清晰的公民权利与义务的解释。1994 年，《加拿大公民：一种归属意识》的报告进一步提出了对《公民法案》改革的意见，作为对宪法和多元文化社会发展的回应。

第二节　混沌的国家认同

一、公民教育理念的纠结

（一）个人权利与集体权利

自由不仅意味着个人权利，也意味着不同民族和群体的集体权利。80 年代特鲁多认识到，完全平等的自由主义的个人权利不能消除加拿大少数民族群体因文化差异而产生的不平等，反而加剧了这种不平等和反抗情绪。因此，特鲁多转而将联邦主义和多元民主结合起来，强调个人在具有公民身份和权利的同时，也具有族群的身份和权利。联邦宪法所确立和加以承认的就是这种多元主义。因为承认民主就意味着承认差异。在许多情况下，宪法或者基本法以不同的方式向人们提供了权利保护。一些政府也提供了对于群体和机构的支持，以帮助人们保持他们独特的信仰和行为。而且，民主政府在承认和保护人们的权利差异的同时，人们也必须遵循一些普遍的价值和实践。在加拿大，关于什么是普遍价值和实践的争论持续存在，并且多大程度的差异或者多样性是适当的难以界定。

加拿大的民族成员身份与国家认同之间的关系被系于法律条款，并被加拿大的多元文化主义政策强化。英裔加拿大人对于魁北克以及土著人的要求总是忧虑。因此，他们一度拒绝承认他们群体特殊权利的合法性。但是,《权利与自由宪章》不仅承认了所有人的个人权利,还承认了魁北克与土著人的特殊权利。加拿大国家认同的最重要方面是建立在宪法赋予的权利体系上。这是联邦政府在宪法框架下扮演的角色之一。公民身份是一个政治民主社会中成员身份的标志。它塑造着政治共同体、政治权利和身份认同的基础。公民身份对于构成国家特征的身份认同和成员身份的情感具有强烈意义。[①] 它形成了政治体成员与国家、成员与成员之间关系的基础。公民身份地位在加拿大法律中具有独特的重要性。加拿大最高法院指出:"公民身份是一种专门地位,不仅包括权利和义务,也是承认人们作为加拿大成员身份的标志。"[②]

移民已经接受了把他们整合进主流社会文化的期望。他们不反对让他们和他们的孩子学习一种官方语言的要求,并且他们运用这种语言参与共同事务。[③] 然而,这种整合与他们继续成为某一特定民族文化群体的一员是和谐共存的。无论在魁北克还是在加拿大其他地方,整合进社会文化不意味着同化,同化是迫使人们放弃其特定身份。相反,加拿大的多元文化主义政策是试图使想要成为公民的新来者获得公正的整合。多元文化主义要求移民参与公共机构的系统审核,在这些机构中,移民被迫整合,以保证这些规定和要求不能对移民产生不利。这意味着如果整合进现存的学术、经济和政治机构是被鼓励的,那么这些机构就必须改变以便接受带有自身特定认同的移民。新公民宣誓仪式是新公民生活中具有里程碑意义的事情,有助于促进好公民的塑造,包括尊重法律、践行投票的权利、参与社区事务和群体间的理解。

认同不单单是公民身份的一个功能。大多数加拿大人承认,认同关涉你如何看待自己和由于语言、文化、亲族关系或者性取向使你所认同的群体。这种集体意识中的认同有时是自我决定的,有时是由于群体其他成员使你认为是他们中的一员。什么是真正的魁北克人,什么是土著人,什么是西部人,当人们描述他们所属特定群体的认同标准时,每个人的答案似乎都不相同。在这种集体意识中,认同可以具有合法性的结果和实现某种

---

① JASON GRATL, CHRISTINA GODLEWSKA. Study on Loss of Canadian Citizenship for the years 1947, 1977 and 2007: Standing Committee on Citizenship and Immigration (CIMM). B. C. Civil Liberties Association, Vancouver, 2007, 3 (26).

② Andrews v. Law Society (British Columbia), [1989] 2W. W. R. 289, 56D. L. R. (4th) 1 at para 70 (per LaForest J).

③ Citizenship Regulations, 1993, SOR/93-246, s. 17 (1) (a) & (d).

权利。例如，加拿大法院开始采取这样的观点，如果你认同自己是梅蒂斯人，并且如果你的自我认同也被梅蒂斯民族委员会承认符合梅蒂斯群体成员的标准，那么你就可以获得非梅蒂斯人不能享有的狩猎和捕鱼特权。在通常情况下，公民身份的接纳依赖于满足更加严格的出生、居住或者亲族标准，而不仅仅是承认群体成员身份。这些标准在法律和规范中得到表达。公民身份给予个体权利并限定承担某种义务。公民身份与某一特定国家文化相联系，但是并不必然。你可以成为一个公民，尽管你的个人或者文化认同情感在其他地方。但是，对于许多人来说，他们的集体身份认同意识与他们的公民身份紧密相关。这种情况最典型的例子是美国和法国。无论种族、宗教或者地理，政府不决定个体的集体认同意识，但是他们通过与国家文化产生联系鼓励和保持这种认同。这个经验促使加拿大政府在鼓励一种独特的国家文化中、在支持一种独特的国家认同方面扮演更重要的角色。

（二）魁北克的文化间性主义

文化承认必须为文化所保存，也为文化更新提供机会，不能否定它们与主流文化相互作用并对其产生影响的机会，或者反过来被其他文化影响的可能。文化间的相互作用和摩擦是会导致文化的革新和相互促进的。所有的文化都有适应能力，或多或少地处于永恒的变化中。通过相互作用，以及从一种语境转向另一种语境的时候，文化的意义会发生改变。在更广的范围内，文化融合随处可见。文化间性就是以这种最为醒目的方式历史性地发生了。

文化间性主义作为一种政治意识形态是指一个社会中不同文化族群之间相互交流的哲学。文化间性主义要求以一种开放的态度去对待"他者"文化。它通过促进对话试图在不同文化元素之间寻找共性以实现融合。文化间性主义的主要目标是发展一种基于自由价值和人权的共同的公民文化，鼓励不同社群之间的相互影响。而多元文化主义追求不同文化的并存，不同文化各自独立又相互尊重，也就是多个文化没有相互关联地存在。① 虽然文化具有不兼容性，但不是不可沟通的。文化间性主义承认在更广泛意义上的文化理解，包括语言、信念和社会角色关系形式。

魁北克的文化间性主义试图促进各种民族群体和文化群体之间的对话

---

① 雷蒙·潘尼卡. 文化间哲学引论［J］. 辛怡，译. 浙江大学学报：人文社会科学版，2004，34（6）：52.

和交流，包括移民后代，尤其是法裔加拿大人。一些人认为，魁北克的文化间性主义与美国和加拿大的整合模式没有差异。美国和加拿大看起来是盎格鲁式的，而魁北克的文化间性主义被转换成了法国式的，其实都是主流模式的胜利。然而，大多数人认为，文化间性主义不同于美国的单一文化熔炉模式和加拿大的多元文化马赛克模式，后者只是将各种构成加拿大社会的要素看成并列的和分离的个体。而文化间性主义是在一个共同的公民文化和法语框架之下，实现不同文化及其贡献的相互渗透和相互认识。①1981 年，随着《魁北克人：每个人与所有人》计划的出台，魁北克模式开始形成。② 尽管这是一个好的目标，但是这个文件明显区分了魁北克民族和其他文化群体。直到 1990 年，一个主要的移民政策文件《让我们一起建设魁北克：移民和整合政策》的颁布，重新定义了魁北克人，即所有生活在魁北克地区的人，无论其种族背景，都是魁北克人。

　　与加拿大的多元文化主义不同，魁北克整合强调“聚合”（convergence）观念。这个观点主张将移民或者少数民族文化整合到更大的政治共同体中。移民和主流社会群体之间形成一种“道德契约”，目的是建立一个所有公民行使权力的场所，即一种共同的公共文化。③ 这个契约源于三个原则，即：魁北克是一个法语作为公共生活中的共同语言的社会；一个希望和鼓励所有人都参与和贡献力量的民主社会；一个由于尊重基本民主价值和族群间必要交流而产生多重贡献的多元社会。④ 在这三个原则基础上，法语作为公共生活语言是魁北克独特社会的真正独特之处。主流社会希望移民和他们的后代能够努力学习魁北克的官方语言，从而逐渐发展一致的认同。这个“道德契约”声明，权利和义务不仅适用于移民，而且适用于已经或者正在被社会整合的人们和机构。因此，作为一个魁北克人意味着必须受魁北克所选择的社会形态约束。作为接纳魁北克土

① LEIGH OAKES, JANE WARREN. Language, Citizenship and Identity in Quebec [M]. New York: Palgrave Macmillan, 2007: 29.
② ALAIN － G GAGNON, RAFFAELE IACOVINO. Interculturalism: expanding the boundaries of citizenship [M] // RAMÓN MÁIZ SUÁREZ, FERRÁN REQUEJO COLL. Democracy, nationalism and multiculturalism. New York: Frank Cass & Co. Ltd, 2005: 30.
③ ALAIN－G, RAFFAELE IACOVINO. Federalism, Citizenship, and Quebec: Debating Multinationalism [M]. Toronto: University of Toronto Press, 2007: 98.
④ ALAIN－G, RAFFAELE IACOVINO. Federalism, Citizenship, and Quebec: Debating Multinationalism [M]. Toronto: University of Toronto Press, 2007: 98.

地的移民也要像其他公民一样受其约束，并尊重所选择的社会形态。借此，运用道德契约实现完全整合移民的目的。"道德契约"的基本信条是，在经济、政治和社会文化领域建立一种"存在模式"（modes of being）作为身份和公民地位的标志，将民主参与作为具有特定集体认同群体的聚合观念，从而使所有人都能够在民主生活中平等地分享。①

作为民主社会，魁北克鼓励所有成员都能够参与社会的方方面面中来。因此，在消除个人与群体冲突时也必须选择符合民主标准的方法。魁北克模式强调，在冲突发生时首先采取调解、折中和直接妥协的方法，优先权和自治权问题次之，最后诉诸法律等手段。这个模式将审议、相互理解和广泛对话作为公民社会民主生活中的基本特征。② 这个模式的不同不是指建立在族群并列的马赛克社会基础上，也不是简单地通过基本的个人权力的法律编纂和将特定认同同化进普遍原则来降低公民身份地位以预防国家渗透。魁北克的文化间性主义模式是在议会民主的传统中展开的，它强调审议和代表。在和平解决冲突的基本原则框架下，《权利与自由宪章》试图在保护个人和群体权利、性别平等、国家安全和公民获得平等、普遍的社会服务方面提供法律援助。文化间性主义试图在个人权利和文化相对主义之间通过对话和达成共识来强调"视界融合"，从而制造一种平衡。③

二、多元文化主义的困境

20世纪90年代是新自由主义的时代。新自由主义刺激了经济的发展以及贸易、金融和人口的全球流动。自90年代早期，联邦政府每年为支持多样性而花费在多元文化主义和其他计划上的费用都在减少。这一时期，

---

① ALAIN－G, RAFFAELE IACOVINO. Federalism, Citizenship, and Quebec: Debating Multinationalism [M]. Toronto: University of Toronto Press, 2007: 99.

② ALAIN－G. GAGNON, RAFFAELE IACOVINO. Interculturalism: expanding the boundaries of citizenship [M] // RAMÓN MÁIZ SUÁREZ, FERRÁN REQUEJO COLL. Democracy, nationalism and multiculturalism. New York: Frank Cass & Co. Ltd, 2005: 32.

③ ALAIN － G GAGNON, RAFFAELE IACOVINO. Interculturalism: expanding the boundaries of citizenship [M] // RAMÓN MÁIZ SUÁREZ, FERRÁN REQUEJO COLL. Democracy, nationalism and multiculturalism. New York: Frank Cass & Co. Ltd, 2005: 33.

加拿大的多元文化主义政策已经被联邦政府看作妨碍塑造一种新的加拿大政治认同的因素，它被视为破坏了平等的公民身份和导致了种族文化多元主义，因为多元文化主义提倡民族群体之间的差异和自治。然而，这不是多元文化主义政治的目的，相反，整合是它的目的，而不是同化或者根本的多元主义。① 70 年代，多元文化主义政策首先关注那些长期居住在加拿大、思想意识源于欧洲的民族群体。到 80 年代，多元文化计划项目关注的少数群体仍然是被孤立的，这样的结论在联邦出版物和学术杂志中更加经常出现。联邦政府承认，移民来源的根本改变不可避免地使多元文化主义的主要目标关注整合，而不是文化保存。多元文化主义政策应该是对抗各种形式偏见的一种重要手段，这种偏见严重限制了加拿大社会中现有少数群体成员的完全参与。种族主义和歧视迫使多元文化主义极力关注这些问题。多元文化主义政策的主要核心已经成为积极的整合政策，不仅在社会方面，而且在经济领域。

根据 1982 年《权利与自由宪章》，一个加拿大人的公民身份理想是以"宪法认同"为标志的，但是魁北克没有签署这一法案。结果，魁北克人的民族主义要求魁北克民族身份。这一理想拒绝了加拿大作为一个整体的认同的可能，同时维护了多重归属情感的可能性。魁北克人拥有建立一个由他们自己构成的独特社会的计划。其他省和地区也有意识地进行社会建构的过程。魁北克过程是其独立运动的一部分。魁北克对于公民身份新的强调是试图在政治和认同领域保证魁北克象征性的领导权。领导权是指魁北克政治和思想意识自治和调整的过程。这一过程使魁北克在整个加拿大国家的多元文化主义和移民整合中独树一帜。尽管魁北克和联邦政策在关于移民和多样性上存在着许多相似性，尊重多元主义、强调所有公民无论背景的社会正义和公民参与是魁北克和联邦政策的核心，但是分歧也相当显著，在定义政治民族即魁北克民族上存在着差异。最终，魁北克人通过各种形式对其处于少数群体的地位进行斗争。

---

① FRANÇOIS HOULE. Canadian Citizenship and Multiculturalism [D] // PIERRE BOYER, LINDA CARDINAL, DAVID HEADON. From Subjects to Citizens: A Hundred Years of Citizenship in Australia and Canada. Ottawa: University of Ottawa, 2004: 220.

第三节　公民教育的衰落与隐忧

一、公民教育政策的改革

（一）学校教育的公民目标

　　培养公民观念是现代学校普遍的最高目标之一，尤其是历史和社会科课程发挥了重要作用。加拿大的国家结构始终纠结于两个问题：一是长期存在于加拿大的两个建国民族的关系问题；一是加拿大人口日益多样化的现实。尽管公民教育的目标很明显，但是其含义也更加难以界定。学校中历史和社会科课程、历史和文化经历、语言以及许多其他因素在构成学生的集体记忆、个人和集体认同以及公民观念方面扮演着重要角色，主要的公民观念包括权利、参与、多元文化主义、认同。20 世纪 80 年代，公民教育远离了同化方式，代之以接受和促进多元文化主义。从 90 年代开始，公民教育出现了一种倒退，学校教育抛弃了公民的教育目标，重新设置了经济任务，比如培养学生的竞争精神和企业家精神，这是在经济全球化时代所必需的。个体不再被看作公民，而是消费者。繁荣的个人主义、不顾共同体和社会责任问题以及美国价值和设想在加拿大越来越普遍。

　　然而，公民教育作为一个科目加以学习非常重要。它渗透在所有课程中，并且通过学校的民族精神和氛围予以展示。20 世纪 80 年代和 90 年代，公民教育课程已经摆脱了本质上的英国文化表达，开始认识到加拿大的多元文化性质，关注发展积极的、参与的公民所必需的技能和态度，试图加强学生理解其作为公民的责任。因此，加拿大人的一个主要公民挑战是继续学习共同生活在一个和平和尊重的氛围中。学校是所有群体相遇和反映他们更大社会张力的场所。法裔加拿大人抗拒建立的国家意识，土著人遭受不断增长的种族主义威胁和不平等，亚洲定居者和其他少数民族惊恐于日益增长的来自反对移民和多元文化主义的偏狭。因此，加拿大人必须创造性地追求人权和公民权，加拿大人必须探究多样性下的统一问题，所有加拿大人都必须参与理想社会的建设。

（二）承认差异与公共学校教育

在加拿大，学校成为一些关于宪法和公民身份含义的最具争议性的话题。[①] 加拿大没有把民族公民身份作为普通学校教育的内容，因为关于民族的宪法定义一直是国家政治中的关键冲突。[②] 对魁北克人和土著人的承认意味着对他们有权以不同方式塑造对其儿童的教育的承认。宪法承认省权对于学校教育的管辖，允许设立宗教学校，但是学校教育承认群体差异的方式也受到质疑，如纽芬兰取消了宗教学校，安大略资助了私立学校。在对待民族文化少数群体和宗教群体寻求更大程度上的承认和对他们差异的接纳上始终存在着争论。在教育中如何对待差异绝不是静态的，而是高度政治控制的，因为它关系对于儿童作为公民在普通学校中应该学习什么的假设。

正如杨指出的，一种能够确保群体差异的政治才是赋予自由和权利的。[③] 在对普遍制度加以承认的情况下，学校教育的差异性正是充满活力的公民社会和多元民主的体现。[④] 差异政治提供了一种在公共学校教育中重新建构差异和选择的进步方式，但是它要求讨论差异的有限性和可能性。因此，学校面临着在教育计划中如何界定差异的种类，如何确保资源公平分配的程序以及获得它们的挑战。对于教师，问题不在于保护一种中立的职业自治，而在于有效地联结不同社群，在教学过程中承认文化权利。学生通过不同的方式学习，他们的学习处在他们的文化之中。对于公共政策，主要是鼓励在分离的公共空间内进行对话，加强参与民主决策。教育机构必须确保少数文化得到良好的表达和承认。

加拿大人一直在斗争，最终定义了公民身份，承认了群体差异。结果，在省权范围内公共教育必须为不同群体拥有不同类型的学校提供空间。这种体现在加拿大学校中的差异反映了他们的社群信仰和价值。这种差异体现在公立学校中就是必须通过不同方式服务于不同群体的学生，而

---

① T RIFFEL，B LEVIN，J YOUNG. Diversity in Canadian education［J］. Journal of Education Policy，1996，11（1）：113-123.

② JANE GASKELL. The "public" in public schools：a school board debate［J］. Canadian Journal of Education，2001，26（3）.

③ I M YOUNG. Justice and the politics of difference［M］. Princeton：Princeton University Press，1990：166.

④ JANE GASKELL. The "public" in public schools：a school board debate［J］. Canadian Journal of Education，2001，26（3）.

不是一种普通学校的观念。在许多学校董事会，关于普通学校的诉求和承认群体差异的愿望之间仍然存在着张力。给予所有儿童普通的学校教育越来越困难。正如金里卡指出，种族文化冲突并不能通过保证尊重基本的个人权利和共同的学校教育得到简单的解决。① 这些群体想要在公共空间里获得更大的承认以及适应他们的文化差异。但是，在公领域中价值中立是不可能做到的，不能给予所有文化信仰和行为平等的承认。这体现在学校和其他公共机构中也是一样的。语言、公共假日和公立学校中的教育模式总会贴近一些家庭和学生的文化背景而远离另一些。学校在学生的文化身份认同上不是中立的。多伦多的综合学校对于加勒比海黑人学生是忽视的，因为黑人教师和辅导员数量很少，在课程中也看不见黑人作者和历史，学校管理者取缔学生中使用种族绰号的失败、纪律决定上的双重标准以及不成比例地分流黑人学生，这些导致了黑人学生辍学率升高和感觉在白人社会不可能获得成功认识的加强。②

　　然而，文化障碍、文化群体交流和学习语言的意识使教育机构不断改变的文化构成变得更加广泛，尤其是在不列颠哥伦比亚和安大略。最终，加拿大多元文化主义政策要求教育机构作为在年轻的加拿大人中传播多元文化思想、观念和原则的场所。教师、学校和教育机构在促进多元文化主义目标的发展上发挥着重要作用。赋予文化多样性和公民教育的意义及价值也随着时间的变化而变化，教育政策和计划反映了这些变化。③ 教育在三个方面包含在多元文化主义政策目标中：（1）政府将帮助所有文化群体成员克服文化障碍而完全参与加拿大社会中；（2）政府将在国家统一的利益下在所有加拿大文化群体中促进创造性的碰撞和交流；（3）政府将继续帮助移民掌握至少一种加拿大官方语言以使其能够完全参与加拿大社会。④

---

① WILL KYMLICKA. The rights of minority cultures［M］. Oxford：Oxford University Press，1995.

② WILL KYMLICKA. Finding our way：Rethinking ethnocultural relations in Canada［M］. Oxford：Oxford University Press，1998.

③ REVA JOSHEE. Citizenship and multicultural education in Canada：From assimilation to social cohesion［M］// JAMES A BANKS. Diversity and citizenship education：Global Perspectives. New York：John Wiley & Sons，2004：127.

④ ADRIENNE S CHAN. Race-Based Policies in Canada：Education and Social Context［M］// REVA JOSHEE，LAURI JOHNSON. Multicultural Education Policies in Canada and the United States. Vancouver：UBC Press，2007：138.

（三）联邦政府的职能角色

联邦政府和省政府在促进公民教育计划上扮演着重要角色。尽管教育在很大程度上属于省权范围，但是联邦政府也通过许多直接或间接的方式参与其中。联邦政府的角色是负责设置标准和控制赋予加拿大公民身份的程序，同时负责促进人们的公民意识和消除完全参与社会的障碍。多元文化主义和公民部、国家秘书处、就业与移民部在履行这些责任上扮演着领导角色。多元文化主义与公民部负责"帮助新加拿大人学习国家历史、地理和制度、加拿大公民的权利与义务，鼓励志愿行为和倡导人权，从而使其成为加拿大社会的一部分"。这一部门还负责各种正规教育内容的传播以培养公民对于加拿大多元文化主义的理解。加拿大国家秘书处的目标包括增加关于加拿大的知识，培养相互理解和鼓励加拿大人参与社会。联邦政府鼓励学生学习两种官方语言，提供了相应的语言计划，还支持加拿大研究计划，帮助发展学习有关加拿大的内容。这些包括相关的书籍、影像资料和远程教育内容。这一部门多年来还一直支持学生和教师的交换计划，帮助不同地区的加拿大人相互理解。加拿大就业与移民部针对新移民提供整合和定居服务，包括接收、咨询和语言训练。联邦定居计划用来促进移民全面参与加拿大社会、经济、文化和政治生活的所有方面。在《联邦移民整合政策》下和作为五年计划的一部分，就业与移民部提供了新的资助和每年一定数额的预算以促进语言培训和移民定居计划的实施，包括对于魁北克单独的资助计划。① 它同时承认文学对于促进参与社会的重要性。其他联邦部门的工作也对公民教育的各个方面发挥作用。

在过去的几十年，联邦政府在如何进行公民教育上表现出了极大的兴趣，并且通过影响政策和公民教育实践开展工作。一些联邦实施和支持的计划塑造了加拿大的公民教育，包括：1970年开始持续至今的双语主义计划；从1970年到1986年间的加拿大研究基金会获得了联邦政府的大量资金支持，它的课程内容和教师在职培养计划对于加拿大课程具有重要影响；从20世纪40年代开始的各种政府交流计划，以培养加拿大年轻人建立一种民族理解和团结的意识。现在，还有许多计划获得联邦的资助，如"交流加拿大""青年论坛""邂逅加拿大"以及支持多元文化和反种族主

---

① Information on integration and settlement funding and programs is taken from Employment and Immigration Canada, Managing Immigration: A Framework for the 1990s, Minister of Supply and Services Canada, 1992: 25-36.

义教育的计划。从 70 年代中期开始，联邦政府在学校和社区的多元文化和反种族主义教育计划方面提供了重要支持。联邦政府还运用一些方法影响省的教育政策。无论是加拿大研究基金会还是地方的多元文化协会，联邦政府都极力发展教师对于加拿大公民身份的观念。

二、公民教育内容的发展

（一）课程计划目标

公民教育被看作公立学校教育的义务之一。尽管 90 年代初教育改革强调经济优先而忽略了公民教育，然而奇怪的是，各省和地区的课程政策文件都展示了对于公民教育的极大兴趣。加拿大学校公民教育政策直接由省教育部门指导。这一时期，为了公民做准备的目标已经存在于所有加拿大公共学校体系中。在加拿大西部，学校体系强调将为了成为一个好公民而做准备作为一个重要目标。休斯发现，加拿大人对于好公民的普遍一致的看法是以情感倾向为基础的，比如思想开放、具有公民思维、尊重、愿意协调、宽容、具有同情心、忠诚，这些目标更加关心公共善的目的而不是个人利益。① 这些无私的情感和价值广泛地出现在文件中，成为多元文化国家中一股积极的力量。社会科是学校公民教育课程的主体。1982 年，一个由教育部委员会对各省社会科课程的调查揭示，所有省的社会科计划提供给学生的主要目标都是"具有知识、技能、价值和思维过程，从而使学生有效地参与和肩负不断改变他们社区、国家和世界的环境的责任"。在实践中，这一目标经常没有实现。因为在一些省，社会科学课程在高中阶段是作为选修课程，许多学生没有参加或者学习有限。阿尔伯塔省教育部门相信，学习矛盾的事物对于培养学生在民主和多元的社会中承担责任是重要的。这样的学习提供了发展学生逻辑推理、合理判断能力的机会。

同时，公民教育更加强调获得"多元文化的理想"。公民教育的一个角色就是帮助学生理解和应对改变。安大略省认为，过去学校知识强调"价值、经验、成绩和白种欧洲人的社会成员身份"，而排斥和曲解"加拿大其他群体的人们甚至是整个世界"。尽管学生被希望获得传统的关于政

---

① A HUGHES. Understanding citizenship：A Delphi study ［J］. Canadian and International Education，1994（23）：13-26.

府结构和功能的知识，但是文件坚持要求学生应该学习来自更加广泛的文化、性别和阶级视角的内容。为了促进对于尊重和欣赏多样性这些价值的发展，人权和多元文化教育计划在整个加拿大逐渐得到实施。不列颠哥伦比亚省中间计划的原则强调：整个教育系统应该促进性别平等；促进积极的多元文化和种族关系；回应土著学习者的特殊要求；满足英语作为第二语言学习的需要；为有特殊需要的年轻人提供服务。今天，公民观念已经超越了社群、省、国家，包括了更加广泛的全球元素。一个典型的观点就是，今天的公民正在逐渐成为世界公民，被教育成为世界公民也逐渐变得重要。大多数省已经发展了一门或者多门在全球教育视角下的特殊计划或者课程，目的是培养"负责任的世界公民"。

（二）课程内容

多元文化教育不仅是文化学习的一种必要途径，也是容纳少数族群、增进文化理解、实现国家认同的一种方式。多元文化主义在西部地区的实施使人们能够把自己看作多元文化社会中的公民。① 尽管多元文化教育和公民教育之间有着紧密的联系，但是在这两个领域里的研究者还几乎没有交融。多元文化教育以反种族主义教育、语言教育、文化教育等使学生既能认同本民族文化，也能认同国家的主流文化，从而树立平等、宽容的文化观念和态度。公民教育计划应该满足文化多元主义的需求以创造一个包容的社会。教科书以及实践也应该敏锐地应对加拿大的多种族传统。在不列颠哥伦比亚，多元文化教育被整合到社会科教育中。在日渐变小的世界，不同群体和谐地生活在一起是加拿大得以存在的重要方面。多元文化主义允许人们表达他们的双重认同而不必害怕遭受公共歧视，同时，它也鼓励人们积极地适应主流社会。② 学校与他们的社区是相连的，学校被延伸和镶嵌在社区中。对于社会参与和认同构成有四个原则：人权和民主责任的凝聚；尊重和接受多样性；集体认同形式的地方和参与基础；文化意识和能力的发展。③

---

① CARDINAL PHYLLIS. Aboriginal Perspective on Education: A Vision of Culture Context within the Framework of Social Studies: Literature/ Research Review. The Crown in Right of Alberta, 1999: 25.

② STÉPHANE LÉVESQUE. Becoming citizens: High school students and citizenship in British Columbia and Québec [J]. Encounter on Education. 2003 (4): 116.

③ Y HÉBERT. Citizenship in Transformation: Issues in Education and Political Philosophy [C]. Toronto: University of Toronto Press, 2001.

　　魁北克的学校公民教育主要通过历史课程展开。而"建构学生的认同"在历史课程计划的公民教育部分得到了明显体现。其中目标之一是使每一个学生"通过历史的学习强化他们对公民身份的践行"，同时希望每一个学生"寻找他们自己的社会认同基础"。而且，"所有的学生必须发展一种与其他具有差异特征的个体的相互关系意识，以及定义他们自身在这种关系中的角色。考虑他者因素在认同发展中十分必要。这个过程能够使学生观察到在共同价值下认同的多样性"[①]。因此，魁北克教育计划拒绝传统的、讲授的教学方法，而是强调："在学校中，历史教学的目的不是使学生记忆简单的、由历史学家构建的理论知识，也不是使他们获得百科全书式的事实，而是发展他们运用历史的视角理解现在的社会现象的能力。"[②]社会现象是历史课程学习的核心单元，通常被认为是指那些构成历史转折或改变、被长时期记载并对今天具有深远影响的现象。社会现象包括从过去到现在各种社会中的人类活动，涵盖文化、经济、政治、区域以及社会本身。通过历史课程，学生能够具备从历史的角度审视社会现象、运用历史方法解释社会现象以及通过历史学习建立自身公民意识的能力，[③]从而在一个民主、多元的社会中践行公民角色。社会现象首先要在一定的历史背景下还原呈现，学生从历史的视角对它的起源和意义提出问题。然后，运用历史的方法审视这些起源和建立对这些现象起源和结果的解释，对历史上同一时期的其他具有同样现象的社会进行审视和比较。最后，学生从这些现象中提升对当前问题的理解，从而在社会对这些问题的争论中选取自己的立场。

　　从社会科的角度看，努特卡族[④]回应了教科书内容不正确称呼他们和不如实地叙述他们生活方式的问题。努特卡决定形成他们自己的材料，包括在学校中应用的视频和教科书，而不是等待主要的出版社去做出反应。

---

①　MINISTèRE DE I´ÉDUCATION, DU LOISIR ET DU SPORT. Ouebec Education Program, Secondary School Education: Cycle Two [M]. Québec: Gouvernment du Québec, 2007: 22.

②　MINISTÉRE DE I'ÉDUCATION, DU LOISIR ET DU SPORT. Ouebec Education Program, Secondary School Education: Cycle Two [M]. Québec: Gouvernment du Québec, 2004: 295.

③　The Québec Education Program: Secondary Education. Education Services Department, 2004.

④　土著民族的一支，居住在加拿大温哥华岛的西海岸和不列颠哥伦比亚省。——笔者注。

教科书《遇见努特卡族》是在努特卡部落理事会指导下编写成的。课程材料针对小学阶段儿童,介绍努特卡族以及他们面临的问题等;在实践中,则是尝试合作而不是竞争模式。这对于努特卡族和所有儿童经验性地理解一些事非常重要。土著人和多元文化事务包括人权影响了所有加拿大人。谁应该在教科书内容中出现?如何呈现?谁描写他们?今天,土著人重要的事务正在丰富所有加拿大人的想象力。

(三)实施效果

20 世纪 80 年代和 90 年代的研究主要关注官方课程、政策文件和教科书等一些理想的公民教育形式,而关于实际课堂中学生学习情况的信息非常有限。20 世纪 80 年代,教育改革对人权和法律教育产生了不容忽视的影响。20 年来教育对公民权利的持续关注使加拿大学生的权利意识得到了不断发展。一些研究表明,对于权利、自由、机会的强调和关注在魁北克和不列颠哥伦比亚省之间没有区别。学生逐渐在权利与自由方面采取了积极态度。参与学校活动对于发展民主技能和形成归属意识具有重要作用。[1] 1996 年,弗雷泽大学对 135 000 名不列颠哥伦比亚四、七、十年级的法裔和英裔学生展开了调查,从学生的包容或者对于他人的欣赏和参与公民活动的意愿方面评价哥伦比亚社会科课程的结果。总体来讲,这些学生显示出了对于多元文化主义的非常积极的态度。[2]

然而,尽管加拿大的官方课程指向了更加积极的公民观念和公民教育,但是在实际课堂实践中没有得到体现。对于政策文件的分析不能决定指导实际课堂实践计划的实施程度。康利和奥斯本对加拿大政治教育的研究发现,大多数政治科学课程采取了"传统公民"方式来对待政治教育,强调学习政治制度和避免争论的话题。[3] 社会科也不能免于设想的课程与实际的课程实践之间的差异。现代社会科理论和课程发展超过了 1970 年,

---

① STÉPHANE LÉVESQUE. Becoming citizens: High school students and citizenship in British Columbia and Québec [J]. Encounter on Education, 2003 (4): 112.

② CARL BOGNAR, WANDA CASSIDY, PAT CLARKE. Social Studies in British Columbia: Results of the 1996 Social Studies Assessment [R]. Victoria: Ministry of Education, 1998.

③ M W CONLEY, K OSBORNE. Political education in Canada school: An assessment of social studies and political sciences and pedagogy [J]. International Journal of Political Education, 1983 (6): 65-85.

也强调问题中心的、批判思维的公民教育方法。^① 另一项针对课程领域的研究显示了实践通常不能反映多元文化主义、人权和机会平等。维尔纳等人想要揭示隐藏在课程背后的关于在社会科中对待种族群体的问题，以及总结在大多数计划中，价值体系仍然是主流的白种人文化。他们发现，主流的英国和法国文化景象占据了大多数课程，其他文化则通过这两种主流群体来呈现和阐释。^② 康明斯和丹尼斯的研究也考察了课程中对于多元文化主义的强调，但发现实质上没有改善维尔纳等人描述的情形。他们仔细考察了公众对于政府发起的遗产语言计划的回应，认为多元文化主义这一词汇经常以不同的形式在盎格鲁一致性的现实下开展。他们的研究指出，英裔和法裔加拿大人在民族节日、社区中心等事务上支持"令人愉快的多元文化主义"，但是没有更多的实质上的文化活动，例如在学校中的传统语言教学。^③ 伊亚兹（M. Ahmed Ijaz，I. Helene Ijaz）指出，学校中的多元文化计划经常是关于节庆内容的，关注食物、服饰和音乐超过实质上的文化问题。^④

今天，多元文化主义被看作认识加拿大社会的一种重要的系统理论，具体的、明确合理的计划已经得到了发展并实施。许多计划尤其是"土著人研究"包括了大量的不同种族和文化群体视角的材料。在不同阶段提供的文化教育可以对新移民和已经成为加拿大人的移民在社会经济领域产生积极影响。每年的多元文化主义报告都会显示多元文化主义政策如何在不同的联邦机构中执行，但是执行不意味着机会平等。尽管研究项目发现在各级教育和多样性的接受之间存在着一种持续的积极关系。^⑤ 到了 20 世纪末，针对公民教育而进行的一项最精心设计、最具权威性的研究得出如下

① ALAN M SEARS, ANDREW S HUGHES. Citizenship Education and Current Educational Reform [J]. Canadian Journal of Education，1996，21（2）：123-142.
② W WERNER，B CONNORS，T AOKI，J DAHLIE. Whose culture? Whose Heritage? Ethnicity within Canadian social studies curricula [R]. Vancouver：University of British Columbia，Centre for the Study of Curriculum and Instruction，1977.
③ J CUMMINS，M DANESI. Heritage languages：The development and denial of Canada's linguistic resources [M]. Toronto：Our Schools/Our Selves，1990.
④ M AHMED IJAZ，I HELENE IJAZ. A cultural program for changing racial attitudes [J]. History and Social Science Teacher，1981（17）：17-20.
⑤ VAN DE VIJVER，BREUGELMANS，SCHALK － SOEKAR. Multiculturalism：Construct validity and stability [J]. International Journal of Intercultural Relations，2007（32）：93-104.

结论：在官方政策和实际实践之间经常存在很大差距……自霍杰茨报告发表之后，尽管课程强调多元主义理想、批判性探究、对当代问题的讨论、让学生参与社区活动，但是课堂实践似乎并没有多大变化。①

第四节　小　结

　　整个 20 世纪，正义、平等、承认的要求引起了所有的关于公民身份的争论。进入 20 世纪 80 年代，加拿大的多样性也开始变得复杂。一个重要的促进公民身份发展的因素就是加拿大《权利与自由宪章》（以下简称《宪章》）。《宪章》的确立使加拿大发展了一种以大众为基础的民主形式。它促使加拿大朝向美国的正当法律程序前行，② 彻底改变了加拿大和美国之间法律文化的差异，虽然不是完全地消除。③《宪章》使英裔加拿大人重新建立了对于国家的自豪感。他们承认个人权利、多元文化主义和性别平等是加拿大身份认同的核心。④ 在许多方面，特鲁多的遗产保证了加拿大的自由和个人权利传统。加拿大国家和社会被看作公正地对待新移民。土著人在宪法中被承认是一个政治和文化群体而不是种族群体，因此不能以血统作为公民身份决定的普遍的先决条件。加拿大联邦政府为了平息魁北克的民族主义浪潮一再推行绥靖政策。魁北克的权利和地位问题成为历次修宪谈判的焦点。在宪法中承认魁北克的独特性并赋予其特殊权力一直是历届魁北克政府的修宪目标。加拿大的宪法危机反映了法裔与英裔、魁北

---

① A M SEARS，G M CLARKE，A S HUGHES. Canadian Citizenship Education：The Pluralist Ideal and Citizenship for a Post-Modern State ［J］∥ J TORNEY－PURTA ET AL. Civic Education Across Countries. International Association for the Evaluation of Educational Achievement，1999：128-130.

② S M LIPSET. Continental Divide：The Values and Institutions of the Unites States and Canada ［M］. New York：Routledge，1991：50.

③ S M LIPSET. Continental Divide：The Values and Institutions of the Unites States and Canada ［M］. New York：Routledge，1991：102.

④ LINDA CARDINAL. Citizenship Politics in Canada and the Legacy of Pierre Elliott Trudeau ［D］∥ PIERRE BOYER，LINDA CARDINAL，DAVID HEADON. From Subjects to Citizens：A Hundred Years of Citizenship in Australia and Canada. Ottawa：University of Ottawa，2004：172.

克与联邦之间矛盾的复杂性。在修宪原则上，双方都主张平等。分歧在于，对魁北克来说，平等是两大语言群体的平等。而对英语加拿大来说，平等是各省之间的平等。这一基本分歧是加拿大宪法改革屡遭失败的主要原因。尽管建国者想要建立一个更加集权的国家，但是省权在宪法中的重要性逐渐提高，诸如在教育、自然资源方面和来自各省的经济分配压力，尤其是魁北克更加自治的要求，使加拿大趋向非集权化。所有省都想要尝试扩大省权的范围。在加拿大，民族身份不是区分加拿大人的唯一问题，加拿大人总是具有共同体和地区性身份，从而使人们紧密联系在地方共同体内而没有延伸至整个国家。加拿大国家的这种分权形式是发展和维持强烈的地区认同的一个主要因素，这就意味着公民的公共实践，包括投票、游说、政党事务和担任公职处在几个水平上，坚定了对于地区的情感归属。

　　多元文化主义政策被看作对抗各种形式偏见的一种重要手段，这种偏见严重限制了加拿大社会中现有少数群体成员的完全参与。这一时期，多元文化主义获得了进一步发展，并在《权利与自由宪章》中得到承认。官方多元文化主义被看作复杂的在国家范围内的国民秩序。其主要核心已经转向积极的整合政策，不仅在社会方面而且在经济领域。沃尔科特（Rinaldo Walcott）认为，依赖于传承下来的差异而产生的多元文化主义是试图使差异成为人们的共同特征。① 因此，在多元文化主义标准下，黑人和其他种族群体拥有了暂时的国家记忆。这不是完全抹去种族群体的历史，而是一种创造。在理查德·戴看来，官方的多元文化主义是一部加拿大征服的历史。② 自由在政府文件中总是与多元文化主义相关联。多元文化事务明确了个人拥有自由选择他们的身份认同和使他们的身份认同得到官方承认。那么，多元文化主义的遗产又如何在国家叙事的文化形式中构建？莱昂（K. Y. Leung）认为，多元文化主义的遗产包括英国殖民统治的历史、土著人历史、文化差异和多元文化主义。③ 加拿大历史学家卡尔

---

① RINALDO WALCOTT. Black Like Who?：Writing Black Canada，2nd Revised Edition [M]. Toronto：Insomniac Press，2003：189.

② RICHARD DAY. Multiculturalism and the History of Canadian Diversity [M]. Toronto：University of Toronto Press，2000：5.

③ CARRIANNE K Y LEUNG. Usable Pasts，Staging Belongings：Articulating a "Heritage" of Multiculturalism in Canada [J]. Studies in Ethnicity and Nationalism，Special Issue：Nations and their Pasts：168.

莱斯（J. M. S. Careless）指出，当代多元文化主义历史开始于英国的殖民主义。

　　加拿大政府经常假定加拿大的归属感和政治认同之间的联系已经被破坏了。这种情况破坏了社会凝聚并且使整合移民更加困难。统一需要某种超越多样性的共享价值，社会凝聚要求一种归属意识。多元主义由片段的、不连续的、不同的彼此补充或者冲突的部分构成，这些部分不能相互比较，也不能归为一种简单的逻辑。多元社会中的各个不同部分都要确保一种最低程度的一致。多元社会需要一个更加丰富的公民身份观念。多元文化主义"不意味着赞美我们彼此不同并具有差异的事实，而是赞美我们能够彼此适应我们的差异并且和谐地生活在一起的事实。①加拿大认为，多元文化政策能够促进许多新加拿大人具有加拿大身份认同。为了克服误解，联邦政府不是对多元文化主义政策的目标进行更好的解释，而是建议改变重点，进一步强调团结所有加拿大人。根据政府信息，加拿大人应该"通过表达公民身份的方式关注传统和共享价值"②。因此，多元文化主义必须致力于促进那些传统和价值。

　　社会整合、政治参与和尊重是加拿大多元文化主义政策的目标。加拿大人为了公民身份而斗争，并最终定义了公民身份，即承认群体差异。结果，在省权范围内，公共教育必须为不同群体拥有不同的学校类型提供空间。加拿大学校出现的差异反映了他们的社会信仰和价值。然而，公共教育空间是破碎的，这种破碎本质上是被保护的。但是破碎的程度和性质是不能长久存在的。③研究表明，许多教育活动经常流于表面而没有更好地理解多样性。教育者认为，普通学校应该创造一种单一的、有凝聚力的公共场所而不是多样的和分散的群体。国家利用学校给不同背景的儿童提供一种共同的经验、语言、课程和劳动力市场的资格。但是，多元主义不仅是一个事实，而且是现代民主的一个本质要素。承认作为教育的一种价值，对于提高民族文化身份和促进多元文化主义发展具有重要作用。因此，尽管这一时期多元文化主义的教育目标得到了发展，但是教育实践对其的回应和改变相对滞后。人们依然对多元文化主义感到困惑。

---

① House of Commons, the Ties that Bind, Report of the Standing Committee on Communications and culture [R]. Ottawa：The Queen's Printer，1992：10.

② Multiculturalism and Citizenship Canada, Canadian Citizenship：what Does it Mean to You? [R]. Ottawa：Minister of Supply and Services Canada，1992：24.

③ JANE GASKELL. The "public" in public schools：a school board debate [J]. Canadian Journal of Education，2001，26（3）.

第五章　重塑：多元文化社会成熟时期的公民教育（20 世纪 90 年代中期以来）

第一节　国家新时代与忠诚的加拿大公民

一、多元文化社会的深入发展

　　100 多年前加拿大总理劳里埃曾经雄心勃勃地预言，21 世纪将是加拿大的世纪。100 多年后，经过几代人的努力，加拿大的确发展成为世界上少数发达资本主义国家，政治局面相对和谐，福利国家制度健全，经济发展稳健，在政治、经济、外交等方面成为一个在世界范围内具有重要影响力的国家。自马尔罗尼政府以来，加拿大进行了一系列政治经济改革，尤其是经济和福利制度的发展使加拿大人逐渐感受到优越和幸福。国际贸易和全球化的迅速推进使加拿大逐渐走出了美国的阴影，找到了自己的发展道路，进入了新的繁荣时期。20 世纪 70 年代以来，加拿大社会不断被多元文化主义过程调和着，尽管并不总是平坦的。或许益格鲁一致性的简单观念仍然吸引着那些不适应人口改变方向和快速发展步伐的人们。他们仍然想要实现移民水平上的种族和民族同质性，但是那样的时代已经一去不复返了，并且没有真正存在过。加拿大人努力践行着多样性，以新的方式在尊重种族和多元文化主义的国家范围内来保护自由民主价值。尽管种族主义仍然以各种现代形式存在于加拿大的生活中，但它在加拿大的表达不同于极端的、粗鲁的、过去经常被法律支持的形式。今天的种族主义如果不是破坏性的也并不明显。制成法典的种族主义也可以潜伏在移民水平的讨论中或者在各种政策领域构成合理的条款和平等条约。在新的世纪中，价值、传统和文化模式需要被重新塑造和定义。

（一）移民多样化的加剧

加拿大的文化多样性由不同的移民浪潮、他们的后代以及土著人构成。每一次新的移民浪潮都加剧了这种多样性。在 21 世纪以前，加拿大有超过 1 300 万的移民，最大数量发生在 20 世纪 90 年代。根据 2001 年数据显示，18.4％的人口出生在加拿大以外，成为近 70 年来最高。最近几十年，加拿大的移民来源发生了根本改变，来自非欧洲国家移民的数量增加了。这些移民和他们的孩子丰富了加拿大人口的种族文化构成，使它成为世界上最种族多样化的国家。① 2006 年人口统计显示，几乎 1/5 的加拿大人是国外出生的。其中，只有 16％具有欧洲背景。其余部分是少数民族群体。② 民族和种族多样性的扩展改变了加拿大城市的面貌，但是这种改变在全国范围内并不是统一的。根据 1996 年的统计，95％外国出生的人口居住在加拿大十五个最大的城市：18％居住在蒙特利尔，35％居住在温哥华，42％居住在多伦多。③ 有色人种的人口数量逐渐增多。整个加拿大，民族混合在不同地区以不同形式存在。那些南部欧洲移民更容易在多伦多和蒙特利尔找到。乌克兰人大多定居西部。法裔少数民族、海地人、越南人或者北非人倾向于居住在蒙特利尔，盎格鲁加勒比海人居住在多伦多。中国和其他亚洲加拿大人在多伦多的数量更加庞大，但是他们也有相当比例更加集中在温哥华地区。这种多样性的种族来源没有减弱的趋势。④

少数民族的社会整合对于移民后代通常是极其敏锐的。对于第二代、第三代移民后代，加拿大化的过程冲淡了移民文化和认同。但是冲淡并不意味着他们已经被消除了或者加拿大并没有被这些文化和认同改变。事实上，加拿大多元主义不断改变的性质源于民族和种族少数群体以及更大社会范围内各种力量的相互作用。自由民主社会通常对于他们的多样化社群设置了目标，是机会平等，甚至是结果平等，这就要求社会生活中所有维度的平等参与。机会平等的目标促进了几十年为了少数群体平等地位和公

① Ethnic Diversity Survey: portrait of a multicultural society. Published by authority of the Minister responsible for statistics Canada, 2003. 1.

② Statistics Canada, The Daily, Tuesday, December 4, 2007.

③ Statistics Canada, The Daily, Tuesday, October 14, 1997.

④ HAROLD TROPER, MORTON WEINFELD. Diversity in Canada [M] // HAROLD TROPER, MORTON WEINFELD. Ethnicity, Politics, and Public Policy: Case Studies in Canadian Diversity. Toronto: University of Toronto Press, 1999: 7.

民权利的斗争。最近，问题在于被排除在外的少数群体希望获得主流社会提供的机会。这也许能或者也许不能对所有群体实现。自由民主社会面临的一个问题是自我发掘，他们必须决定是否和如何处理多元主义。

（二）土著人的政治参与

土著人形成了一种文化、宗教和语言差异的混合物，他们遍布整个大陆。加拿大的土著人是分散的，而且在选举方面没有巨大影响力，因此需要改革：一是开放主要的加拿大制度体系让土著人参与；二是承认他们在固有权利基础上的自治政府。而后者，应该在加拿大法律和政治框架下给予土著民族重新获得他们自治政府地位的空间。这是基于"土著民族"意味着大量的土著人具有一种共享的民族身份认同意识和在某一地域或者一些地区构成主要人口。[1] 土著人既是加拿大公民又是他们特殊民族的公民，他们具有双重公民身份形式，允许他们保持对他们民族和对整个加拿大的忠诚。[2] 在加拿大管理制度中，土著人缺少代表权的程度是令人惊奇的。1996年11月，土著人皇家委员会的一份报告显示，联邦成立以后，几乎11 000名议会成员被选入下议院，在这些人中，只有13人是具有自我认同意识的土著人。参议院的情况也是如此，只有1％的参议员任职，这远远低于土著人口在加拿大总人口中的比例。[3] 1999年4月1日，经过因纽特人的努力，联邦政府在西北地区的极东北部建立了一个新的行政区"努纳维特"，一定程度上体现了对于土著人文化和自治的尊重。

（三）魁北克暗淡的独立之路

在1995年公决以后，由于魁北克经济形势欠佳，一些法裔资产富有者担心魁北克独立会引起经济动荡而变得不再那么支持分离主义者，当地不

---

① JUSTICE RENÉ DUSSAULT. Citizenship and Aboriginal Governance：The Royal Commission's Vision for the Future ［D］// PIERRE BOYER，LINDA CARDINAL，DAVID HEADON. From Subjects to Citizens：A Hundred Years of Citizenship in Australia and Canada. Ottawa：University of Ottawa，2004：211.

② JUSTICE RENÉ DUSSAULT. Citizenship and Aboriginal Governance：The Royal Commission's Vision for the Future ［D］// PIERRE BOYER，LINDA CARDINAL，DAVID HEADON. From Subjects to Citizens：A Hundred Years of Citizenship in Australia and Canada. Ottawa：University of Ottawa，2004：212.

③ JUSTICE RENÉ DUSSAULT. Citizenship and Aboriginal Governance：The Royal Commission's Vision for the Future ［D］// PIERRE BOYER，LINDA CARDINAL，DAVID HEADON. From Subjects to Citizens：A Hundred Years of Citizenship in Australia and Canada. Ottawa：University of Ottawa，2004：213.

少群众组织因高失业率和福利的削减对分离主义运动的态度也在降温。然而，国家分裂的阴影仍然存在。鉴于此，1998年联邦政府要求最高法院就下述三个问题做出司法裁决：（1）魁北克省是否有权单方面宣布脱离加拿大；（2）根据国际法，魁北克是否拥有自决权；（3）如果国际法与国内法在此问题上发生冲突，何种法律优先。这显示了联邦政府诉诸法律武器向魁北克分离主义运动主动展开斗争，为潜在的魁北克独立威胁未雨绸缪。同年8月，加拿大最高法院做出判决：一个省无权单方面决定从加拿大联邦分离出去，无论是加拿大联邦宪法，还是国际法中的人民自决权，都不允许一个省单方面决定独立。2000年加拿大联邦政府又通过了《清晰法案》，进一步限制了魁北克从联邦分离出去的可能，也使魁北克分离主义的前景更加黯淡。显然，这种援用法律武器、通过民主程序维护国家统一的方式不失为一种解决分离主义问题的明智手段。魁北克在加拿大的地位在经历了世代变迁、国际政治变革及国内社会现实后仍然得以存续，证明了其一贯的存在立场。① 2006年，哈珀政府通过了魁北克集团的动议，承认了"魁北克人在统一的加拿大内形成一个民族（nation）"，"这是从文化社会学角度而不是从法律意义上定义的民族"。② 尽管如此，这仍然给予魁北克独立势力以极大信心。然而，追求独立的道路异常艰难，主张魁北克独立的公民数量正在逐渐减少。

二、忠诚的加拿大公民

近年来，围绕多元文化主义和公民身份政策内容的改变主要是为回应公共和官方的警告，人们必须将加拿大公民身份理解为忠诚于加拿大，并且必须以加拿大为自豪。因此，多元文化主义的持续更新涉及与公民身份相关的价值方式的三个方面：加拿大身份认同，即所有背景的人们应该感觉到一种归属和依附于加拿大的情感；公民参与，即他们必须是"主动公民"，关心塑造他们社区和国家的未来；社会正义，他们必须投入建设确

---

① ALAIN-G，RAFFAELE IACOVINO. Federalism，Citizenship，and Quebec：Debating Multinationalism ［M］. Toronto：University of Toronto Press，2007：24.

② House passes motion recognizing Québécois as nation. http：//www. cbc. ca/canada/story/2006/11/27/nation-vote. html，2010-08-20.

保被公平和公正对待，尊重所有种族、民族背景的人们的尊严和适应所有人的社会中。联邦政府试图通过强调整合与参与而不是文化多样性来重新实施这一政策。换句话说，联邦政府对于移民和多元文化主义方式的根本逻辑在于促进一种对于公民身份的理解，这种公民身份不仅限于权利，而是关注公民身份和国家认同的紧密关系。公民身份首先而且最重要的是一种情感纽带、共享价值的意识和认同我们的国家。共享的加拿大公民身份提供了对于所有地区统一的关注，以及将所有人联系在一起。总之，联邦政府关于公民身份的论述与中立相去甚远。它赋予的身份认同与加拿大国家身份认同紧密相关。

　　1998年，一个新的《加拿大公民法案》由下议院提出。这个法案旨在更新公民法律中过时的部分，加强和澄清一些条款，更新一种新的管理结构等。法案通过变更获得公民身份和居留的标准，主要是《权利与自由宪章》来重新评价加拿大公民身份。之后在下议院关于公民法律的争论中，公民和移民部议会秘书处重申了关于联邦法律的要求：（1）出生在加拿大的儿童自动获得加拿大公民身份；（2）出生在加拿大以外，父母具有加拿大公民身份的可以获得加拿大公民身份；（3）移民申请获得加拿大公民身份时必须获得永久居留地位；（4）移民必须证明他们对于加拿大的忠诚而获得公民身份；（5）移民必须证明他们关于加拿大社会和价值的知识；（6）移民必须至少熟悉一种加拿大官方语言。议会秘书处所指的价值是五个定义加拿大国家的基本宪法原则：机会平等、言论自由、民主、基本人权和法律原则。2002年，《加拿大公民法案》再次做出了调整。两个法案中都明确规定了入籍的仪式和宣誓的誓词，誓词为："从今天起，我宣誓忠诚于加拿大和她的伊丽莎白二世女王的权威。我承诺尊重国家的权利与自由，支持民主价值，忠实地遵守法律，完成自己作为加拿大公民的责任和义务。"① 但是誓词中对于加拿大公民的意义和价值没有做出说明。2005年，公民与移民常委会发布了《更新加拿大公民法律：现在时》的报告。由于害怕加拿大公民身份失去一些声誉和价值以及不再反映对于加拿大的承认，报告建议强化移民选择和给予公民身份的标准。报告鼓励主动的和负责任的公民身份，一个主动公民将会成为有见识的、负责任的和参与公

---

① BENJAMIN DOLIN, MARGARET YOUNG. Law and Government Division，Bill C—18：The Citizenship of Canada Act. http：//www. parl. gc. ca/About/Parliament/LegislativeSummaries/bills _ ls. asp？ ls＝c18＆Parl＝37＆Ses＝2＃jthetx，2011-09-20.

共生活以及私人生活的人。最近一次对于《公民法案》的修订在 2009 年 4 月生效。法案对于成为加拿大公民的条件进行了更为严格的规定。普遍来说，这一时期的公民法律是在多元文化主义政策目标基础上超越多样性，增强和补充在公民事务中的加拿大认同、参与和社会正义。

因此，自 1995 年全民公投以来，联邦政府在强化加拿大国家认同的象征上花费了大量资金。这些包括加拿大国旗的自由分布和加拿大国庆日的大量预算，从 1999 年到 2000 年，加拿大遗产部给予加拿大国庆日的预算为 540 万，其中 65％分配给了魁北克。[①] 从联邦政府的角度来看，魁北克民族主义的持久性和土著人身份认同的主张威胁了加拿大国家结构的完整和国家政体的社会凝聚。尽管公民身份的讨论总是尊重移民的归化，声称这一事务是所有加拿大人的利益，希望通过这些讨论提高加拿大人的自豪感和使所有加拿大人都重新依附于加拿大，包括魁北克人，然而，在过去的 20 年，魁北克人首先认同自己是魁北克人的数量从 21％上升到 59％；29％的人认为自己首先而且最重要的是作为魁北克人，然后是加拿大人；28％的人认为他们既是加拿大人也是魁北克人。另一个研究小组发现，对于在魁北克的法裔来说，63％认为自己是魁北克人，26％认为自己是法裔加拿大人，11％认为自己是加拿大人。相反，70％在魁北克的英裔认为自己是加拿大人，5％认为自己是魁北克人。而其他族裔在 1979 年有 51％认为自己是加拿大人，到 1999 年上升到 70％，到 1995 年认为自己是魁北克人的数量从 0％上升到 12％，到 1999 年下降到 10％。[②]

公民身份植根于归属情感，这种情感具有权利、自由和责任，同时与尊重他们所处社会的个体共享。这种公民身份承认差异和归属的多样性，同时支持共同的公民文化。在加拿大背景下，魁北克公民身份以一些象征事件为标志。例如，公民周、公民价值奖正在逐渐由魁北克政府设立，目的是深化归属于共同的公共文化的观念。这些事件能够破坏顽固的分裂倾

① MICHELINE LABELLE，FRANÇOIS ROCHER. Debating Citizenship in Canada：The Collide of Two Nation-Building Projects [D] // PIERRE BOYER，LINDA CARDINAL，DAVID HEADON. From Subjects to Citizens：A Hundred Years of Citizenship in Australia and Canada. Ottawa：University of Ottawa，2004：269.

② MICHELINE LABELLE，FRANÇOIS ROCHER. Debating Citizenship in Canada：The Collide of Two Nation-Building Projects [D] // PIERRE BOYER，LINDA CARDINAL，DAVID HEADON. From Subjects to Citizens：A Hundred Years of Citizenship in Australia and Canada. Ottawa：University of Ottawa，2004：270.

向，而分裂能够破坏基于共同的公共文化的社会凝聚。这种关于魁北克公民身份的新的论述产生了直接的遗留问题。1997 年，魁北克文化间关系委员会，一个为政府各种针对移民和文化间事务提供建议的组织，质疑人们是否应该被严格地在他们的公民地位基础上给予承认，或者是否也应该对被赋予多重认同和归属情感的文化社群给予承认。文化间关系委员会指出，政府关于公民身份的新目标是有点令人不安的。政府在它的新公民政策中没有考虑到在移民、文化多样性、新来的人和民族少数群体的特殊需要方面各种事情处于危险中。对于一个现代的魁北克公民身份的一些要求包括通过政治制度减少民族或者种族身份认同的不平等，新政策忽视了这些问题。

　　2000 年 9 月，关于公民身份与整合的论坛在魁北克召开，热烈地讨论了这一问题。讨论的焦点不再主要是公民身份的正式法律定义，而是从概述和定义公民权利转向对于公民身份象征意义的更加本质的讨论。在为论坛的公开致辞中，公民与移民关系部部长明确指出讨论公民与整合问题的原因：魁北克人民构成了一个民族。魁北克人民具有自己的历史、民主制度、法律和共同语言以及权利法案。这种魁北克人民能够代表它的民族集体。它构成了一个民族。① 摆在魁北克人民面前的挑战是找到团结所有魁北克人的途径和方法，包括那些非法裔人。因此，潜在的挑战是魁北克公民身份的政治计划和联邦政府提出的观点之间的共存和张力。联邦政府否认由魁北克国民大会表达的自治权利。最终，魁北克政府提出的公民观念受到了联邦政府的坚决反对。魁北克政府旨在代表一个完整的魁北克社会，而联邦政府只承认魁北克人民作为加拿大公民的从属地位。全球化社会和现代政体希望在国际视野下重新审视国家认同，魁北克也是如此。像联邦政府一样，魁北克也要面对历史经历和事件以及一些多样化问题。在过去的三十年中，魁北克政府设置了大量的法律和咨询机构，旨在确保魁北克作为一个民族的认同以及关注其人口的多样性。然而，魁北克支持公民与移民整合议会再次引起了极大的骚动。

---

① MICHELINE LABELLE, FRANÇOIS ROCHER. Debating Citizenship in Canada：The Collide of Two Nation-Building Projects [D] // PIERRE BOYER, LINDA CARDINAL, DAVID HEADON. From Subjects to Citizens：A Hundred Years of Citizenship in Australia and Canada. Ottawa：University of Ottawa，2004：274.

第二节　重塑国家认同

一、社会凝聚与共享的公共文化

从 20 世纪末至今，社会凝聚开始成为公民教育和多元文化教育新的立足点。这一时期，对于国家认同的认识开始清晰起来，并且开始对其内涵加以界定。联邦政策在 20 世纪 90 年代得到详细阐述。1997 年，加拿大文化遗产部确立了三大目标：（1）认同感——建立一个使人人都有归属感的社会；（2）公民参与——鼓励公民积极投入各种社区乃至加拿大的发展中去；（3）社会平等——建立一个确保公平和平等待遇以及尊重和接纳各族人们的国家。从公民身份的角度来看，加拿大追求一种强调责任的公民，归属于加拿大社会和国家的情感，支持加拿大文化法典和价值、促进国家团结统一的共享的价值的意识形态。[①] 这些观点在加拿大遗产部、公民与移民部和各种委员会的大量文件中传达出来。对于加拿大公民身份问题的兴趣体现在重新定义政治空间边界的努力中。从 90 年代开始，分裂和两极分化破坏了通过整个 20 世纪建立起来的加拿大社会凝聚，威胁着加拿大自身。贫穷和经济分裂问题加剧了宗教分化，促使魁北克人和土著人进一步提出民族主义要求，以及宪法 15 条中提到的群体要求减少对于他们的干涉。根据 1996 年公民与移民部的文件，成为一个加拿大公民意味着"忠诚于加拿大；忠诚于加拿大女王和她的代表；遵守加拿大法律；尊重公共和私人财产；关心加拿大遗产；支持加拿大理想"[②]。至此，新移民和所有公

---

① MICHELINE LABELLE，FRANÇOIS ROCHER. Debating Citizenship in Canada：The Collide of Two Nation-Building Projects ［D］// PIERRE BOYER，LINDA CARDINAL，DAVID HEADON. From Subjects to Citizens：A Hundred Years of Citizenship in Australia and Canada. Ottawa：University of Ottawa，2004：265.

② MICHELINE LABELLE，FRANÇOIS ROCHER. Debating Citizenship in Canada：The Collide of Two Nation-Building Projects ［D］// PIERRE BOYER，LINDA CARDINAL，DAVID HEADON. From Subjects to Citizens：A Hundred Years of Citizenship in Australia and Canada. Ottawa：University of Ottawa，2004：266.

民被要求承担保卫和促进加拿大国家统一的任务。移民的高归化率是一种强烈的指示，移民认同加拿大，并且成功地整合进加拿大社会。

多元文化主义政策成为吸引加拿大人参与加拿大公共文化的改变和重新定义加拿大政体的一种非常有效的手段。但是，一种政治认同不能在没有一种实质上的集体身份认同的情况下存在，这种身份认同现在指的是基于相互尊重、责任和多样性等价值的共享的公民身份。因此，加拿大人必须学习公民价值和制度。然而，没有一种价值是不能质疑和长久的。联邦政府现在认为自由原则下的行为依赖于公共文化的制度化，这与政体的历史和文化相关联。自由民主社会的自相矛盾在于它们对共同的公共文化的需要，但是文化不具有神话特征。社会凝聚和团结需要一种依赖于共享价值和目标的集体认同。显然，文化多样性对于巩固加拿大政治认同是不足的。公民与移民部指出：我们已经听说对于加拿大公民身份贬值的普遍关注；对于公民身份的要求不再反映任何对于国家或者对于促进整合进加拿大社会的责任。对于通过整合实现更大的社会凝聚和给予公民身份更高的价值，必须确定移民标准，事实上，这一标准在实践角度看反映了加拿大的核心价值和原则。① 尽管我们可以在不同的政府出版物中找到各种关于价值的陈列，如基本权利和自由、平等、宽容、法律规范、民主和平等等自由民主原则，然而，联邦政府在决定这些加拿大价值是什么的问题上是非常失败的。对于共同价值的讨论是限定宽容的一条途径，这种宽容不应该是无限的，而是应该建立一个社会承认的框架。加拿大公民身份概念暗含着所有公民享有一种共同的公共文化。因此，国家不能假称是中立的。整合不仅是少数群体成员的一种适应过程，也是整个社会的一种适应过程。大多数加拿大人赞同这些公民身份的先决条件。除了对多元文化主义保持沉默的少数群体成员很难认为文化遗产的保存是对一种共同的加拿大政治认同继续存在的威胁，我们不能忽视一种共同的公共文化的重要性，这种文化不能将社会凝聚和政治共同体的团结置于危险中。然而，我们不能认为共享价值的存在能够自然地导致国家统一。加拿大是这一事实的最

---

① Advisory Group. Immigration Legislative Review, Not Just Numbers: A Canadian Framework for Future Immigration [M]. Ottawa: Public Works and Government Services Canada, 1997: 39.

好例证。①

　　国家认同和公民身份观念使我们同时反思是什么联结了共享地域和政治空间的人们、包含和排斥公民身份的标准以及构成公民身份象征边界的社会与政治力量关系。国家中存在的多重身份认同的发展与由语言、民族、宗教、文化等定义的某一身份群体一样，都是通过这些群体在同一政体下共同存在。一个国家或者一个民族的身份认同优先于任何形式的政治联合。一个国家的身份认同是指归属于一个特定政体的情感。公民身份的核心成分包括民主、国家认同和社会凝聚或者多样性这些维度，这些维度如何在不同的社会中结合其形式也各种各样。公民身份的各种观念可以存在于不同的国家之间，同时存在于这些维度内部。大量加拿大学者认为，加拿大的各种群体，尤其是说英语的加拿大人，魁北克人，土著人，在理解公民身份时存在着差异。甚至在这些群体内部，也存在着冲突的公民身份观念。在这一领域许多学者做了大量工作，例如泰勒、金里卡以及艾伦·凯恩斯。他们认为，大多数现代国家是多样化的，包含着各种类型的国内的少数群体，他们可能不完全共享共同的公民身份意识。尽管如此，建立一种共同的公民文化同时考虑多样性是可能的。在加拿大和其他许多国家，教育服务于多样性已经成为公民教育课程发展的中心。

　　社会秩序模式寻找以一种和平的方式在有限的资源内生活在一起的方式。公民作为加拿大社会的模式必须能够包括所有个体和群体在这样一种方式下，建立一种凝聚的泛加拿大民主国家，以及作为公民共同体的社会。这意味着土著人、魁北克人和法裔加拿大人处在一种少数群体的背景下，同时包括种族文化群体、宗教和其他群体，必须以一种重要的和平衡的方式存在。土著人和法裔加拿大人根据条约、《1867 年不列颠北美法案》、《1982 年宪法法案》拥有集体权利。这些加拿大法律承认归属于一个共同的政治体的不同方式。两个关键的问题贯穿争论的始终：集体认同和自治问题。除了宪法中提及的土著人和法裔加拿大人，其他群体的人们也要求获得承认的权利。移民群体也经历了在定居和适应过程中的社会排斥和不平等。许多群体寻求他们自身的文化遗产和历史承认，以及他们为这个国家的建设做出的贡献。

---

　　①　WILL KYMLICKA. Finding Our Way：Rethinking Ethnocultural Relations in Canada [M]. Oxford：Oxford University Press，1998.

二、多元认同与多元公民身份

多元公民身份的地位和情感除了国家层面之外，还包括省或者文化族群层次，这些最终成为加拿大政治生活中被接受的特色，这个因素不可避免地会促进公民教育的形塑。通过宽容和联邦制的结合，魁北克和因纽特文化认同问题在 20 世纪后期被和平调解，尽管美洲印第安人仍然被边缘化。公民是一个政治民主国家成员身份的标志。它是政体、政治权利和身份认同的基础。公民不仅通过法律和加拿大《权利与自由宪章》继承了法律权利，而且具有强烈的认同感和成员身份的意蕴。每一代加拿大人都争论公民身份并且要求重新解释它。法裔加拿大人、土著民族、移民和妇女都在质疑对于加拿大公民身份的解释。公民身份的排外故事已经不适合 21世纪的今天。实施偏狭的象征会使局限的、叙事的，包括排外的神话、记忆和象征构成含糊不清的意义和理解，因此是时候去倾听和学习多种声音、故事和象征了，丰富享有特权群体的想象，促使边缘群体参与现实，这样加拿大儿童的公民教育才能实现。加拿大公民身份一直是个具有争议性的概念，但是研究者们都认为它具有独特性。

关于公民身份的争论是象征的重要问题。然而，多民族特征对公民身份提出了挑战，尤其是自联邦结构给予魁北克以政治空间以后，促使其可能发展自己的政治制度和声音。从此，加拿大公民身份面临着魁北克民族的现实与挑战。关于公民身份的争论，无论加拿大还是魁北克，都将公民身份理解为依附于一个国家。公民身份和国家认同是相互关联的概念。真正的加拿大公民最重要的就是对于加拿大的忠诚。加拿大公民身份是一种"软弱"的形式，比欧洲模式脆弱。而魁北克公民身份是一种"强硬"的形式，因为它想要发展一种毫无差别的公民和语言的一致性。[①] 因此，在加拿人能接受的情形似乎是由反对魁北克公民身份观念的人进行声讨。但是应该说，那些批评魁北克政府关于公民身份问题的人经常对加拿大政府如何对待这一问题视而不见。他们认为，加拿大和魁北克都不允许多样化

① MICHELINE LABELLE, FRANÇOIS ROCHER. Debating Citizenship in Canada: The Collide of Two Nation-Building Projects [D] // PIERRE BOYER, LINDA CARDINAL, DAVID HEADON. From Subjects to Citizens: A Hundred Years of Citizenship in Australia and Canada. Ottawa: University of Ottawa, 2004: 281.

的忠诚和身份认同或者多元主义是错误的。加拿大和魁北克都承认关联认同的合法性。魁北克甚至提及文化权利。然而，当加拿大作为一个发达政治国家时，魁北克还仍然为获得承认而斗争。甚至当他们认同魁北克政治权利时，魁北克公民仍然是加拿大公民。

公民身份和民族主义作为两种政治理念和政治实践，彼此结合，相得益彰，共同构成了现代政治。[①] 这种结合带来了三个好处：自由、团结和忠诚。首先是自由。民族主义宣称，民族拥有自由地追求自身命运的权利，包括免于无效率政权的自由，免于殖民处境的自由，团结离散同胞的自由，退出不愉快的文化和政治同盟的自由。同样，公民身份在自由基础上，包括参与形塑自身国家命运的自由，从党派所具有的双重意义而言，这种参与不受党派利益的阻碍。人民主权思想是这种自由的最佳支柱。这两种自由形式在民族自决原则中得到了融合。团结则更加复杂。民族主义与公民身份都需要相应的政治制度以弱化特权，促进团结。特权意味着阶级分化和狭隘的地方主义，甚至是集团利益的特殊化，民族主义和公民身份则意味着平等与标准化。民族的产生和建立需要通过公民和民族的平等化及标准化来形成其凝聚力。[②] 如果国家的文化是同质的，那么这些特征相对容易达到。在形塑民族的过程中，传统、种族、语言具有难以否认的力量。这些因素反过来也影响了公民身份的性质。[③] 公民品德与公民身份对于民主政治是重要而独立的要素。[④] 政治是一个国家最高利益的反映，一个民族的地位不仅取决于自身的文明水平，也取决于其社会贡献，其中政治贡献尤其重要。在加拿大多元文化政策下，各族裔集团在政治上的平等地位得到了保证，享有充分的民主权利，越来越多的族裔群体意识到政治的影响力，已建立起自己相对独立的政治文化组织。参政议政，维护本族群利益，已成为必然追求。

2003 年的一项调查显示，54% 的受调查者认为多元文化主义使他们感觉作为一个加拿大人非常自豪。然而，对于"多元文化主义"这一术语仍然存在很大程度上的模糊性。但是，顺应多样性并不意味着歧视和种族主义的消失。事实上社会态度和实践不一定相同。90 年代末，魁北克开始在

---

① 德里克·希特. 何谓公民身份 [M]. 长春：吉林出版集团有限责任公司，2007：102.
② 德里克·希特. 何谓公民身份 [M]. 长春：吉林出版集团有限责任公司，2007：105.
③ 德里克·希特. 何谓公民身份 [M]. 长春：吉林出版集团有限责任公司，2007：105.
④ 威尔·金里卡. 当代政治哲学 [M]. 上海：上海三联书店，2004：515.

公民层面上建构多样性和整合问题。政府选择去种族化的方式，强调个人作为公民的地位。政府声称所有居住在魁北克范围内的人都是平等的公民，同样值得关注，无论种族、民族、文化和宗教背景。他们都参与相同的政治体，具有同等的权利和义务，以及同样对于共同价值的认可。今天，政策制定者、法律工作者和公共政府机关必须遵守魁北克自己的《人权与自由宪章》，以保证基本的宗教自由、思想自由、言论自由，毫无歧视和排外地对待每一个生活在魁北克的人，尊重种族、肤色、民族、宗教、性别、性取向、政治观念、语言、社会条件、身体缺陷或者婚姻地位的差异。大多数公共政策尽力适应种族、文化和宗教的特殊要求。公立和政府资助的私立学校的课程也经常适应和修改以便反映魁北克社会的多元性，鼓励文化间和族群间的交流，从而培养和尊重各种差异。此外，资助和支持每年的公民周、公民奖、反种族主义活动周、黑人历史月等活动提高对魁北克种族文化多样性的意识。自从 1977 年，法语成为公共交流、贸易和学校中移民的主要语言，但是对英语机构和提供英语公共服务的支持没有停止。语言遗产计划使公立学校中有超过十几种不同的语言可以提供给那些想要保持其母语和文化的学生。事实上，魁北克的语言政策对于语言和种族文化少数群体融入魁北克的主流社会具有很大程度上的开放性。批评者也许指出，上述政策和方法没有很好地奏效，没有得到希望的结果。尽管魁北克对多样性的管理不能使所有人满意，但是，在某种程度上对于社会多元化的传统进行了敏锐的反映，并在政策中尽力体现。大多数人认为，在许多其他政策领域，魁北克对多样性管理的方式相当独特，尤其是当与加拿大的多元文化主义模式进行对比时更是如此。而事实上确实在加拿大的多元文化主义政策和魁北克的文化聚合、文化间性主义之间存在许多不同。这些不同更多是政治原因的。加拿大和魁北克曾经忽视民族认同的意识、内容和性质，而民族认同正是他们所强调的保证魁北克种族文化少数权利对司法的忠诚，成为魁北克统治的支柱和对加拿大的威胁。一些学者和评论者认为，加拿大多元文化主义中的多元视野局限于简单地理解种族文化认同，将种族文化社群看作单一均等的团体，而不是由复杂的多元的状态和认同构成。在培养多元的国家认同的外表下，加拿大的多元文化主义政策将种族文化认同和群体在公共领域中严格定义，简单地并置，经常使种族文化认同或者群体间发生竞争，而不是鼓励表现和发展各种形式的认同。总之，加拿大的多元文化主义只是为主要的白人、盎格鲁撒克逊和基督教作为主要标榜的加拿大国家认同。

毫不奇怪，学者和评论者对于魁北克方式的赞扬颇多。它被认为优于加拿大的多元文化主义模式。魁北克人党相信，魁北克法裔大多数人的文化已经成为更加自豪、完整的角色，成为少数文化和认同聚集的交汇而参与公共的公民文化中，能够集合所有魁北克人而无论其种族和文化背景。他们坚持这种角色是整合而不是同化，因为它并不排除对少数文化的忠诚和对多数人文化的认同，是一种更加进步的多元主义形式，不像加拿大的多元文化主义框架，它不是建立在仅仅对种族文化多样性的和公共领域中对种族文化社群简单并列的认识上，而是在形成民族认同的文化之间建立一种积极的、包容的、开放的对话。相反地，赞同一个统一的加拿大观点的人认为，魁北克是一种民族主义的、种族的、为了说法语的大多数人在经济、文化和政治上占主导而忽视其他种族、语言和民族的群体。这种观点是建立在对魁北克民族主义政治精英不信任的基础上。魁北克还定义了丰富的魁北克公民身份，将非法裔民族定义进更大的民族共同体和公共文化，主要是由说法语的大多数定义的。在他们看来，政府采纳的用来说明多样化管理政策和整合的公民身份观念，尤其是在魁北克人党执政的1994—2003年期间，很难隐藏想要确保魁北克民族和法语政治及文化认同的意图。魁北克多元主义的虚伪感情事实上渗透着一元论和法语魁北克人的自我优越感。

要求加强文化聚合和更加开放的文化间对话通常被微妙的对少数群体的忠诚形式取代。这种要求反映了多样性管理的重要影响是多数群体和少数群体文化交界上必要的前提。而且，从心理倾向上讲，促进友好关系的发展而不是社会经济的不平衡是适当的。事实上，移民、种族群体和土著人在魁北克和加拿大的民族类型及民族计划斗争中被推向了反方向。魁北克是否能够成为具有政权的政府的争论总在持续。事情对于每个人和少数群体都非常清晰，他们将支持魁北克的公民身份和民族身份，因为对于魁北克人将要成为一个民族和基于魁北克的公民身份不存在合法性质疑。其他人认为，少数民族对魁北克公民身份和政治民族身份渴望的薄弱支持混淆了公民身份的本质。特里奥特（Joseph－Yvon Thériault）认为，魁北克在两种基本现代核心公民身份中摆动。他指出，现代公民身份植根于一种基本的双重性中。它体现在程序性公民身份和实质性公民身份之间。程序性公民身份是指国家是中立的，处在摩擦中，包括各种不同的认同，而且支持完全地、无障碍地发展公民自由。实质性公民身份视公民为一种政治动物，很大程度上归属于政治共同体，与其他公民一起共享一种共同的历史和一种共同的公共文化，以及一种稳固的联结。这两种公民身份形式是不同逻辑和不同要求产生的。它们能够同时存在于一个国家中，但是它们的存在只是在彼此间冲突目标的永久协调中才能实现。今天，魁北克的法裔加拿大人认为自己形成了一个独特社会，而且有别于早先时期的那个独特社会。它的成员资格限于魁北克公民。甚至于采用这种词汇反映出这一新态势：魁北克的法裔加拿大人现在自称是"魁北克人"而不是"加拿大人"。魁北克的法裔加拿大人不认为自己属于乡村，而属于一个现代的、城市的和技术复杂的社会。

第三节　公民教育的复兴与发展

一、公民教育政策的新趋向

21 世纪伊始，国家和全球范围内又对公民教育产生新的兴趣。全球化过程以及移民对社会和学校产生的直接影响是增强了地方社会的多样性。在多元文化民主社会中，促进国家统一或者凝聚的需要与在国家范围内支持文化社群多样性的需要之间产生了一种张力。这种张力要求教育的回应。学校公民教育被看作处理统一性与多样性的一种工具。许多民主国家关心政治参与，尤其是年轻人的政治参与。这也被视为加强公民教育的原因之一。[①] 学者们认为，有四个重要原则和十个重要观念存在于多元文化民主社会的教学中。这些原则为：学生应该在他们的地方社区、国家和世界中学习有关统一性和多样性的复杂关系；学生应该知道人们在他们的社区、国家和地区日益依赖于其他人，并且与经济、政治、文化、环境和技

---

① AUDREY OSLER, HUGH STARKEY. Study on the Advances in Civic Education in Education Systems: good practices in industrialized countries [R]. Report prepared for the InterAmerican Development Bank Education Network of the Regional Policy Dialogue, 2004.

术的改变相联系的方式；在多元文化国家，人权教学应该加强公民教育课程和计划；学生应该获得有关民主和民主制度的知识，同时获得践行民主的机会。① 关键概念包括：民主；多样性；全球化；可持续发展；帝国、帝国主义、权力；偏见、歧视、种族主义；移民；认同或者多样性；多重视角的；爱国主义和世界主义。②

　　在今天的加拿大公立学校中，有计划的课程更加明确、积极地关注参与和积极公民的发展。什么样的教育对于指称多样的和民主国家是必要的？在现代世界，有理由相信强调科学、技术和商业教育的重要性，但是不能忽视和低估社会科学的价值。"如果我们要自信地作为一个平等的角色参与世界竞争的话，加拿大人必须知道自己的历史、文学、哲学。"③1998 年，公民教育研究网络在加拿大建立，由研究者、政策制定者、政府和私人部门发起。公民和社会凝聚成为泛加拿大教育研究任务的内容之一。加拿大重新将公民教育的目标作为公共教育的一个重要方向。大西洋各省教育基金会制定了一个社会科课程蓝本，公民教育是其中心目标，同时设置了必需的毕业学习科目，其中之一就是公民。尽管在公民身份领域存在着各种各样的公民身份观念，但是，在全国各个教育部门都采取了非常相似的公民教育方式。在所有的省份和地区，公民教育的目标是培养有知识的个体，使其能够积极参与多元主义的社会。因此，重要的元素是知识、参与和承认多元主义。所有地方都提出了让公民获得必要的技能以积极地参与公民生活的任务。这些被描述成决策技能、交流技能和冲突解决技能。④ 文化多元主义被看作社会中的一股积极的力量。1998 年，由研究者、决策者和实践者组成了一个小组，一致同意在公民教育领域开展泛加

---

① AUDREY OSLER，HUGH STARKEY. Study on the Advances in Civic Education in Education Systems: good practices in industrialized countries [R]. Report prepared for the InterAmerican Development Bank Education Network of the Regional Policy Dialogue，2004.

② AUDREY OSLER，HUGH STARKEY. Study on the Advances in Civic Education in Education Systems: good practices in industrialized countries [R]. Report prepared for the InterAmerican Development Bank Education Network of the Regional Policy Dialogue，2004.

③ House of Commons. Standing Committee on Secretary of State，Proceedings. February 1988，CAUT Brief，7.

④ A M SEARS，G M CLARKE，A S HUGHES. Learning Democracy in a Pluralist Society: Building a Research Base for Citizenship Education in Canada [D]. Council of Ministers of Education，Canada，1998.

拿大研究，主要的论题包括：（1）公民教育模式、公民类型学和公民背景；（2）公民教育的价值；（3）公民教育的行为、态度、技能和知识；（4）公民教育教学实践。加拿大社会科协会建立了一个有效公民教育委员会，与各种群体一起发展更加广泛的公民教育，帮助协调联邦和省教育的实施。在一些地区开展了重要的课程。

二、公民教育内容的新发展

对于不同公民教育模式的讨论和不同途径的发展存在于加拿大和其他地方。公民教育在不同的社会群体中被进行了不同的解释，学校课程也从不同的视角被呈现。在安大略，十年级开设了一门新的强制运用两种官方语言的公民科。除了国家应该是一个文化意义上的民族这一意识形态上的假定，还有两种思想影响了这种教育政策：一是文化凝聚力是保证国家所有公民的爱国忠诚和国家安全所必不可少的信念；二是在一个民主社会中，如果人们不能掌握所属国家的法定语言，那么他们将不能享有他们的公民权利和履行相应的义务。

教育者共享着价值而不仅仅是知识。价值能够确保在文化中获得健康和稳定的情感。这些不只是发生在边缘化的宗教阶级中，而是班级中那些主要的文化内容的来源：生物、物理、化学、英语和数学。教育是一项巨大工程。公民教育和多样化带来了希望。教育不是讲授社会中基本制度运行的原因，而是让学生学会尊重这些原则，因为这些原则是在价值问题上缺少大多数一致意见时唯一能维持和平而公正的社会的可能。对于自由民主原则的教学是基于正义和和平的价值。公民教育的责任落在了学校教育上。教师不仅要讲授代数、音乐、文学知识，还要塑造加拿大公民。他们在这样的背景下进行教学：单亲家庭、财政赤字、暴力、经济压力以及城市中的多元文化主义。个人的宗教信仰在公共学校中难以找到。在安大略，有神论的价值与学校教育提供的价值具有根本的差别。加拿大的公共教育制度是基于普通教育的人文主义的。在这里没有上帝，只有自然事实存在。在价值中立原则下，公共教育制度被普通教育的人文主义教育垄断。因此，具有宗教信仰的人感觉到在公共教育系统中被剥夺了公民权利。而加拿大公共学校的竞争更多的是来自家庭学校和宗教权利。

　　加斯凯尔（Jane Gaskell）认为，社会是碎片式的，而人们对普遍价值的承认是脆弱的。①这发生在学校。普通学校的传统是悠久而神圣的。教育者认为普通学校将会超越多样的和零碎的群体而创造一个单一的、凝聚的公共环境，因此各个国家都广泛建立义务的、国家财政支持的教育体系。国家利用学校向具有各种不同背景的儿童传递共同的经验、语言、课程和进入劳动市场的资格。普通学校教育正在积极地保护公民融合、机会平等和社会凝聚。然而，在日益加剧的多样化和接受良好教育的社会中，加拿大人正在使实施普通学校教育的责任屈从于各种新的争论。当前的政治理论指出，任何共享的信仰观念，以及普通学校都是基于普遍的价值，不愿意承认差异。但是理论开始转向后现代理论，认为在一致的主流力量下保护差异是促进民主的一种方式，有助于通过使不同的文化、信仰和思维观念合法化而加强平等。"多元主义不仅仅是一个事实……而且它构成了现代民主性质的观念水平，并被看作我们应该鼓励和提高的。"②这种理论挑战了无论从医疗到教育的普遍公共服务的观念。在加拿大，金里卡的研究尤其重要，他指出，传统的公民、民主和教育观念也许可以基于不声明关于民族或者文化同质的要求而加强对文化重要性的承认。他认为加拿大从移民中得到了更多的支持，因为它允许在制度和学校中存在差异。学校委员会是关于普通学校性质争论的重要地方。每一个地方学校委员会都采取省的政策规范以反映文化和地方社区的要求。他们必须决定多大程度的差异和哪种差异应该在学校存在。

　　20世纪90年代末，对于传统学校产生了两种争议，争论的主要焦点还是关于包容政策。这两种提议来自两个不同群体的家长。③作为反对地区一致的学校教育，对传统学校的争论不只是关于教育教学，也关于在公共学校空间内承认差异的精神。这些群体希望在公共空间内得到更大程度的承认和对于他们文化差异的适应。伴随着私人领域差异的表达，希望通过饮食、服饰、宗教等实现普遍的、无歧视的公共空间的观念失败了，因为分离的公领域和私领域是不可能的，而且公共空间的中立性是不可能

①　JANE GASKELL. The "public" in public schools：a school board debate［J］. Canadian Journal of Education，2001，26（3）.

②　C MOUFFE. The democratic paradox［M］. London：Verso，2000：19.

③　JANE GASKELL. The "public" in public schools：a school board debate［J］. Canadian Journal of Education，2001，26（3）.

的。公共空间不是中立的，那么就不能给予所有文化信仰和行为以平等的承认。这在学校以及其他公共机构中也是如此。语言、公共节日、公立学校的教育教学模式都会接近一些学生和家庭而远离另一些学生和家庭。学校在学生文化身份方面不是中立的。比如，多伦多的综合学校对加勒比海的黑人学生就不十分友好，因为黑人教师的数量极少，课程中没有黑人作者和他们的历史，学科评价的双重标准难以实现等等，从而导致了黑人学生的辍学率升高，增强了他们认为在白人社会获得成功是不可能的情感。

包容是一种价值体系，不仅包括对有特殊需要的学生的整合，还包括对个体差异和多样化学习方式的理解。一个包容的学校能够提供特殊的学习计划和服务，它是基于在每一个班级创造一种包容的课程。而政策却鼓励所有学校实施同样的课程计划。此外还有一些特殊的课程计划，包括法语浸入式教学，国际学士学位和一些职业课程。多样性存在于教育体系中，而不仅仅是课堂中。因此，教师在设计、实施和评价学生的教育计划时具有重要责任。教师联合会强烈支持包容的政策，并积极地参与教育计划的制订，承认和保护专业实践。教师的角色观念被看作教育的领导者，如促进专业发展、合作决策，而不同于传统的联合观念，只是保护权利。教师联盟相信，教师应该真正地参与评价什么是好的教育过程。教师的合作氛围由于对特殊需要和第二语言学生的包容而变得灵活多样。如果教师认为需要适当的支持，就可以优先考虑地区中具有特殊需要的最大数量的学生。地区在维护这些共识上是成功的。包容政策是基于建立面对冲突甚至是给予差异以公共形式的地区一致的努力尝试，从而使教师对他们的班级教育负责任。麦克劳林（T. H. Mclaughlin）指出，社会面临着寻求社会和文化多样性与凝聚以及引起"公""私"价值和领域之间显然区别的渴望的各种因素之间平衡的挑战。[①]

加拿大发展了公民教育的官方课程。尽管加拿大没有国家课程，但是所有省和地区在中小学课程中都有一些形式的公民教育课程。最近对加拿大教育政策的一项研究《为了和平、人权、民主、国际理解和宽容》[②] 展示了加拿大公民教育课程的差异，但是也指出了一种普遍的趋势：从传统

---

① T H MCLAUGHLIN. Citizenship, diversity and education: A philosophical perspective [J]. Journal of Moral Education, 1992, 21 (3): 235-247.

② Education for peace, Hunman Right, Democracy, International Understanding and Tolerance. Council of Ministers of Education, Canada, 2001.

的公民教育观念到最前沿的全球特征的目标和实践。委员会提出了关于有效的加拿大公民身份的报告——《教育21世纪的加拿大公民：危机和挑战（1994）》①《庆祝加拿大公民教育元素：主动行动（1998）》。最近，在加拿大各省的课程改革说明了这种观念的变化。安大略教育与教学部发布了《社会科，1—6年级》《历史和地理，7—8年级（1998）》《加拿大和世界研究，9—10年级》《加拿大和世界研究，11—12年级》和《安大略中学9—12年级，课程与毕业证书要求》，② 标志着对于公民教育的重新重视。此外，义务教育10年级"公民科"课程被作为毕业要求。加拿大的公民教育课程改革也引发了对教育学实践的关注。教育者开始发掘课堂与学校教育学的途径，以适应复杂的公民教育目标。

　　魁北克总是害怕联邦的多元文化主义会冲击作为加拿大马赛克文化之一种的魁北克民族文化。因此，魁北克更加推崇自己的整合政策，即文化间性主义，这与魁北克理解的公民更加一致。然而，魁北克的政策更加明确地限制多样性，关注不可调和的要求，如在道德契约下的法语问题。1998年，教育部联合魁北克移民与公民关系部制定了一个新的关于文化间性教育和新文化整合计划的政策和实施方案，运用于所有的魁北克学校，尤其是蒙特利尔地区，因为大多数移民定居于此。文化间性教育的目标是覆盖公民教育计划中那些关于多样性和共同生活的目标，这就意味着文化间性教育成为公民教育的一部分。③ 文化间性教育来源于多元文化教育和反种族主义教育方式的综合体。它关注多元文化社会、人权和反种族主义、民主框架内的多元化和多样性、移民和土著民族、难民问题、语言政策等等。但是，文化间性教育没有在课堂中发挥更大的作用，而是更多地在学生的生活环境中得到渗透。因此，学生学习有关文化多样性的内容更多的是在文化间的不同组织中如学校环境中而不是在他们的公民教育课堂上。有效的课程学习是通过课堂内外不同文化和语言的学生之间的相互作用实现的。基于这个观点，学校管理发展了课外活动，例如文化间和移民学生俱乐部，以增进社会交往、尊重和相互理解。目的是创造包容的学校环境。

---

① Effective Canadian Citizenship, Educating Canada's 21st Century citizens: Crisis and challenge (1994). Council of Ministers of Education, Canada, 2001.

② Ontario Ministry of Education and Training, 1999, 2000.

③ Celebration Canada's Components of Citizenship Education: Initiating Action, 1998.

魁北克教育计划为初级和高级中学的学生制定了核心课程，根据年级水平和课程循环结构进行划分，一个是 7 年级和 8 年级课程，一个是 9 年级到 11 年级课程。魁北克教育计划的目标之一就是建构学生的认同，这一点在历史课程计划的公民教育部分也得到了明显体现。学生"通过历史的学习强化他们对公民身份的践行"，同时希望每一个学生"寻找他们自己的社会认同基础"①。计划强调："所有的学生必须发展一种与其他具有差异特征的个体具有相互关系的意识，以及定义他们自身在这种相互关系中的角色。考虑他者因素在认同发展中是十分必要的。这个过程能够使学生观察到多样性的认同与共享价值不是不相容的。②魁北克教育计划的首要目标是建构世界观，这是赋予历史和公民教育计划的又一任务，目的是使学生掌握认识世界的工具，"发展学生运用历史的视角理解现在"③。历史教育的目的是促进学生片段思维的发展，从而为他们认识生活打下良好的基础。学习历史的一个最终目标是强调知识发展和批判技能。因此，魁北克教育计划拒绝传统的、讲授的教学方法。"在学校中教授历史的目的不是使学生记忆简单的、由历史学家建构的学术知识，也不是使他们获得百科全书式的事实，而是发展他们运用历史的视角理解现在的社会现象的能力。"④那么促进知识和批判能力发展的方法是什么呢？魁北克教育计划指出，"在学校中学习历史能够使学生逐渐地获得态度、知识方法和语言，这是历史思考的基础。从历史的角度审视社会现象有助于明确地陈述问题。为了解答问题，学生必须运用历史学者的反思方法和纪实影片资源。"⑤历史教学应该促进历史思维，在各个关键部分建立有意义的评估标准，同时应该向学生提供必要的批判分析历史事件的技能。

---

① DAVID LEFRANCOIS, STEPHANIE DEMERS. The Quebec History and Citizenship Education Curriculum and the Benchmarks of Historical Thinking (BHT)：Convergence and Divergence. http：// historical thinking. ca/sites/default/files/Lefrancois％20Quebec％20Education％20Program％20English. PDF，2011-09-10.

② Ministère de l'Éducation，du Loisir et du Sport. Quebec Education Program. Secondary School Education. Cycle Two. Québec：Gouvernement du Québec，2007：22.

③ Ministère de l'Éducation，du Loisir et du Sport. Quebec Education Program. Secondary School Education. Cycle Two. Québec：Gouvernement du Québec，2007：1.

④ Ministère de l'Éducation，du Loisir et du Sport. Quebec Education Program. Secondary School Education. Cycle One. Québec：Gouvernement du Québec，2004：295.

⑤ Ministère de l'Éducation，du Loisir et du Sport. Quebec Education Program. Secondary School Education. Cycle One. Québec：Gouvernement du Québec，2004：295.

魁北克在中学阶段的历史课程中开展公民教育。在历史和公民教育计划的题目中明确地表明了培养公民的目的。公民教育在魁北克教育计划中是非常重要的,构成了其第二阶段普通教育目标的核心,即"培养学生成为一个民主社会生活和多元社会所要求的、理解复杂世界的公民,并参与其中。"① 历史和公民教育计划的核心学习单元是社会现象。根据教育部的规定:"'社会现象'是指人类在社会中从过去到现在的行为。这些现象包括社会生活的方方面面——文化、经济、政治和领土等等,同时包括社会自身。"② 社会现象通常被认为是指那些构成历史转折或者改变、被长时期记载并且对于今天具有深远影响的现象。作为学习目标,这些现象作为一种潜在的历史问题需要学生去定义和解决,以便理解现在。社会现象首先要在其历史背景下还原呈现,允许学生从历史的视角对关于它的起源和意义提出问题。然后运用历史的方法,审视这些起源和建立对这些现象起源和结果的解释。最后,学生从这些现象中提升对于当前问题的理解,从而在社会对这些问题的争论中选取自己的立场。

无论是魁北克出生的还是移民学生都发展了一种对于文化多样性的态度,这种态度与不列颠哥伦比亚地区的学生相似。魁北克不再是一个白人、法裔和天主教的省份。在课堂、城市中都是多种族的环境。种族因素已经不是建立个人关系所要考虑的因素了。语言政策的强调是魁北克与其他地区的显著区别。除了多元文化教育,公民教育对于提高文化移情能力或者改变英语加拿大人对魁北克的看法似乎没有发挥什么作用。将所有的责任归于学校,尤其是归于历史教育是错误的。许多加拿大人,在国内时更趋向采用省份认同来界定自己的身份,而只有在国外时,他们才会称自己为加拿大人。他们同时具有对国家和省的自我意识。

---

① Ministère de l'Éducation, du Loisir et du Sport. Quebec Education Program. Secondary School Education. Cycle One. Québec: Gouvernement du Québec, 2004: 295.

② Ministère de l'Éducation, du Loisir et du Sport. Quebec Education Program. Secondary School Education. Cycle One. Québec: Gouvernement du Québec, 2004: 295.

第四节　小　结

从历史角度来看，公民思想是基于一个同质的文化群体成员身份的概念，关注属于那个群体的福祉。在现代世界中，移民勾画和促进了国际流动和交流，从而带来了在全球社会中不同文化群体之间的亲密关系。随着人们之间异质性和国家之间相互依赖性的增强，新的公民身份概念正在发展，公民教育成为更加复杂的事情。在加拿大，公民教育的概念近年来随着全球化的步伐不断发展演进。联邦成立之后，教育发展成为省的责任，公民教育经常涉及各种忠诚概念。然而，随着加拿大逐渐成长为完全主权独立的国家，对于公民教育的普遍关注从消极的忠诚观念转向归属观念，并参与日益增加的民主国家实践。从20世纪50年代开始，公民身份成为加拿大历史中的一个概念。它不再只是在法律地位上被讨论，而是在更加广泛的含义上讨论：公民权利，关心基本的个人自由权利；政治权利，包括参与政治活动的权利；社会权利，关于经济、福利和安全的标准；最后是道德方面，以"好公民"为标志。[①] 因此，公民身份作为一种法律地位被赋予公民、政治和社会权利，与义务相平衡。

在全球化时代，对于爱国主义和国家认同的关注仍然没有停止。问题不在于他们缺少国家认同和爱国精神，而是21世纪对于加拿大和魁北克的观念，与以往的乡思、古老的道德忠诚和加拿大历史有所不同。他们倾向于接纳更加包容和民主的集体认同。从某种角度来说，这种现代民族主义态度在加拿大学生中是相当显著的。但是这也将他们置于一种不稳定的历史地位中。许多魁北克出生的法裔，包括一些移民，他们把魁北克看成他们真正的国家，潜在的国家政权。在他们看来，加拿大不是一个传统的民族国家，而是一个多民族的国家。因此，国家政权是由不同的民族团体组成的。语言、文化、历史以及一些微妙的事实形成了这个坚实的北美法裔社会。

这一时期，加拿大以共享价值和共享的公民身份观念为标志。如果价

[①] AILEEN D ROSS. Citizenship Today [M] // J R KIDD. Learning and Society. Toronto: Canadian Association for Adult Education, Mutual Press Limited, 1963: 389.

值现在处在多元文化主义争论的前端，那是因为社会凝聚正在被侵蚀。这部分是由于加拿大公民身份已经逐渐被定义为暗含着某种共享的共同价值。但是，联邦政府还没能够精确地定义这些共同价值应该是什么。加拿大以文化马赛克为特征，与美国的熔炉正好相反。这根源于最早对于法裔加拿大人权利的承认与妥协。加拿大和美国之间的一个差别就是，加拿大信奉国家权利而美国信奉个人权利。这样，加拿大的马赛克象征是身份认同的来源。加拿大是君主政体的国家，从本质上说，是君主忠诚的。美国的联合根本上是契约的，而加拿大国家是建立在忠诚而不是契约之上，因此没有一致性的压力，不存在加拿大式的生活方式。任何人，包括法国人、爱尔兰人、乌克兰人或者因纽特人，都能够成为国王的臣民和加拿大的公民，而不需要改变或者结束他们自己的方式。① 但是，如何在国家意识下在民族多样性下保持一种凝聚呢？国家凝聚一部分是建立在这种多样性的基础上，提出或者寻找一种独特的加拿大认同来包容所有人，也许意味着或多或少微妙的，更加重要的身份认同。但是，如果承认和理解多元主义，又是否能成为一个国家主义的社会？如果加拿大以马赛克为标志，那么它也必须考虑它的地理环境。加拿大人的发展与加拿大的地理环境有着紧密的关系。一些人指出，"大陆神话"在很长时间里失去了意义。

在加拿大，影响政治的最主要因素是英语人口与法语人口之间在传统上存在的差异。加拿大社会的各个部分一直按照不同的生活方式生活着，而且形成了对政治实践不同的应对方式和态度。在 20 世纪最后 10 年间，尽管现代技术的压力迫使加拿大人走向同一，但是说法语的加拿大人和说英语的加拿大人之间在政治态度上的差异依然没有消除。《米契湖协议》和《夏洛特城协议》正是这种社会模式的写照。魁北克人最大的期望是省政府能保证他们的将来和集体权利，他们的领导人也试图在这两个失败的协议中把魁北克人的将来和集体权利提到至高的地位。其他魁北克人则认为，只有从加拿大分离出来建立一个独立的国家，他们的语言和文化才能够保存下去。20 世纪 70 年代以来，多元文化政策一直都是确保多样性平等的主要方式之一。事实证明，此类政策存在一些缺点，特别是会导致人们转向文化孤立主义一方。一个困扰着很多国家的问题就是，如何才能寻

---

① GORDON ARCHIBALD BAILEY. Education and the Social Construction of Reality: Canadian Identity as Portrayed in Elementary School Social Studies Textbooks [D]. Corvallis: University of Oregon, 1975: 17.

找到新的模式，以求将宣扬民族特性的议程与颂扬多样性的议程融合起来。在这一点上，从超越同化或者超越分离而不是多元互动或效忠的角度构想多元文化主义，以促进接触其他文化，特别是通过开发网络和新形式的交往来接触其他文化。

　　加拿大是一个多民族国家，必须面临国家团结和统一的平衡问题。在过去的半个世纪中，加拿大公民身份被用来作为解释秩序和重新解释历史的工具。① 加拿大的特征之一就是对民族和种族多样性的接受。今天，种族和民族少数群体不再被看作消极的客体。他们是积极的国民、同伴。民族少数群体也被承认在公共政策领域里扮演重要角色。自我认同和民族信心是国家团结统一的基础，鼓励文化和价值体系的"共享"，"一个有生命力的"文化多元主义将有助于产生这种最基本的信任，这种信任形成了使所有成员公平竞争的社会基础。多元化必须与国家统一相结合，必须引向完整，而不是把加拿大撕得支离破碎。统一和多样是内在矛盾统一体。虽然异质文化之间由于历史传统、文化精神、价值趋向以及文化习俗等复杂因素的作用，表现出多种形式的文化冲突，但并不意味着他们的关系就是一种难以共处的排他关系。文化多样性发展是一个不断流动的、统一的对话领域，不同身份的文化表述都应参与其中。多种文化和谐共处、共同发展是完全可能的，这是因为多元文化中会存在某些共同的和普遍的原则，正是这些共同性使各种文化能够相互学习和借鉴，互为补充和吸收。过分强调多元容易导致分裂，过分强调融合容易导致差异的泯灭。各族裔群体的独特性构成了文化的多样性，成为加拿大整个国家的共同文化遗产。

　　今天在加拿大，一种动态的、创造性的文化使加拿大人引以为自豪。这是一种独特的文化，尽管与美国和其他国家的文化有着显著的联系。它在两种语言和多样性的人口的各种表达上正在繁荣。文化是加拿大人长期以来关注的问题。一个高度凝聚的社会意味着人们普遍具有参与共同事业、分享挑战和平等机会的意向。这将建立在同一群体成员信任、希望和相互作用的意识上。没有一种公民模式是普遍适用的。然而，公民身份争论的解决部分取决于重新调整群体之间的严重分歧，保护个体的道德独立，避免冲突和不公正导致的秩序混乱，确保合理程度的社会秩序。

---

　　① DAVID E SMITH. Indices of Citizenship [D] //PIERRE BOYER，LINDA CARDINAL，DAVID HEADON. From Subjects to Citizens：A Hundred Years of Citizenship in Australia and Canada. Ottawa：University of Ottawa，2004：27.

第六章　多元文化社会中公民教育的选择

　　全球化进程削弱了在民族国家范围内表达成员资格的忠诚感情，尤其削弱了在社会中最具有特权的社会阶级的国家情感。伴随着全球化，越来越多的社会群体变得没有根基。同时，国家的政治主权和文化霸权是作为回应这种挑战的一种地方主义，但在这方面遭到的部分削弱意味着从底层对国家的挤压。国家被卡在这些全球压力之间，这就挑战了国家对其公民的情感忠诚的垄断，地方、地区和种族则挑战了国家权威。①

　　加拿大坚信，多元文化主义是加拿大认同的实质。任何少数民族群体都有权在加拿大范围内保留和发展自己的文化和认同。多元文化主义在加拿大有着坚实的法律基础，普遍的公民权利和承认差异的政治为加拿大所有民族的平等、共存、共荣提供了保障。20 世纪 70 年代以来，独特的加拿大认同获得了发展，这无疑是加拿大推行多元文化主义政策的一个直接结果。然而，加拿大始终存在着英裔和法裔两个文化中心，加上多元文化的社会现实，使一种共同的、明晰的国家认同难以形成。加拿大在历史上是政治斗争的产物，文化基础薄弱，英裔势力又总是向法裔势力妥协，因此难以形成鲜明的国家特征。大批移民的到来，加之多元文化主义政策提供的宽松环境，加剧了国家认同形成的压迫感。而且，强烈的地方主义导致了两级权限和利益分配的矛盾，又产生了显著的地方认同，这些都必然挑战国家的身份认同，甚至对国家的生存和发展造成威胁。

---

① 布莱恩·特纳. 后现代文化/现代公民 [M] // 巴特·范·斯廷博根. 公民身份的条件. 长春：吉林出版集团有限责任公司，2007：179.

第一节　多元文化主义之于国家建构：迷途抑或新生？

一、民族国家建构：情归何处？

民族遗产和认同在加拿大是非常复杂的问题。公众和官方对于遗产和多元文化主义的论述共同制造了加拿大特征。塑造一个有凝聚力的加拿大一直是建国者和后来加拿大人追求的目标。然而，英法裔文化和制度化的多元文化主义使加拿大人对于什么是加拿大遗产、谁塑造了它和如何塑造了它的问题模糊不清。建构民族需要建立在共同的文化遗产基础上，但是，加拿大缺少国家革命的历史，自然也就缺少共同的想象和英雄传说。它的多样性源于英国殖民地文化。加拿大曾经试图保持和延续盎格鲁一致性，却始终不能使少数民族尤其是魁北克人妥协。由于缺乏具有领导权威和统率意义的文化实体，整个加拿大民族文化的形成和发展遇到了内部障碍，加之美国文化的强力渗透，又使加拿大面临着外部威胁。民族必然是异质性的，无论是在文化上还是在语言上。多元文化公民身份是一种建构民族国家公民身份的独特方式。[1] 少数群体的权利要求是在民族国家建构背景下对它的回应。但是，泰勒也指出，承认和尊重特殊性限制了基于文化相似性创造一种对话和建构一种社会认同的可能。[2] 那么，多元文化主义究竟是造成了民族分立还是促进了民族和谐？一方面，民族文化多样性导致了社会冲突的加剧，尽管这种多样性在语言和制度凝聚力的作用下受到约束和保持平衡；另一方面，作为整体的民族认同，还是通过民族国家法律、公共文化和由它创造的神话来表达。少数民族权利是对国家民族建构过程中可能产生的压迫性和不正义的限制和补充。只有少数群体的这些权利受到了保护，国家的民族建构才能具有一系列正当而重要的功能。民

---

① 克里斯蒂安·乔帕克.多文化公民权［M］//恩靳·伊辛，布雷恩·特纳.公民权研究手册.王小章，译.杭州：浙江人民出版社，2007：344.

② C TAYLOR. The Politics of Recognition［M］// A HEBLE, B PALMATEER, J R STRUTERS. The New Context of Canadian Criticism. Broadview Press，1997：98.

族自决原则是正当的，但是倘若走向极端就会对整个国家和社会造成巨大的冲击。赋予移民公民身份是促使移民产生相似的共同感受的方式，它在一定程度上能够提高加拿大人的国民意识，增强加拿大人对国家的认同情感。近来，政治民族的建构已经越来越受到由于种族情感和文化民族性的宣泄而带来的挑战。

因此，对于这种试图通过"强化"民族身份来建立和团结政体的方式而言，这种倾向是一种持久的危险。今天文化多样性普遍存在于各个民族国家。一定数量的不同文化群体以某种方式组织起来，彼此相关，又都力争最大的机会来繁荣和延续自己的特征，形成了民族认同与民族冲突并存的文化局面。各个民族群体缺乏统一的价值观，并且存在一定的独立性；各个民族群体之间的关系是功能性的而非情感的，群体内部成员之间的关系是第一位的；而各个群体之间在经济上的相互依赖能够实现社会融合。随着时间的推移，如何在政治组织形式下、在民族国家范围内实现多元文化的和谐共存成为政府持续关注的议题。无论在国家内部或国家之间，持续的多元共存都要求一个全新的主权生态环境。① 各个民族国家也不得不探索和尝试新的民族国家建构模式以及政府政策，以满足各个族群的权利要求。这引起了许多人对于民族国家可能会走向衰微和终结的担心。但事实上，民族国家并没有走向终结。其原因在于，多元文化主义政策本身就是民族国家在全球化背景下进行重新建构的方式。它在一定程度上满足了少数群体的权利要求，促进了多元文化国家内部的整合，使民族国家的建构更为深入。

二、民主国家建构：新归属

在新的民主环境中，一些国家内部的冲突更多地涉及文化因素。冲突活动正在通过要求归还文化遗产和文化特征为自己开辟新的政治空间，对于那些力争获得公共认可的少数民族来说尤其如此。文化差异往往与社会不平等联系在一起，这种不平等使达成多元共识更加困难。因此，民主面

---

① 阿尔琼·阿布杜莱，卡捷琳娜·斯泰诺. 可持续多元共存和未来归属问题［M］//联合国教科文组织. 世界文化报告 2000：文化的多样性、冲突与多元共存. 关世杰，等译. 北京：北京大学出版社，2002：107.

临的挑战在于，以促进公共协商的方式矫正这些不平等。[①] 在多元文化环境中，民主的持续困境体现在：一方面，完全不同的文化共同体各自协商，而不是相互协商；另一方面，不承认文化权利之差异将会导致强制性的整合与统一，从而牺牲多样性和社会正义。公民国家仍然需要基本的一致性。这种一致性可以通过人们对基本价值体系和社会政治游戏规则及程序的共识得以继续。一项对于大众舆论的调查表明，少数民族不仅不反对自由主义的原则，而且与多数人在坚持自由主义原则上并没有什么实质性的不同。即使那些来自非自由主义民主国家的移民也会迅速地接受自由主义民主的基本共识。加拿大的多元文化公民身份是面向所有社会成员的，而不仅仅是面向少数者群体。它力图追求正义原则下最广泛的社会平等。

　　加拿大既没有统一的关于起源和建立的神话，也没有激发民族情绪的机制，因此，要向它的成熟公民反复灌输其独特的政治价值观不是一件轻而易举的事情。[②] 如果公共领域是成功的，那么文化共同体的边界就会变得更加模糊，成员身份则更加具有重叠性。但事实并非如此。对于 21 世纪的加拿大人而言，他们倾向于接纳更加包容和民主的集体认同。尽管多元文化主义在解决少数民族权利要求上取得了一定成功，但是也导致了社会内部自我凝聚力薄弱的文化现状。在已经建立了民主政治的西方，这种民族认同特征的变化正在改变着国家现实。多元文化主义已经成为许多政治争论的口号。它或者被看作民主衰退的原因，或者被看作民主复兴的因由。[③] 国家在过去不曾、在现在也不可能强加给社会一种单一的哲学或意识形态取向。多元文化主义接受差异，但是不意味着结果平等。加拿大的特征就是永不停息地"寻找特征"。它试图在普遍接受的自由民主价值中创造一种共享的公共文化，借此创造一种独特的加拿大社会的凝聚力。它不同于美国纯粹的契约精神，似乎还寄望于形成公民民族的归属情感。

　　公民身份关涉我们是谁，为什么我们生活在一起，我们的孩子是什么样的人。在多元主义国家，文化和国家之间的关系仍然存在着强烈的竞

---

① 詹姆斯·博曼. 公共协商：多元主义、复杂性与民主 [M]. 黄相怀，译. 北京：中央编译出版社，2006. 91.

② 沃尔特·怀特，罗纳德·瓦根伯格，拉尔夫·纳尔逊. 加拿大政府与政治 [M]. 北京：北京大学出版社，2004：26.

③ 詹姆斯·博曼. 公共协商：多元主义、复杂性与民主 [M]. 黄相怀，译. 北京：中央编译出版社，2006：64.

争。加拿大存在着特色各异的地理与经济区域。人们对政治现实的理解及所采取的政治态度往往由他们居住的区域决定。正是这种因果关联使地方主义在加拿大成为一个比在许多其他国家都更为困难的政治因素。加拿大联邦已经存在了 140 多年，尽管联邦与各省之间的摩擦与碰撞接连不断，但是毕竟妥协与合作仍是主流。政治规管的关键在于，使多元社会中不那么强势的成员参与公共领域之中，而不再受到内部或外部的限制。加拿大人从来没有断然地面对这个问题，即他们在认同共同宪法以形成独特人民方面是否拥有足够的共同的东西。现在加拿大人在试图构成一个政体方面已经明显地失败了。美国人的成功可以恰当地认为他们的创立证明他们能够认同共同宪法以构成独特的人民。加拿大人从来没有经历过革命，从来没有经历过与帝国权力尖锐分裂的现实，也从来没有经历过建构一个政体的困难。当然，他们也没有经历过建构一个成功政体的欢乐。相反，回顾整个加拿大的历史，加拿大人总是为与过去、与英皇、与帝国、与英联邦保持一种象征性的连续而感到骄傲。因此有人说，与英国的联系使加拿大和美国区别开来。正因为如此，加拿大人有时转向英国宪法的历史去寻找他们自己的见解。1867 年宪法序言就宣布，构成联邦的各省“表达了他们要在大不列颠及爱尔兰联合王国君王的名义下，以一种原则上与联合王国宪法相似的宪法去联邦式地组成一个自治领”①。这是加拿大国家情感发展的障碍，或许也是契机。

三、契合点：民族国家建构与民主国家建构的张力及交汇

多元文化似乎是符合世界民族发展潮流的。20 世纪 70 年代以来，多样化的民族文化群体构成了加拿大的人口状况，如何使复杂的民族关系在和谐中发展成为加拿大政治的重要内容。由于更大程度上对其他文化的开放、全球移民和流动性的增加，加拿大不得不面对承认少数群体的集体权利的要求。在加拿大的国家法律和政治架构中，各个族裔群体在经济、政治和文化领域享有广泛的权利。但是，国家和社会的双重文化起源以及自

---

① B 库珀. 加拿大宪法发展的理论透视 [M] // 姜芃. 加拿大：社会与进步. 北京：中国社会科学出版社，1996：3

由移民政策所形成的独特背景使加拿大对于维系民族认同极为有限。加拿大的多元文化主义政策或者被视为加拿大对世界的贡献，或者被视为对加拿大的一种偏离，破坏了对于一个政治体的归属观念，减少了公民身份的包容性。^① 在自由民主国家，对于地区的或移民族裔共同体的支持正在削弱普遍的民族认同。然而，自由民主国家并未摒弃促进成员共同利益的目标，而是更加平等地包容和平衡了不同的个人价值。个人可以把自己看作一个世界主义者、一个爱国的公民和一个民族的成员，而不会产生内在的矛盾感，或者产生必须将他们紧密结合起来的必要性，虽然他们之间的确存在着某种松散的联系。如果授予公民身份的时候过于慷慨，则容易导致群体的分化，那么，国家的公民统一性也会相应出现分裂；但是如果不授予公民身份，种族、文化怨恨方面的因素又会导致疏离感，造成以反叛或者分离的形式分裂国家。随着文化少数民族政治意识越来越提升，他们对于民族国家的凝聚力也造成了危害，进而影响了公民身份的凝聚力。因此，多元文化国家中的忠诚经常是脆弱多变的。

民主普遍价值意义上的公民身份与族群身份的差异性之间形成一种相互掣肘的力量，自然冲击彼此之间的稳定性，造成潜在的不稳定因素。今天文化认同重叠着许多语言的、宗教的、地理的和政治的实体。文化的交融和冲突也以民族关系的形式呈现。由此，文化成为沟通所有民族成员的纽带，以使每个民族成员都能在共享文化价值的基础上形成一个共同体。同时，文化也成为不同民族之间交流和对话的平台。文化在历史中不是并行的，而是需要找到调和统一与多样性的正当要求的方式。^② 民族认同及其所代表的含义是一种与时俱进的现象，它随着历史进展而嬗变。加拿大国家的民族主义倾向于采用"公民"的形式，而不是文化或者种族的形式。多元文化主义只不过是对怎样把移民整合进主导性文化这个问题的改变，而不是对是否对他们进行整合这个问题的探讨。民族性的构成神话之所以容易铸造，是因为它具有包容性的共同目的和价值观的政治原则，而

---

① FRANÇOIS HOULE. Canadian Citizenship and Multiculturalism ［D］// PIERRE BOYER，LINDA CARDINAL，DAVID HEADON. From Subjects to Citizens：A Hundred Years of Citizenship in Australia and Canada. Ottawa：University of Ottawa，2004：217.

② BHIKHU PAREKH. Rethinking Multiculturalism：Cultural Diversity and Political Theory ［M］. New York：Macmillan Press Ltd.，2000：20.

不是传统的和排他主义的文化和语言亲和力的原则。①

　　多元制度的包容性足以高到使文化成员资格与公共移民标准不具相关性的程度。站在国家的视野之上，加拿大政党所依赖的已不再是象征性的或鼓动性的感召力，如保护宪法、坚持加拿大生活方式等等，他们依赖的是满足不同地区人们的实际要求。因此，怎样通过适合于现代环境而且有利于深化民族和加强社会团结的方式重建公民文化和民族国家地位的文化至关重要。公民教育强调文化同质和政治忠诚。在传统的公民观下，国家作为一个地域的政治共同体与国家作为一个文化共同体是相关联的。作为国家成员的公民被共同分享的历史、价值和传统紧密地联系在一起。然而，大多数国家都是多种族群体的混合，被分享的文化往往是主流群体的文化，少数民族群体和文化往往是被压迫和被排挤的。因此多元制度仍然深深渗透着一种双重思维，即公民民族主义外表下暗藏着多元主义制度基础下的种族民族主义。然而，我们总是将文化因素误认为是冲突的根源，实际上它们只是冲突的借口和托词，引发冲突的最终原因还是寓于政治或社会经济环境之中。或许文化多元化的过程中还可以产生新的冲突和融合模式。

第二节　公民教育之于国家建构："救命稻草"？

一、公民教育的积极回应

　　多元文化主义在加拿大也经历了几番变化。早期同化主义的公民教育是国家建立之初民族国家建构的需要。在现代化进程开启之前，民族国家建构是形塑国家认同的重要形式。占人口多数的英裔和法裔加拿大人奠定了加拿大国家的文化基调，而不列颠民族和法兰西民族的情结始终是加拿大人挥之不去的集体记忆。因此，无论是英裔加拿大人还是法裔加拿大

---

① 安迪·格林. 教育、全球化与民族国家 [M]. 朱旭东，徐卫红，等译. 北京：教育科学出版社，2004：148.

人，还有土著人，他们都竭力维护自身文化传统的特征。即使在今天，法裔加拿大人和土著人也依然保持着强烈的自我意识。尽管英裔文化一度试图强力渗透，这种渗透也不可避免，但最终都未能改变公民教育在其各自群体内的制度体系。一方面，这是多元文化主义文化尊重与保存的成功；另一方面，这是国家建构的难题。公民教育总是努力在促进对于多元文化主义的认识、理解以及文化交流与合作上发挥作用。通过公民教育塑造建立在民族情感上的联结与认同是失败的，但是加拿大人又似乎无法摆脱一种民族情结。现代化进程使民主公民教育成为塑造国家忠诚和爱国主义新的方式。公民教育也开始更多扮演民主社会中的角色。

加拿大人自身文化的缺失使其在公民教育上长期无法摆脱英美文化的渗透，直到多元文化主义国家特征的正式确立，才正式开始了有意识的自我成长。但是，多元文化主义似乎也难以平息法裔加拿大人的民族情绪，他们则更愿意回应自身的文化多样性。而且，双语主义政策又使除英法裔加拿大人以外的少数民族群体感到不平等。移民群体虽然增加了加拿大社会的多样性，但是在形塑加拿大国家认同上有着难得的和谐局面，这是源于民主社会的发展和完善。公民教育的全面调整开始于各种指导计划、教学大纲，这些指导纲要在更多地关注加拿大自身、积极促进理解加拿大双语主义和多元文化主义的社会现实以及培养民主社会的公民上发挥了作用。这些计划和标准能够帮助教育者去建构公民教育计划。虽然美国文化在社会范围内的强烈冲击使加拿大直到今天也倍觉困扰，但是公民教育已经在呈现一个独特的加拿大上不断前进。民主公民成为新的聚焦点。多元文化教育、媒介教育等各种课程形式，以及课程计划、校园文化、教师这些学校教育中的各个要素都在积极努力地回应多元文化主义的要求，广泛地扮演着公民教育的角色。语言教育是加拿大公民教育的一个重点。不同文化民族都试图通过维系民族语言实现民族文化的延续。各个民族的多元文化需求或者通过在普通学校中提供不同的教育空间，或者通过提供不同类型的学校得到满足。文化之间的传播和交流也变得更加广泛。政府在这一过程中也扮演了重要角色。各种非营利民间组织和官方组织也在广泛的学术交流与合作研究、资金支持、项目开发等方面对推动公民教育的发展发挥了积极作用。

二、民主公民教育的价值取向

民主主义的多元文化公民教育可以运用两种不同的方式促进公民权利平等。一个是通过传递容忍文化差异的民主价值观念使人们能够包容和尊重文化差异和价值多元；另一个是通过承认文化差异培养青少年在其生活的社会中的跨文化适应能力。在加拿大，公民教育通常包含四个要素。第一，国家意识或者认同。公民教育的目标是培养国家公民。通常，公民教育的目标不仅仅是知识，也是培养一种对国家的情感倾向和认同，一种忠诚和责任意识。而且，国家认同意识通常与其他认同共同存在，例如地区性的、文化的、种族的、宗教的、阶级的、性别的等等。公民教育的一个关键问题是如何使这些不同水平的认同和谐共存。许多学校系统也致力于发展学生的某种全球的或者世界公民意识，以使学生将自己看作一个世界共同体的一员，并且学会平衡国家要求和超越国家界限的要求。公民教育的第二个要素政治基本素质，包括对国家政治、法律和社会机构的知识和责任。这要求对重要政治和社会事件的理解和在广泛意识下进行有效政治参与所必需的技能和价值，不只是参与投票选举。公民教育的第三个要素由权利和义务的遵守和履行构成。公民应该理解和分享权利并履行义务。然而，权利和义务也存在冲突，因此公民教育旨在教会人们如何处理和解决这种矛盾。公民教育的第四个要素由价值构成，指对一个特定社会或多或少是普遍的社会价值，并且通常被描述在宪法或者有关权利的法案中，也指普遍价值，尤其是一种可以忽略公民身份的伦理价值。这些价值很容易产生困境和冲突。这样，公民教育的目的就是教给人们一定的知识和技能并运用适当的方式处理这些价值冲突，同时逐渐增加学生对于多元文化主义的认知。

日益增长的民族、种族、文化、宗教和语言多样性促使教育者和政策制定者重新思考现存的公民观念和国籍。有效的公民教育能够帮助学生获得在其文化社群、国家、地区和全球社会中积极发挥作用的知识、技能和价值，并且帮助学生形成全球视野，获得平等和社会正义的价值。在多元文化社会中，国家必须围绕一系列民主价值诸如正义、平等实现统一，平衡统一与多样性，保护多样性群体的权利。加拿大是一个复杂的国家，它要求其公民具有某种品质。这些品质包括：知道加拿大的历史和地理；理解加拿大社会、加拿大国家及其机构的独特性;批判地、理性地、民主地参与公共事务的能力;获知公共事务;尊重人权和民主的理想和原则;承认自由、平等和社会正义;解决公民中增长的冲突和矛盾的能力;愿意伴随着模糊和不确定性生活;尊重和容忍不一致的纷争;愿意调和对个人兴趣的追求与对公共利益的关注;平衡道德与原则间的要求的能力;作为加拿大人共同认同的意识,并认识到加拿大认同对于其他认同是多面的、公开争论的、不排外的。当然,未来加拿大公民身份也可能面临着大量问题有待解决:平衡各省和联邦政府司法权;矫正过去和现在加在土著加拿大人身上的不公平;面对加拿大魁北克地区的复杂性;平衡地区和文化多样性与国家共同体的关系;保护加拿大认同与管理;确保所有加拿大人获得社会服务和生活质量;取消种族、性别、阶级和民族的不平等;保护环境;保证成功的经济功能。

公民教育培养个体作为积极的、负责任的公民参与民主生活。多元文化主义使构建一种恰当的公民身份模式以及有效的公民教育途径的信念发生了重要的变化。公民教育不再关注狭隘的种族民族主义文化,而更加关注广阔的社会现实。群体与国家之间的关系成为持续争论的话题。一种共享的公民身份成为联结所有加拿大人并提供一种加拿大认同意识的关键因素之一。因此,国家已经在民族建构过程中促进共同语言和共同成员感,促进享有平等机会。官方语言、教育的核心课程、获取公民身份的条件,对这些事情的决定都立足于这样一个企图:在全社会扩展某一特殊的文化,并且基于对这种社会文化的参与去促进特定的民族身份。[①] 然而,通过历史、地理和社会科等课程开展的公民教育只是停留在对加拿大国家历史、地理、社会、政治等知识的介绍上。公民教育仅是简单知识的习得是不够的,而是要实现对公民价值、民主社会、多元文化乃至全球社会的认识和理解。因此,有学者指出,现代公民教育重要的是实现对文化、性别、种族、宗教、社会经济背景、国际环境等价值的理解以及面对多元文化的态度,从而成为世界公民。而加拿大公民教育的实践与这些目标的实现相去甚远,面临着发展与改革的挑战。

---

① 威尔·金里卡. 当代政治哲学 [M]. 上海:上海三联书店,2004:621.

三、公民教育的局限性

　　正像加拿大文化是一种混杂不清的棘手问题一样，公民教育机构也是一种模糊的公共机构。民族性国家教育创造公民认同和民族自觉，这种公民认同和民族自觉将每个人与国家联结在一起，并且相互协调。民族性国家教育体系为包含巨大差异和分裂的社会做出了多大贡献？是否真如后现代主义所认为的，教育体系聚合到一种共同的工具性规范上来，不再能够保持其独特的国民性？政府不再能够利用教育促进社会凝聚，不再能够利用教育传递民族文化，也不应该再做这样的尝试。国家的经济状况成为教育的驱动力量。教育不再是民族形成的文化过程的一个显性部分，由国家促进的民族认同开始倾向于强调公民的而不是种族的民族国家地位观念。教育在战后继续与民族形成和国家形成相结合，虽然其典型的官方形式强调公民整合和文化多元主义，而不是像以前那样强调文化民族主义，但民族性国家教育体系与以前一样，与民族发展过程紧密联系。

　　今天民族国家在形式上都还存在，但其实际意义已经逐渐改变。全球进入一个多元化和一体化的时代。民族国家主权面临着国内外文化多样性的挑战。全球化客观上迫使各个国家、各个民族之间不得不相互开放、相互渗透、相互依存，使民族主义在传统的民族国家日渐式微；而另一方面，全球化又促进了民族主义的兴起。它为民族主义的兴起提供了一个自我认知、自我意识的中介。当代社会乃是一个多元异质的社会，任何强调纯粹单一的认同都不符合个人与族群间的多元化需求。因此，政府必须放弃民族托管人的角色，而开始考虑把自己当作文化多元共存的托管人和文化多元共存可持续发展的担保人。① 文化差异与共识广泛地存在于国家之间、区域之间、人与人之间，但是一致的趋势是，人们之间越来越可以相互理解，并在理解中进行对话和交流。

　　移民身份认同的困境在于价值的缺失和建立一个共同的价值观念的困难。而这正是移民想要成为公民必须满足的一个条件。因为人们发现，除了对日益广泛的多样化和宽容的称赞外，对于追求美好生活的本质难以达成一致的意见。因此各国政府需要采取不同的方式以实现移民的归化和整

---

　　① 阿尔琼·阿布杜莱，卡捷琳娜·斯泰诺. 可持续多元共存和未来归属问题 [M] // 世界文化报告 2000：文化的多样性、冲突与多元共存. 北京：北京大学出版社，2002：116.

合。如果多元文化社会想要更加积极的公民身份认同，就需要深入挖掘确定成为社会一员的积极品德。如果不这样，他们就会被那些身份认同强烈的人吞没。面对日益增长的社会经济划分着少数群体和欧洲后裔主要群体的问题，满足经济包容是成功的、真正的民族和多元化的多样性管理的基本方向。现代公民围绕两个矛盾的原则——团结一致和资源匮乏之间的张力而发生。人类社会通常在一些社会成员之间的普遍关系和一些联系上而存在，这些联系能够帮助应对差异、多样性和冲突问题。但是资源匮乏是人类社会不可否认的现实。到目前为止，财富和社会资源的不均衡意味着社会经济的不平等和个体差异。在多元社会中，资源匮乏不是简单地由阶级差异决定，而是由认同状况甚至是文化背景决定的，这使实现团结一致的困难更加复杂。在移民和种族少数群体成员中，经济状况是评价其开放和接受其现状程度的指标。少数民族群体对于民族意识和公民归属的抵抗在魁北克已经发展了很多年。许多移民和少数群体的归属意识及公民情感在很大程度上取决于他们的经济和物质生活质量。政治上获得自由但经济上受奴役的人民终究会失去所有的自由，而经济上获得自由的人可以继续赢得政治上的独立。①

多元文化主义既不是改变国家现实的灵丹妙药，也不是分离国家的一种威胁，而是存在于所有国家的一种现实。多元文化主义与社会团结和政治稳定的关系是变动不定的。没有理由证明，多元文化主义与民主稳定之间具有内在的矛盾。共存于一个多元文化社会中的不同生活方式具有多样性和统一性。只要移民和其他种族文化少数群体不得不与国家相整合，为获得国家成员资格的社会文化而进行的整合就应该在一种"弱"意义上加以理解，也就是说，这种整合主要是制度和语言的整合，而不是对任何特殊习俗、宗教信仰和生活方式的采纳。即便整合进了共同的语言和共同的制度，也仍然应该为个人和集体表达其差异性留下足够的空间。无论在公领域还是在私领域，所采纳的公共制度都应该能够包容种族文化少数群体的身份和民俗。换言之，应该有一种多元而宽容的国民身份和国民整合观。② 应该允许少数民族从事自己的民族建构，以使他们能够保持自己独特的社会文化。但是，一种普遍的趋势仍然清晰可见。西方国家在今天所

①　E B 伯恩斯. 简明拉丁美洲史［M］. 长沙：湖南人民出版社，1989：260.
②　威尔·金里卡. 当代政治哲学［M］. 上海：上海三联书店，2004：648.

呈现出的复杂的民族建构样态受到了少数群体权利的约束。① 一方面，西方国家仍然是在进行"民族建构"的国家。这些政策是否能包容那些感到受到了威胁的少数群体的要求？少数群体提出了各种权利要求，这些要求已经不断地予以满足。这些要求有助于确保民族建构不至于排斥非公民定居者和种族等级群体，不至于对移民进行强制性同化或瓦解少数民族的自治。

　　当然，各民族在提高平等意识、争取自身权利的同时，不应该忽视或削弱国家整体意识的认同感。民族认同不应与国家认同相冲突。国家要充分保障各民族的平等权利，尊重各民族的文化传统；各民族也必须维护国家的统一性，以自身的文化来丰富整个国家的文化。在多元文化主义不断发展过程中，应该采取多样的其他认同方式，从不同角度或方面来增进国家与民族之间的认同度。文化是黏合剂，它将任何社会凝聚在一起，因为它是形成每个人的符号、思想、他相信的神话和采取的态度的领地。没有文化创造的纽带，一个社会不可能存在，它是"创造意义"的体系。这个时代机遇与挑战并存，公民教育存在于广大的社会场域。当学校公民教育变得日益窘迫和无能为力的时候，新的传播方式和教育形式已经到来。

---

① 威尔·金里卡. 当代政治哲学 [M]. 上海：上海三联书店，2004：649.

附　　录

附录1　多元文化主义政策^①

建议 1　我们建议，任何一个省如果还没有在公平就业、公平居住或居所立法方面禁止由于种族、信仰、肤色、国籍、血统或者原居地而造成的歧视，都需要这样做，同时这项法律对于皇室及其机构具有约束力。我们进一步建议，所有的省都要为其人权法律的专职管理者制定规定。

建议 2　我们建议，给予所有移民以同样的公民身份、选举权和在公共机构中的被选举权，无论其原始国家是什么。

建议 3　我们建议，除了英语和法语，语言教学以及与之相关的文化科目应该作为对此类课程有着大量需求的公共小学教育计划的组成部分。

建议 4　我们建议，应该为公共学校系统中不具备足够的官方语言知识的儿童提供适合的官方语言的具体教学；各省机构应该详细说明为这种具体教学提供财政资助的规定和条件；同时联邦政府应该通过给予额外费用的补贴并以相互可接受的方式帮助各省。

建议 5　我们建议，除了英语和法语，对于语言的进一步教学和更广泛选择以及与之相关的文化科目应该在对这类课程有着大量需求的公共中学中开设。

---

①　多元文化主义政策是加拿大的一项基本国策。多元文化主义旨在保护所有个体的文化自由，承认多样化的种族群体对加拿大社会的文化贡献。多元文化主义政策是联邦政府针对皇家委员会关于双语主义和双元文化主义的建议做出的回应。委员会的第四个也是最后一个报告中的建议成为政府官方的多元文化主义政策。联邦政府对于这份建议的采纳，成为加拿大多元文化政策的开始。1971 年 10 月 8 日上午加拿大众议院会议，总理皮埃尔·特鲁多宣布多元文化主义成为一项政府政策。本文译自皇家委员会报告的建议部分，收录于：Library and Archives Canada. Canada Parliament. House of Commons. Debates，28th Parliament，3rd Session，Volume 8（8 October 1971）：8545－8548，Appendix，8580-8585.

建议 6　我们建议，加拿大大学应该在实践中扩大法语和英语以外的现代语言的学习，给予地位或学分，承认并可获得学位。

建议 7　我们建议，加拿大大学应该在与英语和法语有关的领域以外扩展一些与人文科学和社会科学有关的特殊领域来开展研究。

建议 8　我们建议，加拿大广播电视委员会取消对在私人广播中使用英语和法语以外其他语言的限制，除非这些限制对于符合执照持有者的行政和法律责任非常必要，并且其也同时申请英语和法语节目。

建议 9　我们建议，加拿大广播公司承认加拿大生活中英语和法语以外的语言地区，同时取消其在广播中使用其他语言的禁令。

建议 10　我们建议，加拿大广播电视委员会应该在使用其他语言的广播领域开展研究，以决定通过哪一类广播和电视手段更有利于语言和文化的保持，同时参与这些研究。我们进一步建议，这些研究应该包括在蒙特利尔和多伦多实施的 AM 及 FM 调频广播试点项目。

建议 11　我们建议，加拿大广播电视委员会应该承担在公有和私有的英语和法语广播和电视台中描述其他文化群体性质和影响的研究。

建议 12　我们建议，国家电影协会承担宣传出品制作大量非英语和法语内容电影的责任，尤其是在那些不说英语和法语的人们集中的地区。此外，我们建议，文化群体的志愿团体应该激发在他们群体中使用这些电影的兴趣。

建议 13　我们建议，国家电影协会应该继续发展电影产品，这些电影能告诉加拿大人另一种信息，包括有关非英裔和法裔种族起源的个体和群体的贡献和问题的电影，同时国家电影协会应该获得制作这类电影所需的财政支持。

建议 14　我们建议，联邦、省和市应该有适合的机构通过财政方式使他们要求保持和扩大对文化和研究组织的支持得到满足，这些组织的目标是培养非英法裔文化群体的艺术和文字。

建议 15　我们建议，加拿大民间艺术协会或者相似团体的管理费用应该通过国家秘书处公民分支机构的公共基金得到支持。

建议 16　我们建议，应该给予国家人类博物馆适合的空间和设备，并提供足够的资金使其开展关于非英裔和法裔文化群体的历史、社会组织和民间艺术的项目。

附录 2　加拿大多元文化主义法案

1988 年 7 月 21 日通过

法案旨在保护和加强加拿大的多元文化主义

前言

鉴于《加拿大宪法》规定，法律面前人人平等，并且享有被法律平等保护的权利和不受歧视的权益，每个人都有道德、宗教、思想、信仰、观念、言论、和平集会和结社的自由，而且无论男女，法律都平等地保障这些权利和自由；

鉴于《加拿大宪法》承认保护和加强加拿大人多元文化遗产的重要价值；

鉴于《加拿大宪法》承认加拿大土著人的权利；

鉴于《加拿大宪法》和《官方语言法案》规定，英语和法语是加拿大的官方语言，对于任何其他语言已经获得或享有的权利或特权，既不会被废除也不会被毁损；

鉴于《公民法案》规定，所有加拿大人，无论是本土出生还是入籍者，都享有平等地位，被赋予同样的权利、权力及特权，并履行同样的义务和责任；

鉴于《加拿大人权法案》规定，每个人都应该享有与他人一样去创造可能的和所期望的生活的平等机会，并与其作为社会成员应该履行的责任和义务相一致，为了保障这种机会，应该建立加拿大人权委员会以纠正任何应该被禁止的歧视，包括基于种族、民族起源或肤色的歧视；

鉴于加拿大是《消除一切形式种族歧视国际公约》的缔约国，公约承认，法律面前人人平等，并受到法律的平等保护，反对任何歧视以及任何煽动歧视的行为，根据《公民权利和政治权利国际公约》规定，属于种族、宗教或语言少数群体的人不应被剥夺享有自己文化、信奉和践行自己宗教或使用自己语言的权利；

鉴于加拿大政府承认，加拿大人的多样性诸如种族、国别或种族来源、肤色和宗教是加拿大社会的一个基本特征，在努力实现所有加拿大人在加拿大经济、社会、文化和政治生活中平等的同时，致力于多元文化主义政策的设计以保护和加强加拿大人的多元文化遗产。

因此，现经由加拿大参议院和众议院的建议和批准，女王陛下颁布如下：

短标题
简称

1. 援引本法时，可以称为《加拿大多元文化主义法案》。

解释
定义

2. 在本法案中，

联邦机构是指加拿大政府的下列机构：

（a）根据《议会法案》或在地方议会管理者职权下建立的执行政府职能的部门、董事会、委员会或理事会，或其他机构或办事处，以及

（b）在《财政管理法》第 2 节中规定的部门公司或皇家公司，

但不包括

（c）育空地区、西北地区、努纳武特地区的立法议会或政府机构，或根据具体情况而定，或

（d）涉及印第安群体或其他土著人群体事务而建立的执行政府职能的印第安社群、社群理事会或其他机构；

部长是女王枢密院的成员，由总督任命，旨在实现本法案的目的。

加拿大多元文化主义政策
多元文化主义政策

3.（1）特此宣布成为加拿大政府的一项政策

（a）承认并促进这样的理解：多元文化主义反映了加拿大社会文化和种族的多样性，承认加拿大社会所有成员的自由，保护、加强和分享他们的文化遗产；

（b）承认并促进这样的理解：多元文化主义是加拿大人遗产和身份的一个基本特征，它提供了形塑加拿大未来的宝贵资源；

（c）在持续发展和形塑加拿大社会各个方面的过程中，促进所有来源的个人和群体的完全和公平的参与，并且帮助他们消除针对参与的任何障碍；

（d）承认所有群体的存在，这些群体成员享有共同的起源及其对加拿大社会的历史性贡献，同时促进他们的发展；

（e）确保在法律之下人人都得到平等对待和平等保护，同时尊重和重视他们的多样性；

（f）鼓励和促进加拿大的社会、文化、经济和政治制度能够尊重和包容加拿大的多元文化特征；

（g）促进在不同起源的个人和群体之间的相互作用下所呈现的理解力和创造力；

（h）培养对于加拿大社会多样性文化的认同与赞赏，同时促进对这些文化的反思和不断表达；

（i）保护和加强英语和法语以外语言的使用，同时加强加拿大官方语言的地位和使用；并且

（j）在整个加拿大推进多元文化主义，使其与国家对加拿大官方语言的承认协调一致。

联邦机构

（2）进一步宣布成为加拿大政府的一项政策，所有联邦机构应该：

（a）确保所有来源的加拿大人在这些机构中都有获得雇佣和晋升的平等机会；

（b）促进那些能够加强所有来源的个人和群体的能力的政策、计划和实践以致力于加拿大的持续发展；

（c）促进那些能够加强对于加拿大社会成员多样性的理解和尊重的政策、计划和实践；

（d）收集统计数据以促进那些对于加拿大多元文化现实敏感而又呼应的政策、计划和实践的发展；

（e）根据具体情况，利用所有来源的个体的语言技能和文化理解能力；并且

（f）通常，以符合和呼应加拿大多元文化现实的方式开展活动。

加拿大多元文化主义政策的实施

协调的一般责任

4. 在与其他部长协商之下，部长应该鼓励和促进一种协同方式来实施加拿大的多元文化主义政策，并在政策的支持下，在计划和实践的发展和实施过程中提供建议和帮助。

具体执行

5.（1）不限制上述一般性的情况下，部长应该采取一些适当的实施加

拿大多元文化主义政策的措施，可以是

（a）在加拿大和国外，鼓励和帮助个人、组织和机构在活动中展现加拿大的多元文化现实；

（b）承担并促进有关加拿大多元文化主义的研究，并支持该领域的学术研究；

（c）鼓励和促进加拿大不同群体之间的交流与合作；

（d）在保证加拿大社会的完全参与下，包括社会和经济方面、所有来源的个人及其群体，鼓励和帮助商业团体、劳工组织、志愿团体和其他私人组织，以及公共机构，旨在促进尊重和赞赏加拿大的多元文化现实；

（e）鼓励对加拿大多元文化遗产的保护、加强、共享和持续展现；

（f）促进所有有助于加拿大多元文化遗产的语言的习得、保存和使用；

（g）帮助种族文化少数群体开展活动以克服任何歧视性障碍，特别是基于种族、国别或民族起源的歧视，

（h）向个人、群体或组织提供支持以保护、加强和促进加拿大的多元文化主义；并且

（i）承担这样一些其他的关于多元文化主义的项目或计划，不是根据法律分配给其他联邦机构，而是用以促进加拿大的多元文化主义政策。

各省协议

（2）部长可以与任何省就加拿大多元文化主义政策的实施订立协议或条约。

国际协议

（3）在总督批准的情况下，部长可以与任何外国政府订立协议或条约，以促进加拿大的多元文化特征。

其他部长的职责

6.（1）除了主管该项事务的部长，其他内阁部长在执行其各自权力时也应该采取对于实施加拿大多元文化主义政策适当的措施。

各省协议

（2）除了主管该项事务的部长，其他内阁部长也可以与任何省就加拿大多元文化主义政策的实施订立协议或条约。

加拿大多元文化主义咨询委员会

7.（1）部长可以设立一个咨询委员会用以建议和帮助部长实施这项法案和其他与多元文化主义相关的事务，同时在与代表多元文化利益的机构

磋商之后，并且部长也认为是适当的，可以委任委员，并指定主席和其他委员会人员。

薪酬和费用

（2）咨询委员会的每一个成员应该由部长为其服务支付相应的薪酬，同时在成员因委员会工作而离开日常居所时，应该支付其发生的合理的差旅费和生活费。

年度报告

（3）咨询委员会主席应当在每一财年结束后的四个月内向部长提交一份本年度委员会工作以及主席认可的任何其他有关加拿大多元文化主义政策实施情况的报告。

常规

年度报告

8. 部长应该在每次国家议会之前，不晚于每一财年结束后的 1 月 31 日之后第五个国会听证日，对上一财年法案的运行情况进行报告。

议会委员会常设审查

9. 法案的实施和任何依据第 8 项所做的报告应当被视为经由国会委员会、参议院，以及国会为实现其目的而建立的永久性基础。

至 2016 年 6 月 6 日

最后修订于 2014 年 4 月 1 日

由司法部长发表于以下地址：

http：//laws—lois. justice. gc. ca

附录 3 为幼儿园至 12 年级社会科课程编写
通用课程框架的指导原则①

下面的指导原则是基于对目前成功的社会科计划的研究和观察。它们将为框架的发展指明方向。

1. 为了成为积极的和负责任的公民，学生需要去理解、发展、实践和评价公民技能。当为他们在课堂、学校、社区中提供实践公民角色的真实机会时，他们将能够发展终身的公民技能和态度。

2. 为学生提供探索他们个人和加拿大遗产的机会，从而发展一种积极的自我观念，并建构和确认他们的公民身份和意识。

3. 为了反映加拿大的多样性，社会科应该关注加拿大土著、讲英语的、讲法语的及许多其他文化群体的角色、观点和贡献。

4. 社会科学习应该包括对社会文化变量的理解，比如性别、年龄、语言、宗教和精神，这些变量影响着人们的态度、信仰和行为，就像在同一个文化群体中人们之间的差异一样，在不同的文化群体中也是如此。

5. 每个学生都是一个独特的个体，他们给课堂带来了一种独特的文化情境和语言特征，当他或她的语言和文化被认为是有价值的时候，他们能够学得最好。

6. 社会科要为土著学生提供理解和连接他们精神环境的机会，同时要让所有学生学习土著文化的精神维度。

7. 当学生有机会认识到多样化的视角时，他们就能学习去理解和评价他人的观点，与具有多样观点的人相互影响，批判地认识各种世界观和视角。这些机会能够帮助他们提升文化意识，反对刻板印象和歧视。

8. 历史知识和历史理解的建构是社会科学习的基础；要让学生参与调查研究和解释有关历史的时间序列、社会文化、经济、环境和政治等方面的问题。

9. 土著学生需要得到保护和创新他们祖辈的教导和口语传统，以及理

---

① Foundation Document for the Development of the Common Curriculum Framework for Social Studies, Kindergarten — Grade 12. Manitoba Dept. of Education and Training, Winnipeg.；Western Canadian Protocol for Collaboration in Basic Education, Edmonton (Alberta)，1999.

解他们当地土著社会历史的机会。

10. 社会科需要向学生提供理解位置、地点、人类和环境的交互作用、运动和区域等地理概念的机会。

11. 社会科需要向学生提供理解关于各种社会研究学科如经济、法律和政治科学等重要概念的机会。

12. 学生需要在社会科知识的广度和深度上以及在本地区、加拿大和全球议题中保持平衡。

13. 学生需要发展一种自然资源有限的意识，一种管理意识，以及对可持续发展观念的认同。

14. 学生应该通过积极地探寻社会问题成为有道德的、有创造性的、具有批判意识的决策者。这包括对他们自身和对他人价值观的考量以及对有争议问题的审视。

15. 学生需要获得这样的机会，批判地运用和管理信息和通信技术，以及理解媒介和技术对社会产生的历史和未来影响。

16. 社会科中语言艺术、戏剧艺术、视觉艺术、运动和音乐的综合要增加对学生的意义和关联等内容。

17. 社会科涉及学习个体与群体、价值与意愿、事件、地点和时间等内容。通过以口头和书面故事、传说和叙事等综合方式提供个人和文化观点，教师要能够加强社会科的观念并激发学生的审美回应。

18. 社会科学习是通过与他人在各种灵活的、适当的和多样的教育情境中进行社会交往和沟通而获得的，包括田野调查实践、技术辅助实践、家庭和社区参与实践等的学习。

19. 当学生的学习能够获得他们的学校、家庭和社区的支持时将会学得更好。下面的原则反映了法裔学生的特殊需要和对于框架应该给予支持的需要。

20. 双语主义的推进和法语的发展是法裔学生社会科学习的一个有机部分。

21. 历史理解包括继承传统的意识和法裔对社会的贡献，对于法裔学生的认同和公民身份建构是非常必要的。

22. 文化身份的建构和法裔社群的整合需要通过一种相互依赖的学校—家庭—社会的合作关系和有意义的关于学生生活的文化实践来实现。

参考文献

[1] 安迪·格林. 教育、全球化与民族国家 [M]. 朱旭东, 徐卫红, 等译. 北京: 教育科学出版社, 2004.

[2] 安德森. 想象的共同体: 民族主义的起源与散步 [M]. 上海: 上海人民出版社, 2003.

[3] 安东尼·史密斯. 民族主义: 理论、意识形态、历史 [M]. 上海: 上海世纪出版集团, 2006.

[4] 安东尼·吉登斯. 全球时代的民族国家 [M]. 南京: 江苏人民出版社, 2010.

[5] 奥雅·奥斯勒, 侯·斯塔克. 民主公民的教育: 1995—2005 年公民教育的研究、政策与实践述评 [J]. 中国德育, 2006.

[6] 巴巴利特. 公民资格 [M]. 台北: 桂冠, 1991.

[7] 布赖恩·特纳. 公民身份与社会理论 [M]. 长春: 吉林出版集团有限责任公司, 2007.

[8] 巴特·范·斯廷博根. 公民身份的条件 [M]. 长春: 吉林出版集团有限责任公司, 2007.

[9] 蔡帼芬. 加拿大的广播电视 [M]. 北京: 中国城市出版社, 1996.

[10] 储建国. 当代各国政治体制: 加拿大 [M]. 兰州: 兰州大学出版社, 1998.

[11] 常士訚. 马赛克文化中的政治发展探索: 加拿大主要政治思想流派 [M]. 长春: 吉林人民出版社, 2003.

[12] 达尔. 论民主 [M]. 北京: 商务印书馆, 1999.

[13] 戴维·赫尔德. 民主与全球秩序: 从现代国家到世界主义治理 [M]. 上海: 上海人民出版社, 2003.

[14] 戴晓东. 加拿大: 全球化背景下的文化安全 [M]. 上海: 上海人民出版社, 2007.

［15］德里克·希特. 何谓公民身份 ［M］. 长春：吉林出版集团有限责任公司，2007.

［16］恩靳·伊辛，布雷恩·特纳. 公民权研究手册 ［M］. 杭州：浙江人民出版社，2007.

［17］厄内斯特·盖尔纳. 民族与民族主义 ［M］. 韩红，译. 北京：中央编译出版社，2002.

［18］菲利克斯·格罗斯. 公民与国家：民族、部族和族属身份 ［M］. 王建娥，魏强，译. 北京：新华出版社，2003.

［19］盖尔斯敦. 自由多元主义 ［M］. 南京：江苏人民出版社，2005.

［20］高鉴国. 加拿大文化与现代化 ［M］. 沈阳：辽海出版社，1999.

［21］格雷. 自由主义 ［M］. 长春：吉林人民出版社，2005.

［22］格莱兹·布鲁克. 加拿大简史 ［M］. 济南：山东人民出版社，1972.

［23］霍布斯·鲍姆. 民族与民族主义 ［M］. 上海：上海人民出版社，2000.

［24］霍华德·威亚尔达. 民主与民主化 ［M］. 北京：北京大学出版社，2004.

［25］亨廷顿. 文明的冲突与世界秩序的重建 ［M］. 周琪，等译. 北京：新华出版社，1998.

［26］姜芃. 加拿大：社会与进步 ［M］. 北京：中国社会科学出版社，1996.

［27］金里卡. 多元文化公民权：一种有关少数族群权利的自由主义理论 ［M］. 杨立峰，译. 上海：上海译文出版社，2009.

［28］江宜桦. 自由主义、民族主义与国家认同 ［M］. 台北：扬智文化事业股份有限公司，1998.

［29］卡尔·科恩. 论民主 ［M］. 北京：商务印书馆，1988.

［30］雷蒙·潘尼卡. 文化间哲学引论 ［J］. 辛怡，译. 浙江大学学报：人文社会科学版，2004.

［31］联合国教科文组织. 世界文化报告 2000：文化的多样性、冲突与多元共存 ［R］. 关世杰，等译. 北京：北京大学出版社，2002.

［32］莱斯利·雅各布. 民主视野：当代政治哲学导论 ［M］. 北京：中国广播影视出版社，1999.

［33］蓝仁哲. 加拿大文化论［M］. 重庆：重庆出版集团，2008.

［34］李剑鸣，杨令侠. 20 世纪美国和加拿大社会发展研究［M］. 北京：人民出版社，2005.

［35］刘广太. 加拿大的象征：特鲁多总理传［M］. 北京：世界知识出版社，2005.

［36］刘宁军. 民主与民主化［M］. 北京：商务印书馆，1999.

［37］罗伯特 A 达尔. 多元主义民主的困境：自治与控制［M］. 北京：求实出版社，1989.

［38］罗伯特·达尔. 论民主［M］. 北京：商务印书馆，1999.

［39］玛丽·崴庞德. 传媒的历史与分析：大众媒介在加拿大［M］. 郭镇之，译. 北京：中国传媒大学出版社，2003.

［40］尼克·史蒂文森. 文化与公民身份［M］. 长春：吉林出版集团有限责任公司，2007.

［41］尼·切博克萨罗夫，伊·切博克萨罗娃. 民族、种族、文化［M］. 北京：东方出版社，1989.

［42］汝信主编，中国社会科学院文献情报中心合编. 社会科学新辞典. 重庆：重庆出版社，1988.

［43］史密斯. 全球化时代的民族与民族主义［M］. 北京：中央编译出版社，2002.

［44］唐纳德·克赖顿. 加拿大近百年史（1867—1967）［M］. 北京：商务印书馆，1979.

［45］威尔·金里卡. 当代政治哲学［M］. 上海：上海三联书店，2004.

［46］威尔·金里卡. 少数的权利：民族主义、多元文化主义和公民［M］. 上海：世纪出版集团，2005.

［47］威尔·金里卡. 多元文化公民权：一种有关少数族群权利的自由主义理论［M］. 杨立峰，译. 上海：上海译文出版社，2009.

［48］沃尔特·怀特，等. 加拿大政府与政治［M］. 北京：北京大学出版社，2004.

［49］沃尔泽. 正义诸领域：为多元主义与平等一辩［M］. 南京：译林出版社，2002.

［50］王国富，王秀玲. 澳大利亚教育词典［Z］. 武汉：武汉大学出版

社，2002.

　　[51] 王晓群，杨新育. 加拿大教育动态与研究：1996—1998 [M]. 北京：教育科学出版社，1999.

　　[52] 沃特森. 多元文化主义 [M]. 叶兴艺，译. 长春：吉林人民出版社，2005.

　　[53]《寻找加拿大丛书》编辑组，编. 加拿大文化的碰撞 [C]. 长春：吉林教育出版社，1992.

　　[54] 旺晖，陈燕谷. 文化与公共性 [M]. 北京：生活·读书·新知三联书店，1998.

　　[55] 王晷. 文化马赛克：加拿大移民史 [M]. 北京：民族出版社，2003.

　　[56] 王晷，姜芃. 加拿大文明 [M]. 福州：福建教育出版社，2008.

　　[57] 王秀梅. 加拿大文化博览 [M]. 上海：世纪图书出版公司，2004.

　　[58] 王治河. 后现代主义辞典 [Z]. 北京：中央编译出版社，2005.

　　[59] 项贤明. 比较教育学的文化逻辑 [M]. 哈尔滨：黑龙江教育出版社，2000.

　　[60] 许纪霖. 公共性与公民观 [M]. 南京：江苏人民出版社，2006.

　　[61] 徐迅. 民族主义 [M]. 北京：中国社会科学出版社，1998.

　　[62] 杨令侠. 战后加拿大与美国关系研究 [M]. 北京：世界知识出版社，2001.

　　[63] 余建华. 民族主义：历史遗产与时代风云的交汇 [M]. 上海：学林出版社，1999.

　　[64] 詹姆斯·博曼. 公共协商：多元主义、复杂性与民主 [M]. 黄相怀，译. 北京：中央编译出版社，2006.

　　[65] 张鸿雁. 民族偏见与文化偏见：中西文化比较新论 [M]. 沈阳：辽宁教育出版社，1993.

　　[66] 张秀雄. 公民教育的理论与实施 [M]. 台北：师大书苑有限公司，1998.

　　[67] 张友伦. 加拿大通史简编 [M]. 天津：南开大学出版社，1994.

　　[68] A HUGHES. Understanding citizenship：A Delphi study [J]. Canadian and International Education，1994 (23).

［69］ALAIN－G，RAFFAELE IACOVINO. Federalism，Citizenship，and Quebec：Debating Multinationalism ［M］. Toronto：University of Toronto Press，2007.

［70］ALAN SEARS. Social Studies as Citizenship Education in English Canada：A Review of Research ［J］. Theory and Research in Social Education，Winter 1994 （22），1.

［71］ALAN M SEARS，ANDREW S HUGHES. Citizenship Education and Current Educational Reform ［J］. Canadian Journal of Education，1996，21 （2）.

［72］ALAN SEARS，A S HUGHES. A Review of Citizenship Education in Canada ［R］. A Report Prepared for the Citizenship and Canadian Identities Sector Department of Canadian Heritage，1994.

［73］ALAN M SEARS. "In Canada even history divides"：unique features of Canadian citizenship ［J］. International Journal of Social Education，Fall/Winter 1996－1997，11.

［74］ALAN M SEARS. What research tells us about citizenship education in English Canada ［J］. Canadian Social Studies，Spring 1996，30.

［75］A M SEARS. "Something different to everyone"：Conceptions of Citizenship and Citizenship Education ［J］. Canadian and International Education，1996，25 （2）.

［76］Alberta Education. Educational programs：Controversial Issues （Document No. 02－01－07）. Education：Author，1993.

［77］A M IJAZ，I H IJAZ. A cultural program for changing racial attitudes ［J］. History and Social Science Teacher，1981 （17）.

［78］Annual Report on the Operation of the Canadian Multiculturalism Act 2007—2008.

［79］BERNICE LOTT. Multiculturalism and Diversity：A Social Psychological Perspective ［M］. New York：John Wiley & Sons，2010.

［80］British Columbia Ministry of Education. The intermediate program：Foundations (draft). Victoria：Author，1992.

［81］Canada. Official Languages Act ［1985，c. 31 （4th Supp.） ］. Ottawa. Page consulted July 4，2006.

[82] Canadian Multiculturalism Act [R. S. C, 1985, c. 24 (4th Supp.), assented to 21st July, 1988]. Published by the Minister of Justice at the following address: http: //laws—lois. justice. gc. ca, 2011.

[83] CARDINAL PHYLLIS. Aboriginal Perspective on Education: A Vision of Culture Context within the Framework of Social Studies: Literature/ Research Review. The Crown in Right of Alberta, 1999.

[84] CARL BOGNAR, WANDA CASSIDY, PAT CLARKE. Social Studies in British Columbia: Results of the 1996 Social Studies Assessment. Victoria: Ministry of Education, 1998.

[85] CARLOS ALBERTO TORRES. Democracy, Education, and Multiculturalism: Dilemmas of Citizenship in a Global World [J]. Compartive Education Review, 1998, 42 (4).

[86] S CARPENTER, M ZARATA, A GARZA. Cultural pluralism and prejudice reduction [J]. Cultural Diversity and Ethnic Minority Psychology, 2007, 13 (2).

[87] CARRIANNE K Y LEUNG. Usable Pasts, Staging Belongings: Articulating a "Heritage" of Multiculturalism in Canada. Studies in Ethnicity and Nationalism, Special Issue: Nations and their Pasts.

[88] Citizenship Regulations, 1993.

[89] C TAYLOR. Reconciling the Solitudes: Essays on Canadian Federalism and Nationalism [M]. Montreal: McGill-Queens University Press, 1993.

[90] C W WATSON. Multiculturalism [M]. Buckingham: Open University Press, 2000.

[91] DAVID SCOTT, HELEN LAWSON. Citizenship education and the curriculum [C]. Ablex Publishing, 2002.

[92] DEREK HEATER. A History of Education for Citizenship [M]. London: Routledge Falmer, 2004.

[93] D KERR. Citizenship Education: An International Comparison. International Review of Curriculum and Assessment Frameworks [M]. London: QCA, 1999.

[94] ERNEST GELLNER. Nations and Nationalism [M]. London: Blackwell Publishing, 1983.

[95] FRANCE GAGNON, MICHEL PAGÉ. Conceptual Framework for an Analysis of Citizenship in the Liberal Democracies Volume II: Approaches to Citizenship in Six Liberal Democracies [R]. Multiculturalism Directorate etc., 1999.

[96] GEORGE H RICHARDSON. The Death of the Good Canadian: Teachers, National Identities, and the Social Studies Curriculum [M]. New York: Peter Lang Publishing, 2002.

[97] G J S DEI. Anti-Racism Education: Theory and Practice [M]. Halifax: Fernwood Publishing, 1996.

[98] G MILBURN, J HERBERT. Canadian Consciousness and the Curriculum [M]. Toronto: OISE Press, 1974.

[99] GORDON ARCHIBALD BAILEY. Education and the Social Construction of Reality: Canadian Identity as Portrayed in Elementary School Social Studies Textbooks [D]. Eugene: University of Oregon, 1975.

[100] HARNEY ROBERT. So Great a Heritage as Ours: Immigration and the Survival of the Canadian Polity [M]. Daedalus, 1988.

[101] HAROLD TROPER, MORTON WEINFELD. Ethnicity, Politics, and Public Policy: Case Studies in Canadian Diversity [M]. Toronto: University of Toronto Press, 1999.

[102] HELEN MCKENZIE. Citizenship Education in Canada. Political and Social Affairs Division, 1993.

[103] HODGETTS. What Culture? What Heritage? A Study of Civic Education in Canada [M]. Toronto: The Ontario Institute for Studies in Education, 1968.

[104] House of Commons Standing Committee in Multiculturalism, Testimony. Ottawa: Goods and Services Canada, 1985.

[105] House of Commons. The Ties that Bind: Report of the Standing Committee on Communications and culture [R]. Ottawa: The

Queen's Printer，1992.

[106] I M YOUNG. Justice and the politics of difference [M]. Princeton：Princeton University Press，1990.

[107] I M YOUNG. Polity and group difference：A critique of the ideal of universal citizenship [J]. Ethics，1989，99（2）.

[108] Information on integration and settlement funding and programs is taken from Employment and Immigration Canada，Managing Immigration：A Framework for the 1990s. Minister of Supply and Services Canada，1992.

[109] JAMES A BANKS. Diversity and citizenship education：global perspectives [M]. New York：John Wiley & Sons，2004.

[110] JAMES A BANKS. Diversity，group identity，and citizenship education [J]. Educational Researcher，2008，37（3）.

[111] JAMES A BANKS. Multicultural Education：Development，Dimensions，and Challenge [J]. Phi Delta Kappan，1993（9）.

[112] JAMES A BANKS. Teaching for Social Justice，Diversity，and Citizenship in a Global World [J]. The Educational Forum，2004.

[113] JANE GASKELL. The "public" in public schools：a school board debate [J]. Canadian Journal of Education，2001，26（3）.

[114] JASON GRATL，CHRISTINA GODLEWSKA. Study on Loss of Canadian Citizenship for the years 1947，1977 and 2007：Standing Committee on Citizenship and Immigration （CIMM）. B. C. Civil Liberties Association，Vancouver，2007.

[115] JAMES DONALD，ALI RATTANSI. "Race"，culture，and difference [M]. Buckingham：The Open Universtity，1992.

[116] J CUMMINS，M DANESI. Heritage Languages：The Development of Canada's Linguistic Resources. Toronto：Our School/Our Selves，1990.

[117] JESSICA BERNS，CLEMENTINE CLARK，ISABELLA JEAN，et al. Education Policy in Muti-Ethnic Societies：A Review of National Policies that Promote Coexistence and Social Inclusion. Coexistence International.

[118] J D WILSON. Canadian Education in the 1980s [M]. Calgary: Destelig，1981.

[119] JIM PARSONS，GEOFF MILBURN，MAX VAN MANEN. A Canadian Social Studies [M]. Edmonton: University of Alberta Printing Services，1983.

[120] JOSEPH GARCEA. Provincial Multiculturalism Policies in Canada，1974—2004: A Content Analysis [J]. Canadian Ethnic Studies Journal，2006，38（3）.

[121] JOSEPH GARCEA. The Canadian Citizenship Reform Project: In Search of the Holy Grail?. Presented at the CPSA Congress in Halifax，2003.

[122] JOSEPH RAZ. Multiculturalism. Ratio Juris，1998.

[123] J PARSONS ET AL. A Canadian Social Studies [M]. Edmonton: University of Alberta Press，1983.

[124] KAPLAN. Belonging: The Meaning and Future of Canadian Citizenship [M]. Montreal: McGill-Queen's University Press，1993.

[125] KATHY BICKMORE. Democratic Social Cohesion (Assimilation)? Representations of Social Conflict in Canadian Public School Curriculum [J]. Canadian Journal of Education，2006，29（2）.

[126] KEITH A MCLEOD. Canada and Citizenship Education [M]. Toronto: Canadian Education Association，1989.

[127] K MCLEOD. Human Rights and Multiculturalism in Canadian Schools. H. Starkey: The Challenge of Human Rights Education，1991.

[128] KEN OSBORNE. Educating Citizens: A Democratic Socialist Agenda for Canadian Education [M]. Toronto: Our Schools/Our Selves，1988.

[129] K OSBORNE. Education is the Best National Insurance: Citizenship Education in Canadian School: Past and Present [J]. Canadian and International Education，1996，25（2）.

[130] K OSBORNE. Teaching for Democratic Citizenship [M]. Toronto: Our Schools/Our Selves，1991.

[131] K OSBORNE. The Emerging Agenda for Canadian High

Schools [J]. Journal of Curriculum Studies, 1992, 24 (4).

[132] LEIGH OAKES, JANE WARREN. Language, Citizenship and Identity in Quebec [M]. New York: Palgrave Macmillan, 2007.

[133] Manitoba Education and Training. Multicultural education: A policy for the 1990s, 1992.

[134] MATTHEW HAYDAY. Confusing and Conflicting Agendas: Federalism, Official Languages and the Development of the Bilingualism in Education Program in Ontario, 1970—1983 [J]. Journal of Canadian Studies, 2001, 36 (1).

[135] M CONLEY, K OSBORNE. Political Education in Canadian Schools: An Assessment of Social Studies and Political Sciences Courses and Pedagogy [J]. International Journal of Political Education, 1983 (6).

[136] MICHAEL DEWING, MARC LEMAN. Canadian Multiculturalism. Political and Social Affairs Division, 2006.

[137] MICHELINE LABELLE. The challenge of diversity in Canada and Quebec [J]. Policy Options, 2005, (3—4).

[138] Ministère de I'Éducation, du Loisir et du Sport. Ouebec Education Program. Secondary School Education. Cycle Two. Québec: Gouvernment du Québec, 2007.

[139] Ministère de I'Éducation, du Loisir et du Sport. Ouebec Education Program. Secondary School Education. Cycle Two. Québec: Gouvernment du Québec, 2004.

[140] Multiculturalism and Citizenship Canada, "Canadian Citizenship: What Does It Mean To You?". Minister of Supply and Services Canada, 1992.

[141] Multiculturalism and Citizenship Canada, The Canadian Multiculturalism Act: A Guide for Canadians. Ottawa: Supply and Services Canada, 1990.

[142] Ontario Ministry of Education. Opening or closing exercises for public schools in Ontario. Toronto: Author, 1993.

[143] PATRICIA K WOOD, LIETTE GILBERT. Muticulturalism in Canada: Accidental Discourse, Alternative Vision, Urban Practice [J]. International Journal of Urban and Regional Research, 2005, 29 (3).

［144］PIERRE BOYER，LINDA CARDINAL，DAVID HEADON. From Subjects to Citizens：A Hundred Years of Citizenship in Australia and Canada ［D］. Ottawa：University of Ottawa，2004.

［145］RAMÓN MÁIZ SUÁREZ，FERRÁN REQUEJO COLL. Democracy，nationalism and multiculturalism ［M］. New York：Frank Cass & Co. Ltd，2005.

［146］REVA JOSHEE，LAURI JOHNSON. Multicultural Education Policies in Canada and the United States ［M］. Vancouver：UBC Press，2007.

［147］R GRILLO. An excess of alterity，debating difference in a multicultural society ［J］. Ethnic and Racial Studies，2007，30（6）.

［148］R H FOWLER. Teaching for Enlightened Citizenship and Social Responsibility：A Canadian Perspective ［D］. A paper presented to the Meeting of the International Assembly，National Council for the Social Studies，Washington，D. C.，November 22.

［149］RICHARD BELLAMY. Citizenship：A Very Short Introduction ［M］. Oxford：Oxford University Press，2008.

［150］RICHARD DAY. Multiculturalism and the History of Canadian Diversity ［M］. Toronto：University of Toronto Press，2000.

［151］RICHARD SIGURDSON. First People，New Peoples，and Citizenship ［D］. A paper presented at annual meeting of the Canadian Political Science Association，St. Catharines，Ontario，June 1996.

［152］ROGER RIENDEAU. A Brief History of Canada Second Edition ［M］. New York：Facts On File，Inc.，2007.

［153］ROSA BRUNO-JOFRÉ，NATALIA APONIUK. Educating Citizens for a Pluralistic Society ［M］. Calgary：Canadian Ethnic Studies，2001.

［154］S M LIPSET. Continental Divide：The Values and Institutions of the Unites States and Canada ［M］. New York：Routledge，1991.

［155］Statistics Canada，The Daily，1996 Census：Immigration and Citizenship，（Ottawa，Statistics Canada，4 November 1997），Internet Document.

http：//www. statcan. ca/Daily/English/971104/d971104. html.

［156］STÉPHANE LÉVESQUE. Becoming citizens：High school students and citizenship in British Columbia and Québec ［J］. Encounter on Education，2003 (4).

［157］STEPHEN BROOK. Public Policy in Canada：an introduction (2ⁿᵈ Edition) ［M］. Toronto：McClelland & Steward Inc.，1993.

［158］Student Handout ♯1：A Brief History of Canadian Citizenship. http：//www. sasked. gov. sk. ca/docs/midlsoc/gr8/pdf/82handouts. pdf，2011.

［159］TAYLOR. Multiculturalism and "The Politics of Recognition" ［M］. Princeton：Princeton University Press，1992.

［160］JON H PAMMETT，JEAN—LUC PEPIN. Political Education in Canada ［M］. Halifax：The Institute for Research on Public Policy，1988.

［161］The Québec Education Program：Secondary Education. Education Services Department，2004.

［162］THOMAS JANOSKI. Citizenship and civil society：a framework of rights and obligations in liberal，traditional，and social democratic regimes ［M］. Cambridge：Cambridge University Press，1998.

［163］T RIFFEL，B LEVIN，J YOUNG. Diversity in Canadian education ［J］. Journal of Education Policy，1996，11 (1).

［164］VAN DE VIJVER，BREUGELMANS，SCHALK — SOEKAR. Multiculturalism：Construct alidity and stability ［J］. International Journal of Intercultural Relations，2007 (32).

［165］VICKI A GREEN. The Globalization of Citizenship Education：A Canadian Perspective. Kalowna：Okanagan University College.

［166］V MALLISON. An Introduction to the Study of Comparative Education ［M］. London：Heinemann，1975.

［167］WALCOTT，RINALDO. Black Like Who?：Writing Black Canada，2ⁿᵈ Revised Edition ［M］. Toronto：Insomniac Press，2003.

［168］WAYNE NORMAN. Negotiating Nationalism：Nation-building，Federalism，and Secession in the Multinational State ［M］. Oxford：Oxford University Press，2006.

[169] W WERNER, B CONNORS, T AOKI. Whose Culture? Whose Heritage? Ethnicity Within Canadian Social Studies Curricula [M]. Vancouver: Centre for the Study of Curriculum and Instruction, 1977.

[170] WILLKYMLICKA. Finding our way: Rethinking ethnocultural relations in Canada [M]. Oxford: Oxford University Press, 1998.

[171] WILL KYMLICKA. Recent Work in Citizenship Theory [R]. A Report Prepared for Corporate Policy and Research. Ottawa: Multiculturalism and Citizenship Canada, 1992.

[172] WILLKYMLICKA. The rights of minority cultures [M]. Oxford: Oxford University Press, 1995.

[173] WILL KYMLICKA, WAYNE NORMAN. Citizenship in Diverse Societies [M]. Oxford: Oxford University Press, 2000.

[174] Y HÉBERT. Citizenship in Transformation: Issues in Education and Political Philosophy [M]. Toronto: University of Toronto Press, 2001.

[175] YVONNE M HEBERT. Citizenship in Transformation in Canada [M]. Toronto: University of Toronto Press, 2002.